KB117369

초등 몰입 영어

사교육 없이 혼자서 습득하는
초등 몰입 영어

지은이 케다맘
펴낸이 임상진
펴낸곳 (주)넥서스

초판 1쇄 인쇄 2023년 6월 26일
초판 1쇄 발행 2023년 7월 1일

출판신고 1992년 4월 3일 제311-2002-2호
주소 10880 경기도 파주시 지목로 5
전화 (02)330-5500 팩스 (02)330-5555

ISBN 979-11-6683-599-5 13740

www.nexusbook.com

사교육 없이 혼자서 습득하는

초등몰입영어

케다맘 지음

넥서스

자기 계발하는 엄마,
혼자서 영어 습득하는 아이

　새벽 6시, 오늘도 알람이 울리기도 전에 잠에서 깹니다. 아무리 늦게 자도 이제 이 시간이면 저절로 눈이 떠집니다. 할 엘로드의 "삶이 달라 지길 원해? 그럼 먼저 뭔가 다른 것을 기꺼이 해!"라는 말을 듣고 작년 부터 '뭔가 다른 것을 기꺼이' 하기 시작했습니다. 그게 바로 첫 번째, 미 라클 모닝-새벽 기상이었어요. 평생 올빼미형이었던 제가, 엄마 바라기 인 딸과 함께 매일 미라클 모닝을 하고 있습니다. 그러면서 저 자신만을 위한 것들을 하기 시작했어요.

　두 번째로 한 것은, 제가 읽을 책을 구입해서 읽기 시작한 것입니다. 아이들 책은 척척 사 주면서, 제 책값은 왜 그리 아깝던지. 그랬던 제가 이제는 책을 아낌없이 사서 밑줄 죽죽 긋고 내 생각과 느낌을 책 귀퉁이 여기저기에 적으면서 아주 신나게 읽었어요. 그렇게 책을 제 것으로 만 들어 갔습니다. 《웰씽킹》의 켈리 최 회장님의 말씀처럼, 책 한 권을 완전히 씹어 먹은 것이죠. 그런 식으로 제 삶에 도움이 되는 책을 하나하나 제 안에 넣었습니다.

세 번째로, 책을 통해 알게 된 것을 유튜브, 인스타그램, 블로그에 주기적으로 열심히 올렸습니다. 주제는 자기 계발서를 읽고 그 책에서 하라는 걸 직접 실천한 것과 제 생각, 그리고 지난 3년간 자녀 교육을 공부하고 우리 아이들에게 적용해 온 모든 경험과 노하우를 탈탈 털어서 알려 드리는 것이었습니다.

이렇게 엄마가 신나게 자기 계발, 특히 독서를 할 때 아이에게 엄청난 영향을 미칩니다. 또 아이를 책 육아로 키우면 아이가 스스로 생각하고 결정하는 자기 주도적인 삶을 어려서부터 연습할 수 있습니다. 이제 중학생이 된 저희 딸은 또래 친구들처럼 학원에 다니지 않고, 아주 열심히 공부만 하지도 않고, 좋아하는 태권도를 배우며 꽤 많이 놀지만, 스스로 생각하고 결정하고 책임지는 모습에 전혀 걱정이 없습니다.

오히려 주변의 사교육 파 엄마들이 저희 딸을 보며 '이제 중학생인데, 매일 저녁 온 가족 산책이 웬 말이냐', '아직도 태권도를 배우는 게 말이 되냐', '공부를 더 시켜도 시원찮을 판에 나중에 얼마나 후회하려고 그러냐' 하며 매우 걱정해 줍니다. 대부분의 엄마는 아이가 초등 고학년이 되면 제일 먼저 예체능 학원을 정리한다고 합니다. 또 집에서 엄마표 영어를 하다가도 영어 학원이든 과외를 통해 문법 공부와 단어 암기를 반드시 해야 한다고도 합니다. 그런데 이런 '공부 사교육'은 전혀 안 시키면서 태권도 학원만 매일 보낸다니 당연히 이해가 안 갈 거예요.

그런데 저는 초등 고학년이 되었다고 각종 학원과 과외로 아이 스케줄을 도배하고, 산책은커녕 하루에 놀 시간을 한 시간도 허락하지 않는 집들의 아이들이 진심으로 더 걱정됩니다. 내 인생을 가장 나답게, 행복하게 사는 건 본인만이 할 수 있습니다. 엄마가 대신 살아 줄 수 없어요. 자기 삶을 잘 살기 위해 고민과 결정, 실수와 실패, 그리고 성공 이 모든 걸 아이가 실컷 경험해 볼 수 있는 최고의 시간이 바로 초등학생 때입니다. "너를 위한 거야. 엄마 말대로 열심히 하기만 하면 돼."라며 밀어붙이는 게 정말 아이를 위한 걸까요? 아이가 스스로 생각하고 결정할 기회를 뺏는 것뿐입니다.

가장 중요한 건 바로 '생각할 줄 아는 사람'으로 키우는 겁니다. 생각하는 능력은 책을 통해 가장 잘 발달될 수 있습니다. 책 육아를 제대로 해 놓으면, 모든 공부의 기본인 문해력과 독해력, 사고력, 상상력, 메타인지력 등이 저절로 길러져서, 국영수를 비롯한 모든 전 과목 공부도 잘 할 수 있게 됩니다. 따라서 아이가 지금 초등학생이라면 공부와 성적 걱정은 제쳐 두시고 아이와 사랑하고 대화하고 놀고 같이 책을 읽으세요. 전업맘이시라면 아이가 학교에 간 시간 동안 다른 엄마들을 만나서 아이 공부와 성적에 대해 서로 불안감을 조장하는 이야기는 그만 들으시고, 그 시간에 책을 읽고 운동을 하세요. 워킹맘이시라면 새벽 시간을 자기 계발에 쏟아부어 보세요.

자녀를 양육하는 20년 중에서 최소 3년은 자녀 교육에 올인해 보세요. 《지랄발랄×하은맘의 불량육아(김선미 저)》에서는 남자들이 3년 동안 군대에 가듯이, 엄마들도 아이를 낳으면 3년간 자녀 교육에 올인하라고 합니다. 저는 그 책을 첫째가 초등학교 1학년이 된 지 한참이 지나서야 읽었습니다. 그래서 결국 잘하던 일까지 관두고, 그때부터 3년 동안 자녀 교육에 올인했습니다.

초반 1년 정도는 잠수네 영어를 하는 데 가장 공을 들였습니다. 그런데 아이의 영어 실력이 점점 정체 구간에 들어서고 더 이상 쑥쑥 늘지 않았습니다. 그 이유를 찾다가 알게 된 것이 우리말로 된 한글 책 읽기의 중요성이었습니다. 영어 실력은 모국어 실력을 절대 넘어서지 못합니다. 영어 실력이 떨어지면 영어를 더 시킬 게 아니라 한글 책을 더 읽혀야 합니다. 심지어 수학도 마찬가지입니다. 한글 책을 제대로 읽는 아이는 수학에 대한 이해도 쉽습니다. 결국 꾸준한 책 읽기로 아이들의 국어, 영어, 수학 실력은 쑥쑥 올라갔고, 지금도 저희 아이들은 집에서 혼자 공부를 하고 있습니다. 그리고 저는 자기 계발을 매일 즐겁게 하고 있고요. 저나 저희 집 아이들이 특별해서가 아닙니다. 어느 집이나 다 가능한 일입니다.

국어와 수학에 비해 영어는 정말 90% 이상의 엄마들이 당연히 학원을 보내야 한다고 믿고 있습니다. 절대 그렇지 않습니다. 저는 영어 강사 출신입니다. 학원과 학교에서 초등학생들에게 영어를 가르치는 일을 했었어요. 그래서 저희 아이들은 영어 학원에 보내지 않습니다. "그건 케다맘 님이 아이들을 직접 가르칠 수 있으니 그런 것 아닌가요?"라는 생각이 드실 수 있지만, 아닙니다. 제가 직접 가르치지 않습니다. 차라리 제가 영어를 모르는 엄마였다면 더 잘했을 겁니다.

엄마가 가르치지 않고도 아이가 즐겁게 영어를 익히는 방법이 무엇인지, 영어를 학습이 아닌 노출로 접근하는 게 왜 좋은 방법인지 말씀드리겠습니다. 또 영어 학원, 과외 등 각종 영어 사교육을 시키지 않고도 영어를 잘하는 아이가 되는 방법, 혼자서 영어를 습득하는 습관을 위한 스케줄 관리 방법과 환경 조성 방법까지 전부 알려 드리겠습니다.

이 책에서 알려 드릴 영어 공부 방법은 초반에 적용하기까지 학원에 보낼 때보다 더 힘들 수도 있습니다. 하지만 적응이 되고 나면 아이도 엄마도 참 행복한 방법입니다. 국영수 학원비가 들지 않으니 아빠도 행복한 방법이라고도 할 수 있겠네요.

학원에 보내지 않고 집에서 효율적이고 지속해서 할 수 있는 방법을 5년 내내 찾고 공부하고 정리하고 적용하기를 반복해 왔습니다. 자녀 교육에 정답은 없지만, 더 나은 방법은 있습니다. 특히, 엄마들의 최대 고민인 영어! 사교육 없이도 아이가 혼자서 스스로 몰입하는 영어 습득 방법을 아낌없이 자세히 알려 드릴게요. 덜 전문적일지는 몰라도, 저희 아이들에게 직접 적용한 것이니 더 잘 이해되고, 더 잘 적용하실 수 있을 겁니다.

"자기 계발하는 엄마 밑에 자기 주도 학습하는 아이 있다!" 이 말이 현실이 되게 만들어 드릴게요.

목차

프롤로그   자기 계발하는 엄마, 혼자서 영어 습득하는 아이   4

1장   실용 영어를 익혀야 하는 이유

영어를 배워야 하는 시대적인 이유   14
이 시대에 꼭 필요한 영어 능력과 그 목표   24
영어를 알지만 할 줄 모르는 우리 부모 세대   34

2장   책 육아와 영어 교육

사교육으로 하는 영어 교육의 한계   48
영어 노출은 곧 책 육아의 연장선   67
자녀 교육의 최종적 목표   79

3장   영어 3종의 구체적인 방법

엄마가 가르치지 않는 엄마표 영어   90
흘려 듣기: 자막 없이 영어 영상 보기   106
집중 듣기: 영어책을 원어민 음성에 맞춰 손가락으로 짚으며 읽기   116
영어책 읽기: 말 그대로 영어책을 재미있게 읽기   130

4장   한글 책 읽기의 중요성

모국어의 문해력과 영어 실력의 상관관계   138
고학년이라면 고전 읽기에 도전하기   150

5장　영어 3종을 매일 하는 습관의 필요성

흘려 듣기, 집중 듣기, 영어책 읽기의 루틴화　　158
N시간 스케줄 관리 방법　　166

6장　책 육아 인테리어로 조성하는 노출 환경

책 육아 인테리어의 포인트　　182
책이 술술 읽히는 분위기의 비결　　190

7장　초등 1~6학년 영어 로드맵

우리 아이 맞춤 영어 목표 세우기　　202
영어 3종 노출 목표 시간　　213
대박 책 및 영상 선정 노하우　　227
중등 및 대입 입시 영어와의 간극을 좁히는 방법　　240

부록　책과 영어 영상 추천 리스트　　249
에필로그　엄마와 아이가 동행하는 행복한 자녀 교육　　292

1장

실용 영어를
익혀야 하는
이유

영어를 배워야 하는
시대적인 이유

전 세계 웹사이트에서 사용되는 언어의 62%는 영어

저는 자녀 교육에 진심이다 보니 자기 계발서를 읽다가도 자녀 교육에 관한 내용이 나오면 두 눈이 번쩍 뜨입니다. 50대 구글 디렉터 정김경숙 님의 책 《계속 가봅시다 남는 게 체력인데》를 참 재미있게 읽었는데요. 그 책에서 제 눈을 사로잡은 정보가 있었으니, 바로 전 세계 웹사이트에서 사용되는 언어의 62%가 영어이고, 한국어는 고작 0.5%라는 통계 자료였습니다. 그렇다 보니, 영어를 잘하는 사람과 못하는 사람이 얻을 수 있는 기회의 차이가 90대 10이라고 해도 과언이 아니라고 하더라고요. 그래서 저자는 젊은 사람들에게 다른 건 몰라도 영어 공부는 꼭 하라고 당부하고 있습니다.

하루가 다르게 새로운 기술과 지식이 쏟아져 나오는 시대입니다. 그 정보의 62%가 영어로 나온다니, 이를 통역이나 번역 없이 바로 듣고 이해하고 말하고 읽고 또 쓸 수 있는 영어 실력을 갖춘다면 천군만마를 가진 것과 같을 것입니다. 게다가 계속되는 취업난을 보고 있자면, 우리 아이들이 사회로 나갈 10년 후는 지금보다 더 심각할 게 불 보듯 뻔합니다. 하지만 해외로 눈을 돌리면 수많은 기회가 있어요. 영어만 되면 말이죠. 코로나19로 인한 실업난이 계속되던 2년여 동안에도 미국의 실리콘 밸리에서는 무수한 인재를 뽑았다고 합니다.

저 통계 자료만 봐도 우리가 아이의 영어 교육에 얼마나 투자해야 하는지 느낌이 오시죠? 영어로 된 문서를 번역 없이 바로 읽고 이해하는 능력, 더 나아가 그 내용에 대한 내 생각을 덧붙여서 말이나 글로 바로 표현할 수 있는 능력! 이게 바로, 우리 아이들이 가져야 할 타이탄의 도구입니다. 성공을 위한 강력한 도구라고 할 수 있지요. 성공이 인생의 목적이 아니라고요? 철학적이거나 심도 있는 이야기를 할 수 있는 능력은 없지만, 이상주의와 현실주의 그 중간쯤에 사는 평범한 두 아이의 엄마로서 말씀드립니다. 내 아이가 요즘 흔히 말하는 3포 세대*로 살기를 원하진 않으시잖아요. 영어 실력을 제대로 갖춘다면, 적어도 3포 세대는 되지 않을 거라고 확신합니다. 영어를 잘한다는 건 굉장히 유용한 도구

* 연애, 결혼, 출산을 포기한 세대

를 갖고 있는 것과 마찬가지입니다. 이걸 활용해서 배울 수 있는 것과 할 수 있는 일이 천지에 널려 있기 때문이에요.

영어를 못하면 3포 세대가 된다고 협박하는 것은 절대 아닙니다. 당연히 영어 말고도 다른 재능과 능력으로 얼마든지 성공할 수 있습니다. 하지만 영어 실력도 갖추고 있다면? 그 성공은 배가 된다는 거예요. 그리고 영어를 잘한다는 것 하나만으로 얻을 수 있는 혜택은 엄청납니다. 반대로, 영어를 못해서 시도조차 할 수 없는 것도 많습니다. 대학 잘 가려고 영어를 공부하는 시대는 이미 지났습니다. 지금 필요한 능력은 실용 영어 능력입니다. 대입이나 취업을 위해 고득점이 필요한 시험 영어가 아니라 새로운 지식을 습득하기 위한, 또는 일을 하는 데 당장 사용하기 위한 영어 능력 말입니다.

저는 우리 아이들이 3포 세대가 되지 않는 것뿐 아니라, 언어의 한계 안에 살게 하고 싶지 않습니다. 한국인은 5천만 명쯤 됩니다. 많은 것 같지만 전 세계 인구의 고작 1%에 불과합니다. 내 아이가 1%의 한계 안에서 살길 바라는 부모는 없을 겁니다. 영어가 발목을 잡아서 넓은 세계를 맘껏 누비고 살지 못하는 불상사가 생기지 않길 간절히 바라죠.

현직에서 영어를 사용하시는 분들은 특히 이 갈증이 더합니다. 저는 잠수네 영어 6년 차 회원입니다. 잠수네 영어를 하겠다고 일까지 그만두었는데, 막상 사이트 내에는 국내 및 해외 기업 종사자 또는 전문직 어머니가 꽤 많아서 놀랐습니다. 사실, 경제적 여유가 있는 엄마라면 사교육에 맡기는 손쉬운 길을 택할 만한데, 시간과 노력, 마음을 다 갈아 넣어야 하는 잠수네 영어를 꿋꿋이 오랫동안, 그것도 아주 열심히 하고 계셔서였습니다. 왜 그럴까요? 그분들은 매일 현장에서 느끼기 때문에 알고 있는 겁니다. 영어로 듣고 말하고 읽고 쓰는 능력이 얼마나 유용한지 일하는 내내 뼈저리게 깨닫고, 명문대에 가고 전문직이 되는 것보다 영어를 자유롭게 쓰는 것이 더 중요하다는 생각이 들었을 겁니다. 지긋지긋한 영어에 발목 잡힌 인생, 내 아이에게는 물려주지 않겠다는 굳은 의지가 생길 수밖에 없는 거예요.

그래도 여전히, 내신 성적이나 수능 점수 잘 받아서 대학 잘 보내는 게 더 중요하다고 생각하시나요? 수능도 영어는 절대 평가라고 하는데 그냥 적당히 시켜도 되지 않나, 뭔가 어렵고 힘들 것 같은 엄마표 영어 같은 걸 굳이 꼭 해야 하나 싶으신가요?

지금은 실용 영어 능력이 반드시 필요한 시대

학원에서 시험 대비 영어 공부를 열심히 하면 중고등 내신 그리고 수능까지 잘 볼 수도 있겠지요. 하지만 그런 영어로는 앞으로 우리 아이들이 사회에 나가 일하는 시대에는 아주 힘들 거예요. 지금도 그렇지만, 앞으로는 더욱더 심해질 겁니다. 반대로 영어를 잘하면 그 혜택은 이루 말로 다할 수 없을 정도로 많습니다. 혜택 몇 가지만 들어도 아마 영어 공부는 남들 하는 만큼 적당히 해도 된다는 생각이 싹 사라질 겁니다.

첫째, 지금은 영어를 잘하면 80배로 성공 확률이 높아지는 정보화 시대입니다. 농업 시대에는 노동력이 갑이었습니다. 산업 혁명 이후에는 자본력, 즉 돈 많은 게 갑인 시대가 되었죠. 지금은 어떤 시대인가요? 인공 지능(AI), 챗GPT, 자율주행 등으로 대표되는 최첨단 정보화 시대입니다. 정보화 시대의 최고 능력은 당연히 정보력입니다. 양질의 다양한 정보를 얼마나 빠르게, 니즈에 딱 맞게 뽑아내느냐로 그 사람의 능력이 평가됩니다. 정보력을 위해 어떤 능력이 가장 큰 무기가 될까요? 너무나 당연하게도, 영어를 읽고 이해하는 능력입니다. 앞서 말씀드렸다시피, 지금 전 세계 웹사이트에서 사용되는 언어의 절반 이상이 영어이기 때문이죠. 다시 짚어 드립니다. 영어로 된 정보를 번역 없이 바로 이해할 수 있는 능력은 그 사람의 정보력을 몇 배로 뻥튀기해 줄 수 있습니다. 그에 비해 한국어는 겨우 0.5%입니다. 0.5%의 정보력을 가진 사람이 어떻게 62%의 정보력을 가진 사람을 이길 수 있을까요? 이걸 '디지털 격차'라고 합니다. 빈부 격차처럼 말이에요.

한번 생각해 봅시다. 전쟁에 나간다고 상상해 보세요. 당연히 칼을 들고 싸우는 사람보다 총을 들고 싸우는 사람이 훨씬 더 유리하겠죠? 같은 이치입니다. 영어 능력이 없는 건, 마치 총과 대포로 전쟁하는 시대에 혼자 칼 들고 싸우러 나가는 꼴인 겁니다. 과장이 아니에요. 우리는 지금 그런 시대에 살고 있고, 더 무서운 건 이전보다 훨씬 더 빠른 속도로 새로운 지식, 기술과 문화가 영어로 쏟아져 나오고 있습니다.

또 다른 예로, 한 회사에 같은 업무를 하는 A, B 두 사람이 있다고 해 봅시다. A는 평균 수준의 토익 점수에 지방대 출신이지만 영어를 자유롭게 읽을 수 있고, B는 토익 점수도 더 높고 명문대 출신이지만 영어 읽기 실력이 A보다 못합니다. 영어로 된 문서를 읽는 게 자유로운 A는 B보다 얼마나 더 많은 정보를 검색할 수 있을까요? 대략 계산해 보면, 무려 80배입니다. 여러분이 사장이라면 어떤 직원에게 더 높은 연봉을 책정하시겠습니까? 답은 영어 능력이 뛰어난 A입니다. 영어 읽기 실력이 부족해도 시험은 스킬만 있으면 잘 볼 수 있습니다. 반대로, 시험 점수가 낮아도 영어 읽기 실력은 뛰어날 수 있습니다. 안타깝게도 영어 시험 점수는 높은데 듣고 말하고 읽고 쓰는 능력은 떨어지는 사람이 정말 많습니다. 지금은 정보를 많이 아는 사람이 갑인 정보화 시대이고 영어 능력은 정보력을 80배로 높여 주는 능력입니다. 칼이 아닌 총을 들고 전쟁에 나가야 하지 않겠어요?

둘째, 배움의 질과 양의 차이가 어마어마합니다. 트렌드 분석가 김용섭 님의 책《프로페셔널 스튜던트》에 따르면 지금은 평생 배움 및 자기 계발에 박차를 가해야 도태되지 않는 그런 시대인데, 영어는 이 능력을 몇 배로 올려 준다고 합니다. 혹시 무크(Mook) 플랫폼을 아시나요? 무크란 Massive(수강 인원에 제한이 없고), Open(누구에게나 열려 있는), Online(온라인 환경의), Course(강좌)의 앞 글자를 딴 말입니다. 예를 들어, 우리가 하버드에 입학하지 않고도 하버드 강의를 인터넷으로 언제든지 들을 수가 있는 것입니다. 전 세계 주요 명문대를 비롯하여 구글, IBM, 아마존 등에 이르기까지 200여 개 대학 및 기업과 협업하고 있는 코세라(Coursera)에서는 4,600개 이상의 강의를 무료로 수강할 수 있다고 합니다.

우리는 이런 시대에 살고 있습니다. 즉 돈이 없거나 시간이 없어도 공부할 방법이 있다는 겁니다. 돈이나 시간이 없는 건 이제 더 이상 문제가 되지 않는데, 문제가 뭘까요? 바로 영어입니다. 영어가 안 되면 아무 소용이 없죠. 코세라의 2019년 학습자 성과 설문조사 결과에 따르면, '전문적인 역량을 개발하기 위해 학습하는 사람 중 87%가 승진, 연봉 인상, 새로운 경력 시작과 같은 경력상의 이점이 있었다'고 답했다고 합니다. 영어가 자유로우면 이런 질 높고 다양한 강의를 무료로 활용하여, 경력상의 이점을 얻을 수 있는 겁니다. 우리나라 대학생 또는 직장인 중에 무크를 이용하는 사람은 얼마나 될까요? 영어가 자유롭지 않은 사람에게는 '무료로 하버드 강의를 들을 수 있다니 놀랍긴 한데, 나랑은 상관이 없네. 원어민이 영어로 하는 강의를 내가 어떻게 이해하겠어.'라며 시도조차 할 수 없는, 말 그대로 그림의 떡일 뿐입니다. 기회를 전혀 누릴 수가 없는 거예요.

셋째, 지금은 정보화 시대이기도 하지만 소통과 공감의 시대이기 때문에 영어를 잘해야 합니다. 혼자 잘나서 성공하는 시대가 아닙니다. 협업 능력이 필수적입니다. 이를 위해 소통 능력과 공감 능력은 대단히 중요합니다. 우선 '소통' 하면 영어 회화가 떠오르지 않으시나요? 세계 공용어인 영어로 말하고 듣는 게 편한 사람이 소통에 있어서 얼마나 더 자유로울지는 쉽게 이해가 되실 겁니다. 그럼, '공감'은 어떤가요?

공감의 시대이기 때문에 영어를 잘해야 한다는 것은 와닿지 않으시죠? 사실 공감 능력이 기본적으로 받쳐 줘야 진정한 소통도 되기 때문에, 어쩌면 공감 능력이 더 중요하다고 할 수 있습니다.

공감의 사전적 의미는 '남의 감정, 의견, 주장 따위에 대하여 자기도 그렇다고 느낌. 또는 그렇게 느끼는 기분'이라고 해요. 공감 능력의 중요성은 자녀 교육에 관심이 많은 부모님이라면 다들 알고 계실 테지만, 공감 능력이 떨어지면 교우 관계가 원만하지 않아 친구들이나 선생님과 잘 지내기가 힘듭니다. 그뿐만 아니라, 요즘 떠오르는 수능의 최대 중요 과목이 된 국어 성적을 잘 받기도 힘들어집니다. 즉 공감 능력은 사회성에 필요한 것일 뿐 아니라, 소통 과목인 국어 성적을 잘 받기 위해서도 꼭 필요한, 정말 중요한 능력입니다.

영어 이야기하다가 왜 갑자기 공감 능력에 관해 이야기하냐고요? 공감 능력은 남의 감정, 의견, 주장 따위를 자기도 그렇다고 느끼는 것이라고 했지요. 그렇게 느끼려면 1차로 남의 감정, 의견, 주장을 이해해야 하고, 2차로 비슷하게 느껴야 하는데, 이 모든 것이 이루어지려면 기본적으로 비슷한 '문화'가 바탕이 되어야 합니다. 전혀 다른 문화에 속한 사람이 서로의 감정과 의견과 주장을 공감하기는 정말 어렵습니다. 이제 좀 영어와 연관성이 느껴지시나요? 만약 영어를 여전히 '공부해서 시험 점수 잘 받는 과목'이라고만 생각하고 계신다면 와닿지 않을 것 같네요.

언어란 곧 문화

계속 이야기하게 될 한 마디는 바로 '언어는 문화'라는 것입니다. 상대방에게 공감할 수 있으려면 어느 정도 문화가 같거나 적어도 상대의 문화를 이해할 수 있어야 해요. 그런데 문화를 이해한다는 건 머리로 공부해서 아는 게 아니라, 느끼고 받아들이는 겁니다. 그게 문화를 제대로 이해한 거예요.

언어를 제대로 구사하려면 그 나라의 문화를 제대로 이해해야 합니다. 그렇게 영어를 언어와 문화로 접근해서 익히는 공부 방법의 하나가 바로 언어를 노출하는 방식입니다. 한국에 살면서 영어권 국가의 문화를 자연스럽게 접할 수 있는 최고의 방법은 영어 영상을 다양하게 많이 보는 것입니다. 저절로 영어라는 언어의 문화가 스며들거든요. 다른 나라의 문화를 '번역'과 '자막'이라는 우리나라 언어로 걸러 듣는 게 아니라, 날것 그대로 보고 듣고 이해하는 걸 하다 보면, 그 나라의 문화를 공감하게 되고, '세상에는 나와 전혀 다른 사람들이 많구나'라는 것을 깨달으면서 사고의 확장이 일어나기도 합니다.

자막이 제공되지 않는 영화도 꽤 많습니다. 그것들을 볼 수 있는 사람과 볼 수 없는 사람 사이에는 디지털 격차에 이어 '콘텐츠 격차'가 생기는데, 이 모든 걸 해소해 줄 수 있는 게 바로 영어 능력입니다. 이제 이 시대에 중요한 소통과 공감 능력을 갖추기 위해 영어 능력이 왜 필요한지 아시겠지요? 전 세계 인구의 절반 이상이 속한 영어권 문화를 이해하고 공감하여 소통할 수 있는 능력, 즉 영어 능력은 필수입니다. 힘들게 단어를 외우고 문법을 공부해서 영어를 익히는 예전 영어 공부법은 제발 잊어버립시다. 실제로 듣고 말하고 읽고 쓰는 데 별 의미 없이 시험을 잘 보기 위한 실력만 올려 주는 것이니까요.

영어 공부를 해야 하는 세 가지 이유를 다시 정리하면, 정보화 시대에 80배의 정보력을 가질 수 있고, 질 높고 다양한 배움과 자기 계발의 혜택을 누려 경력상의 이점을 얻을 수 있고, 전 세계 누구와도 공감하고 소통할 수 있다는 것입니다. 세 가지 필요 조건을 채우기 위해서는 영어를 대체 얼마나, 또 구체적으로 어떻게, 그리고 얼마 동안 공부해야 할까요? 그저 남들처럼 영어 학원에 보내면 될까요? 그것이 과연 이 세 가지 목적을 이루게 해 줄까요?

무슨 일을 하든 그것을 하는 이유, 즉 목적이 명확해야 어떤 방해가 있어도 꾸준히 실천할 수가 있습니다. 또한 무슨 일이든 꾸준히 실천을 해야 결과가 있고요. 결과가 없는 노력과 과정은 사실 큰 의미가 없습니다. 그래도 과정을 즐기면 된다고 말씀하신다면, 한편으로는 그것도 중요하겠죠. 하지만 영어는 실제로 써먹기 위한 도구입니다. 도구는 쓰기 위해 만들고 다듬는 것이죠. 도구를 만드는 방법은 다양하겠지만, 백날 단어 외우기만 한다면? 죄송하지만 실제로 써먹기에는, 특히 영어 회화에 써먹기에는 역부족입니다. 그렇다고 괴롭게 영어 공부를 해야 한다는 것도 아닙니다. 과정도 즐기면서 결과도 낼 수 있는 영어 공부법으로 꾸준히 하면 됩니다.

이 시대에 꼭 필요한
영어 능력과 그 목표

아이가 영어 공부를 하는 목적

우리 아이의 영어 공부 목적이 무엇인지 진지하게 생각해 보신 적 있으신가요? 그냥 남들이 다 영어 학원에 보내니까 우리 아이도 보내고 계셨나요? 그렇다면, 지금 당장 한번 생각해 보세요. 우리 아이가 지금 왜 영어를 공부해야 하는지를요.

- 영어를 잘하면 멋있어 보이니까.
- 다들 영어 학원은 당연하게 보내니까.
- 입시에 국영수 과목 성적이 중요하니까.

- 내가 영어를 잘 못하는 게 한이 맺혀서, 내 자식만큼은 영어에 발목 잡히지 않게 하고 싶으니까.

혹시 이런 이유로 영어 공부를 시키고 계신 거라면, 지금부터 말씀 드리는 내용을 잘 읽어 주시기 바랍니다. 시험 영어 공부는 우리 부모님 세대(현재 60대)까지는 통했습니다. 시험 영어만 잘해도 살 만했었지요. 하지만 지금 우리 세대(현재 30~40대 중반)만 해도 현장에서 일하는 매 순간 영어가 발목을 잡아 괴롭습니다. 우리 아이들 세대(현재 초등학생) 는 두말하면 잔소리죠. 따라서 제대로 된 영어 노출 방법으로 영어를 언어와 문화로 익히게 해야 합니다. 그래야 도구로서 영어를 제대로 활용할 수 있습니다.

토익이나 토플 점수는 높은데, 말을 하지도, 알아듣지도 못하는 영어를 '죽은 영어'라고 표현합니다. 그런데 우리나라의 많은 영어 학원들은 여전히 예전에 우리가 하던 영어 공부법을 그대로 따르고 있어요. 물론 그렇지 않은 사교육도 분명히 있을 겁니다. 하지만 대다수가 여전히 예전 방식을 고집할 거예요. 왜냐고요? 그래야 엄마들이 만족하고 아이들을 계속 학원에 보내기 때문입니다.

꼭 말씀드리고 싶고 또 생각을 바꿔 드리고 싶은 건, 우리 아이들은 더 이상 시험 영어가 아닌 실제로 쓸 수 있는 영어를 익혀야 한다는 것이고, 또 그게 집에서 가능하다는 겁니다. 제가 하는 영어 공부법은 수능과 내신 성적을 잘 받는 데에도 유리할 뿐만 아니라 실제로 사용하는 영어도 잘할 수 있게 익히는 방법입니다. 비록 시간이 오래 걸리고 엄마가 꽤 힘든 노력을 얼마간 해야 하지만, 그 결과는 엄청납니다.

"엄마가 영어를 못하는데, 불가능한 거 아닌가요?"
"엄마가 일하는데, 어떻게 하죠?"

이런 걱정과 궁금증이 있으실 겁니다. 방법을 다 알려 드리겠습니다. 우선, 우리 아이 영어 공부의 목적은 단순히 입시가 아니라는 것만 확실히 해 두겠습니다. 지금, 앞으로의 시대에는 명문대를 나오는 것보다 실제로 쓸 수 있는 영어 능력을 키워 주는 것이 더 중요하기 때문입니다. 그렇다면 도대체 어느 정도로 영어 능력을 키워 주고, 목표를 얼마나 잡아야 할까요?

1. 전 세계 62%의 정보를 어려움 없이 읽고 이해할 수 있는 영어 능력
2. 전 세계 명문대, 기업의 강의를 듣고 이해하고 내 것으로 만들 수 있는 영어 능력
3. 전 세계 누구와도 소통하며 공감할 수 있는 영어 능력

영어를 배워야 하는 세 가지 이유에서 이야기했던 수준의 영어 능력이라면 완벽한 목표일 겁니다. 이 목표, 너무 멋지지만 실제로 하기에는 만만치 않을 것 같나요? 네, 쉽지 않을 거예요. 하지만 분명한 건 평범한

엄마와 아이도 가능한 방법이 있다는 겁니다. 타고난 언어 감이 부족하더라도 좀 느리게 실력이 올라갈 뿐 괜찮습니다. 속도가 다르더라도 양이 채워지면 성공하는 게 언어 공부예요. 내 아이가 그리 똑똑하지 않은 것 같은데 어떻게 저런 목표로 영어를 공부시킬 수 있느냐고 하시겠지만 전혀 문제없습니다. 그냥 꾸준히 하면 누구나 됩니다.

사실 집에서 영어를 학습이 아닌 노출 방식으로 익히게 하는 방법은 이미 여러 책에서 아주 자세히 알려 주고 있어요. 제일 추천하는 책은 《잠수네 아이들의 소문난 영어공부법(이신애 저)》, 《영어책 읽듣기의 기적(노경희 저)》 두 권입니다. 요약하자면, 아래와 같은 방법입니다.

1. 아이가 재미있어할 좋은 영어 영상과 영어책을 준비합니다.
2. 매일 보고 듣고 읽게 하는 것을 꾸준히 합니다.

이렇게 보면 또 쉬워 보이죠? 막상 실제로 실천하는 건 솔직히 쉽지 않습니다. 그렇지만 또 한편으론 쉽습니다. 도대체 이게 무슨 말이냐고요? 우리가 아는 일반적인 영어 단어 암기, 문법 공부, 독해 문제집 풀기와 같은 방법은 쉬워 보이지만 학습자 입장에서 결코 쉬운 일이 아닙니다. 일단 재미가 없어서 힘듭니다. 하지만, 영어 영상을 보고 영어책을 읽어서 익히는 영어 습득 방법은 엄마가 생소해서 어렵고 힘들게 느껴지지만, 아이 입장에서는 재미있기 때문에 학습식 영어 공부 방법보다 훨씬 쉽습니다. 그래서 어렵기도 하고 쉽기도 하다고 하는 거예요.

다시 말씀드리지만, 엄마가 영어를 잘하든 못하든, 아이가 언어 감을 타고났든 아니든 누구나 이 방법으로 영어를 익힐 수 있습니다. 또 중요한 사실은 이렇게 영어를 익히면 영어가 날이 갈수록 더 쉬워지고 더 편해진다는 겁니다. 실제로 저희 아이들은 평범한 학습 능력에 좀 부족한 언어 감을 타고났습니다. 이런 아이들도 꾸준히 하니 정말 신기하게도 실력이 늘고 있어요. 실력이 팍팍 늘지 않아도 영어 공부를 지속할 수 있는 저만의 특별한 노하우를 다 말씀드리려고 합니다. 그래서 한 분이라도 더 '아이도 엄마도 행복한 영어 공부법'을 실천하길 진심으로 바라고 있습니다.

전 세계 언어 중에서 가장 익히기 어려운 영어

tvN 프로그램 '어쩌다 어른'에서 조승연 작가의 강의를 본 적이 있습니다. 미국인이 가장 익히기 어려운 언어 순위가 나왔는데요. 가장 익히기 쉬운 언어는 프랑스어, 이탈리아어, 스페인어, 덴마크어였고, 그다음이 독일어였습니다. 그다음으로 어려운 언어가 인도네시아어, 스와힐리어였어요. 그다음은 그리스어, 러시아어, 베트남어, 슬로바키아어였고요. 자, 아직도 안 나온 언어. 느낌 오시죠? 마지막으로 미국인이 가장 익히기 어려운 언어가 바로 한국어, 일본어, 중국어라고 합니다. 미국인이 우리 한국어를 가장 익히기 어렵다는 것은 바꿔 말하면 한국인도 미국인의 언어인 영어를 가장 익히기 어렵다는 것입니다.

이렇게나 익히기 힘든 언어인 영어를 우리가 우리말 하듯 편하게 사용할 수 있는 정도로, 앞서 말씀드린 세 가지 목표를 이룰 수 있을 정도로 잘하려면 시간과 노력을 얼마나 들여야 할까요? FSIC(Foreign Language Study Time)에 의하면 미국인이 한국어를 익히는 데 걸리는 시간이 2,200시간이라고 합니다. 한국인이 영어를 익히는 데 걸리는 시간도 같겠죠? 이것을 환산해 보면, 쉬는 날 하나도 없이 3년 넘게 하루두 시간씩 공부해야 회화가 가능하다는 겁니다. 하루 두 시간 3년, 이것은 오로지 '회화'를 잘하기 위한 시간입니다. 하지만 우리 아이의 영어 목표가 회화만 잘하는 것은 아니죠.

저희 아이들과 지금까지 함께하고 있는 잠수네 영어에서는 3년 동안 하루에 세 시간씩 영어에 몰입하라고 합니다. 많은 분이 이것 때문에 부담스러워서 시작도 하지 못하시더라고요. 이 목표는 회화뿐 아니라 독해력도 상당 수준까지 올리기 위한 목표예요. 더 나아가,《아웃라이어(말콤 글래드웰 저)》의 '1만 시간의 법칙'을 들어 보셨을 겁니다. 한 분야의 전문가가 되기 위해서는 1만 시간의 노력을 해야 한다는 겁니다. 1만 시간을 환산해 보면, 하루에 세 시간씩 10년 정도의 시간이 걸립니다. 예를 들면, 피아노 연습을 하루 세 시간씩 10년은 해야 전 세계에서 인정받는 피아니스트가 된다는 이야기입니다. 영어로 생각하면, 영어에 있어서 전문가 수준이 되는 데 하루 세 시간씩 10년이 걸리는 것이지요.

양이 너무 많다고 느껴지시나요? 네, 그렇기 때문에 기존의 영어 공부법으로는 할 수 없다는 겁니다. 어린아이가 저 많은 시간 동안 하기에는 너무 어렵고 재미가 없기 때문입니다. 꾹 참고 할 수는 있겠지만, 그만한 동기 부여가 어린아이에게 생기기는 쉽지 않습니다. 과정도 어느 정도 즐거워야 할 만합니다. 그래서 '학습 방식의 영어 공부'가 아니라 '노출 방식의 영어 습득'을 시켜 주라는 거예요. 이 방법은 아이가 좋아하는 영상 보기와 책 읽기가 중심이거든요. 이렇게 하면 하루 세 시간을 채우는 게 그리 어렵지 않습니다. 재미있으니까요! 중요한 건 재미입니다.

아이의 영어 공부 목표를 어느 정도로 정했는지에 따라서 인풋 양을 정할 수 있을 거예요. 제 경우, 아이들이 영어를 모국어 구사 수준의 80% 이상으로 자유자재로 할 수 있는 게 목표입니다. 엄마가 관여해서 도와줄 수 있는 건 초등부터 중등까지라고 생각합니다. 만약 아이가 영어에 진심이라면 하루 세 시간씩 10년을 채워서 영어로 먹고살게 될 수도 있겠죠. 그건 아무도 알 수 없는 거고요. 목표를 위해, 우선 초등 때는 최선을 다해 하루 세 시간 영어를 실천했습니다. 세 시간 중에 절반인 한 시간 반은 '흘려 듣기(영어 영상 보기)'를 하며 쉬는 시간이고, 나머지 한 시간 반은 '집중 듣기'나 '영어책 읽기'를 하는 데 씁니다. 아이가 원하는 책을 읽는 거여서 전혀 공부라고 느끼지 않았습니다. 물론, 어떤 날은 영어책을 읽기 싫어서 공부처럼 느끼는 때도 있겠지만, 좋아하는 책이 있는 이상 영어책 읽기는 공부가 아닌 놀이가 됩니다. 그래서 이 방법이 쉽다는 겁니다.

그런데, 하루에 세 시간 동안 영어 단어 암기 및 시험 보기, 그리고 독해 문제집 풀기, 문법 강의 듣기 이런 식으로 한다면 어떨까요? 그걸 3년을 하라고 한다면, 고등학생이나 할 수 있겠죠. 초등학생에게 이런 식으로 영어 공부를 시키는 것은 아이를 괴롭히고 영어에 말 그대로 학을 떼게 하는 방법입니다. 제발 이렇게 영어를 가르치는 학원에 보내지 마세요. 영어를 싫어하게 될 뿐입니다.

영어 공부의 진짜 목표

저는 아이가 영어를 모국어처럼(80% 이상) 유창하게 말하고 듣고 읽고 쓰는 게 목표라고 말씀드렸는데요. 사실 또 다른 목표가 하나 더 있습니다. 그건 바로, 영어를 좋아하고 만만하게 여기는 것입니다. 사실 이게 진짜 목표예요. 이게 되면 '영어를 유창하게 말하기'라는 목표는 더 쉽게 이루어질 겁니다. 그러니 영어 학원이나 과외 말고 집에서 엄마와 편하게, 그리고 아이가 좋아하는 영상과 책으로 영어를 단순히 노출시킨다는 개념으로 영어를 습득시켜 주세요.

사실, 저는 '영어 공부'나 '영어 학습'이라는 말이 참 어색하고 불편하고 싫습니다. 공부나 학습이라고 하면 시험 혹은 성적으로 결과를 내야 할 것 같은 느낌이 저절로 들거든요. 하지만 제가 아이들과 함께하고 있는 영어 습득 방법은 시험이나 성적으로는 능력을 100% 나타낼 수 없는 '진짜 실력'이에요. 다시 말해, 영어를 인위적으로 학습해서 결과를 내기 위해 하는 것이 영어 공부일 것이고요. 흘려 듣기, 집중 듣기, 영어책 읽기는 정말 자연스럽게 언어 이면의 문화까지 받아들여 영어를 영어답게 듣고 말하고 읽고 쓸 수 있게 되는 방법입니다. 게다가, 아이가 고통스럽기보다 재미있고 자연스럽게 몰입하여 익히게 됩니다.

솔직히 엄마 입장에서 쉬운 일은 아닙니다. 돈 주고 학원 보내는 게 제일 쉽죠. 아이가 좋아할 만한 영상과 책을 끊임없이 찾아 줘야 하고, 주변의 거의 모든 사람이 '당연히 영어 학원은 보내야 한다'고 말해도 흔들리지 말아야 하며, 아이의 진행을 매일 체크하고 격려하고 기록해야 합니다. 힘들긴 하지만 세상일이 다 그러하듯 처음이 어렵지, 하다 보면 익숙해져서 결코 어렵지 않습니다. 아이들 학년이 올라갈수록 습관이 참 무섭다고 느끼게 되실 겁니다. 왜냐하면 아이들이 자기도 모르게 흘려 듣기와 집중 듣기를 하고 영어책을 읽고 있거든요. '그런 기적 같은 일은 우리 집에서는 일어나지 않을 것 같아요!'라는 생각이 드시죠? 저도 처음엔 과연 될까, 의구심이 많이 들었습니다. 하지만 네, 됩니다. 그리고 아이들의 실력이 점차 느는 걸 볼 때, 자연스럽게 영어를 익히는 이 방법이 맞다는 것을 확신하게 됩니다. 이후부터는 어렵지 않고 신나게 할 수 있어요.

엄마도 아이도 행복한 영어 교육 방법이 여기 있습니다. 처음 얼마 동안은 힘들 수 있지만, 멀리 보면 참 편한 방법입니다. 영어 공부는 당연히 힘든 것이라는 생각을 버리세요. 얼마든지 재미있고 편하게 익힐 수 있습니다. 우리가 어릴 때 했던 영어 공부법은 잊어버리세요. 그렇게 해서는 앞서 말씀드린 세 가지 목표에 도달하기 너무 힘들어요. 아시잖아요. 우리 부모 세대가 영어 말하기에 실패했던 이유부터 이해하게 되면, '아, 진짜 기존의 공부법으로 영어 공부를 시켜서는 안 되겠구나!'라는 깊은 깨달음을 느끼실 겁니다.

영어를 알지만
할 줄 모르는 우리 부모 세대

영어를 아는 것 vs 영어를 하는 것

　우리 부모 세대가 왜 영어 시험 성적은 세계 최고이면서, 영어 회화는 그토록 힘들어하는 걸까요? 이유는 간단합니다. 시험 영어와 실용 영어는 정말 다른데, 우리 세대는 학교에서 오로지 시험을 위한 영어만 공부했으니, 당연히 듣고 말하는 실용 영어를 못하는 거예요. 대입부터 취업까지 영어 실력을 시험 성적으로만 판단하니까요. 내신부터 수능 영어까지, 또 취업을 위한 토익, 토플까지 시험을 잘 보기 위한 방법을 연구하고 훈련하는 데 우리나라 사람들은 정말 탁월한 능력을 갖추고 있습니다. 이게 다 시험 중심의 교육 제도 때문입니다.

시험 영어란 '영어를 아는 것'이라고 할 수 있고, 실용 영어란 '영어를 하는 것'이라고 할 수 있습니다. 예를 들어, 맛있게 보이는 음식이 있는데, 음식에 어떤 영양분이 있으며 어떻게 만들어졌는지 아주 잘 안다고 합시다. 그런데 먹어 본 적이 없어서 맛을 몰라요. 이 음식에 대해서 시험을 본다면 100점 받을 만큼 아주 잘 아는데, 먹지 않으니 먹었을 때만 알 수 있는 그 맛을 절대 모르는 거예요. 바로 이게 '영어를 알지만 할 줄 모르는 사람'의 모습이라고 할 수 있습니다. 우리 부모 세대가 딱 이렇죠. 공부는 참 열심히 해서 영어는 아는데, 할 줄 몰라요. 먹어 본 적이 없어서 영어의 맛을 모르는데 시험 점수는 너무 잘 받으니까 헷갈리는 거죠. 토익 점수가 이렇게 높은데, 왜 말 한마디 못 하는 건지 원어민들도 이해를 못 합니다.

우리나라 사람이 영어 시험을 얼마나 잘 보느냐면요. 제가 예전에 미국에서 어학연수를 했을 때, 미국 대학교에 입학이나 편입을 하려는 한국 학생들을 가끔 보았거든요. 미국 대학교에 들어가기 위해서는 토플 성적표가 필요합니다. 어학연수를 하는 중이니, 시험공부와 동시에 실생활에서 원어민과 회화 연습도 할 수 있는 최적의 환경에 있다고 생각하시나요? 아닙니다. 몇 개월을 고군분투하다가 결국 토플 성적을 내기 위해 그들이 선택한 방법은, '영어 시험을 공부하러 한국으로 돌아가는 것'이었습니다. 우리나라 사교육 실력이 이 정도입니다. 미국에 살면서 영어를 듣고 말하는 실력이 아무리 좋아도, 시험 성적을 높이기 위한 기술 익히기에는 한국 사교육이 최고예요. 이렇게 영어를 잘 알지만, 할 줄 모르는 우리 부모 세대. 그럼, 지금 우리 아이들 세대는 다를까요? 슬프게도 별반 다르지 않답니다. 그게 참 속상합니다. 우리 아이들만이라도 할 줄 아는 영어를 익히길 바랍니다. 벙어리 영어, 죽은 영어 말고요. 진짜 언어의 순기능-도구로서의 그 기능을 발휘시킬 수 있게 영어를 익히길 바랍니다.

그나마 초등학교에서는 회화 위주의 영어 수업을 하고 있지만, 문제는 중고등학교입니다. 20년 전 제가 학교 다닐 때 들었던 영어 수업 그대로더라고요. 어떻게 아직도 이럴 수가 있을까요? 아무리 마음에 안 들더라도 노력으로 당장 현실을 바꿀 수 없는 때에는 그냥 쿨하게 받아들이고, 그 안에서 내가 할 수 있는 것에 최선을 다하는 게 상책이겠지요. 다른 방법이 없는데, 불평불만을 가지는 게 무슨 이익이 있나요? 우리 아이들이 영어 실력을 키우면서 영어 시험 성적도 잘 받을 수 있도록 도와줄 수 있는 방법을 찾아야 하는 거예요. 그 방법은? 적어도 초등까지는 영어를 학습이 아닌 노출로 습득하여 진짜 영어 실력을 만들어 주는 데 초점을 맞추셔야 합니다.

영포자에서 영어 강사가 된 계기

저는 여러 영어 학원에서 초등학생과 중학생에게 영어를 가르쳤습니다. 그리고 초등학교 방과 후 영어 강사 일을 4년 정도 더 했고, 교회에서 통역 봉사도 했습니다. 저는 원어민과 영어로 대화하는 걸 두려워하지 않고 즐깁니다. 영어가 편안하고 좋기 때문입니다. 제가 이렇다는 사실을 이야기하면 다들 제가 원래 영어를 좋아하고 잘한 줄로 짐작하시더라고요. 그런데 사실 저는 중학교 때부터 대학 졸업할 때까지 완벽한 '영포자*'였습니다.

대입을 치를 때 영어를 정말 하나도 공부하지 않고 아예 포기했어요. 또, 대학 때 필수 교양 수업을 영어와 컴퓨터 중에서 선택하라고 했는데, 저는 영어만큼이나 컴퓨터를 좋아하지 않고 잘 다루지 못함에도 불구하고, 오로지 컴퓨터 수업만으로 매 학기 필수 교양 학점을 다 채웠습니다. 이 정도로 영어를 싫어하고 못 했어요. 그랬던 제가 영어를 잘하게 된 비결은 단순히 어학연수를 가서가 아니라, 언어를 익히는 핵심 비법을 알았기 때문입니다. 어학연수 가서 도서관에서 죽도록 공부한 친구들보다 제가 월등히 회화를 잘하게 된 방법이 뭔지 말씀드려 볼게요. 사실 이것이 '한국에서 하는 어학연수'라고 할 수 있는 잠수네 영어와 맥락이 같아서, 설명해 드립니다.

저는 문예창작학과를 졸업한 후, 여러 이유로 인해 작가의 꿈을 접고 신앙의 길을 가기로 했으나, 이 또한 여러 사정으로 인해 좌절되어 거의 1년을 방황했습니다. 그때, 대학 4년 내내 저를 진심으로 위해주셨던 노자매님이 뜬금없이 저에게 미국에 어학연수를 1년 다녀오면 어떻겠

* 영어 포기자

느냐고 제안하셨습니다. 그 당시만 해도 미국으로 어학연수를 다녀오는 건 굉장한 스펙이었고, 영어만 잘해도 먹고 살 수 있을 정도로 영어가 먹히는 시대였습니다. 지금도 어느 정도 그렇긴 하지만, 그때는 더 했죠. 그분은 제가 스물다섯 살에 방황하며 우울하게 지내고 있는 것이 마음에 쓰이셨고, 굉장히 열린 사고를 갖고 계셔서 그런 제안을 할 수 있었다고 생각합니다. "20대에 다른 나라에 살면서 시야를 넓혀 보는 것은 어쩌면 영어를 잘하게 되는 것만큼이나 인생에서 가치 있는 시간이 될 거야."라면서 적극 권하시니, 마음이 열리더라고요. 물론 영어가 죽도록 싫었던 저였지만, 한편으론 영어를 잘하고 싶다는 마음도 있었던 것 같습니다. 그래서 가게 된 거죠.

교회에서 주선해 준 서너 명의 대학생이나 봉사자 자매들이 지내는 셰어 하우스에 한 자리가 비어서 들어가게 되었습니다. 거기서 제 영어를 트게 해 준 평생의 은인 같은 룸메이트, 네오미를 만났어요. 네오미는 미국인인데 스페인어를 동시통역할 정도로 잘했고, 비법을 저에게 알려 주었습니다. 이 친구도 멕시코에 1년 어학연수를 갔던 적이 있었기에, 그때 쓴 방법대로 하면 저도 영어를 자기가 스페인어를 하는 만큼 잘하게 될 거라고 하더라고요. 미국에 오기 전까지 의욕 없이 한참을 지냈는데 뭔가 희망의 빛줄기가 내려오는 그런 느낌이었습니다. 네오미가 알려 준 방법은 단어 암기나 문법 공부 같은 것이 아니었기 때문에 영포자였던 저도 왠지 모르게 할 수 있을 것 같고 그대로 한번 해 보고 싶다는 마음이 생기더라고요. 1년 만에 다시 생긴 의욕이었죠.

방법은 아주 단순했습니다. 한마디로 No Korean. 네오미가 느닷없이 성경의 '침례'라는 단어를 전자사전으로 찾아 제게 보여 주더라고요. '영어 공부 비법을 알려 준다면서 갑자기 웬 침례?' 갸우뚱했어요. 그런데 네오미의 설명을 들어 보니 수긍이 가더라고요. 요약하면 다음과 같습니다.

'언어는 문화이다. 그 나라의 문화를 알고 느끼고 받아들여야 그 나라의 언어를 제대로 구사할 수 있다. 도서관에서 학문을 공부하듯이 언어를 공부해서는 절대 말을 잘할 수 없다. 너는 지금 미국으로 어학연수를 왔으니, 이 나라의 문화를 완전히 흡수할 기회가 있다. 여기 있는 1년 동안 미국이라는 물에 너 자신을 완전히 빠뜨리는 것이다. 한국의 언어, 문화를 잊어버릴 정도로 미국의 언어, 문화에 푹 빠져야 한다. 그러면 네 한국 문화, 즉 한국어가 사라지고 미국 문화, 즉 영어를 원어민처럼 잘할 수 있게 되어서, 마치 거듭나는 것처럼 그렇게 다시 태어나는 것이다.'

어렴풋이 이해했어요. 그런데 실제로 어떻게 적용해야 할지 감이 안 잡혀서 No Korean을 어떻게 하는지 물어봤습니다. 그랬더니, 자신은 멕시코에서 1년 동안 미국 음식도 먹지 않았다고 하더라고요. 그리고 당연히 영어를 듣지도 말하지도 읽지도 쓰지도 않았다고……. 그게 가능하냐고 물으니, 솔직히 힘들긴 하지만 네가 마음먹고 하면 가능할 거라고 하더라고요. 10년 살아도 못할 실력을 1년 만에 만들 수 있는 최고의 방법이니 꼭 성공하길 바란다고.

핵심은 바로 언어가 문화라는 것, 눈치채셨나요? 우리나라의 많은 사람들은 영어 익히는 방법을 떠올리면, 먼저 단어를 외우고 문법을 공부하는 것부터 생각하잖아요. 저도 그랬기 때문에 영어가 죽도록 싫었거든요. 그런데 네오미가 알려 준 방법은 완전히 다른 방법이었습니다. 제가 기존의 영어 공부법에 학을 떼고 영포자로 살아왔다 보니, 단어 외우기나 문법 공부 비슷한 방법을 알려 줬다면 도전해 볼 생각을 못 했을 것입니다. 하지만 이건 전혀 다른 방법이라 도전해 보고 싶어지더라고요. 그래서 도전했고, 오로지 영어만 쓰는 데 성공했습니다. 미국에 온 지 10년은 되었냐는 질문을 받으며 1년간의 어학연수를 마무리했고, 마침내 영어 강사가 되었습니다. 지금도 언제든 원어민을 만나면 가벼운 일상 대화를 하는 것에 전혀 부담을 느끼지 않습니다. 제가 영어를 학습이 아닌 문화의 노출로 익혔기 때문에, 영어를 듣고 말하는 것 자체가 자연스럽다고 할까요? 지금도 저는 영어가 편안하고 좋습니다.

No Korean의 치명적인 문제점

"아니, 그럼 케다맘 님처럼 미국으로 어학연수 가서 No Korean을 하란 건가요?"라고 물어보신다면, 아니라고 대답할게요. 제가 이 이야기를 말씀드리는 이유는 그만큼 영어를 학습으로 공부하는 것보다 노출로 습득하는 게 더 중요하다는 것을 전하고 싶어서입니다. 사실, 저 역시 우리 아이들도 그냥 제가 했던 대로 하면 되지 않겠느냐는 생각을 안 한 건 아닙니다. 같은 고민을 했어요. 학교에 다니는 동안은 그냥 한국식 영어 공부를 어쩔 수 없이 하고, 나중에 대학에 가거든 나처럼 어학연수를 보내서, 한국어를 듣지도 말하지도 읽지도 쓰지도 않고 1년 지내라고 하면 되지 않겠느냐는 생각을 했죠. 실은 저희 남편이 먼저 이렇게 말해 주었어요. 아마 제가 영어 학원을 보내자고 했을 때 이런 말을 했던 것 같아요. 그냥 학교에서 영어 공부하다가 대학 보낸 뒤에, 네가 했던 방법대로 1년 빡세게 하면 될 것을 왜 군이 어릴 때부터 영어에 돈과 시간을 투자하냐는 거였죠. 이론적으론 맞는 말 같지만, 섣불리 "그래, 그렇게 하자!"라고 하기에는 좀 찜찜한 문제가 있었습니다. 제가 했던 방법, 네오미가 가르쳐 준 방법이 분명 획기적이고 효율적인 방법은 맞습니다. 영어 회화를 잘하는 데에는 분명 완벽한 방법이라고도 할 수 있겠습니다. 하지만 여기에 굉장히 중요한 한 가지가 빠져 있거든요. 뭘까요? 바로, 읽기입니다.

영어 공부의 목표에서 가장 큰 비중을 차지하는 것은 사실상 영어 읽기 능력입니다. 회화 능력도 당연히 중요하지만, 실질적으로 일을 하는 데 있어서 읽기 능력이 더 많이 쓰입니다. 그런데 제가 했던 방법에는 읽기 자체가 아예 빠져 있었습니다. 물론 듣기 말하기가 되면 읽기도 비교적 쉽게 잘 되긴 하지만, 제가 그 1년간 듣기와 말하기의 인풋 대비 읽기와 쓰기의 인풋은 거의 없다시피 했거든요.

네오미가 알려 준 이 방법—미국 문화에 침례받아야 한다는 것을 말 그대로 실천에 옮겨 보았습니다. 우선, 도서관에 가거나 시험공부를 하기보다 네오미를 따라다니며 미국 문화에 제 온몸을 푹 적시는 데 올인했습니다. 당시 네오미가 결혼 준비를 하고 있어서 꽃 사러, 웨딩드레스 맞추러, 레이스 사러, 축가 연습에 가는 등 사소한 것까지 다 따라다녔어요. 네오미가 가는 음악 모임이나 독서 모임에도 가고 교회 행사도 전부 참석했죠. 이런 활동에 제 몸을 갖다 놓고 그들과 영어로 소통하는 것에 초 집중했던 것입니다.

물론 어학연수 중이었으니 ESL 수업도 참여하긴 했습니다. 그런데 그 수업 시간이 참 괴로웠어요. 왜냐하면 ESL에는 한국인 학생들이 매우 많았고, 자꾸만 저에게 한국어로 말을 걸었기 때문이죠. 저는 정말 죽을힘을 다해 No Korean을 실천하는 데 어찌나 방해되던지! 한국인 학생들이 저에게 한국어로 말을 걸 때마다, 저는 매번 영어로만 대답을 했습니다. 아, 지금 다시 생각해도 정말 낯이 뜨겁습니다. 그때는 영어를 아직 잘하지 못할 때였으니까요. "영어도 못 하면서 재수 없게 영어로만 말하네."라는 말도 들었습니다. 그래도 저는 '지금 이거 아니면 내가 붙잡을 게 없다'는 절실함으로 제 결심을 고수했습니다. 제가 좀 극단적인 면이 있거든요. 오죽하면 한국에 계신 부모님께 앞으로 1년간 통화를 할 수 없다고 말했겠어요. 부모님이 영어를 못하시거든요. 저는 진심으로 1년간 영어만 듣고 말하고 읽고 쓰기로 했습니다.

어쨌든 그렇게 했더니, 정말로 3개월이 안 돼서 귀가 뚫리고 입도 트였습니다. 그리고 6개월쯤 되니 처음 보는 원어민이 제가 어학연수생이 아닌 적어도 5년은 미국에 산 유학생인지 알더라고요. 그리고 1년이 다 되어가자, 당연히 미국에 10년 넘게 산 줄 알았습니다. 이렇게 제 기준에서는 정말 놀라운 속도로 영어 실력이 좋아졌어요. 하지만 문제는 제 영어 읽기 능력은 여전히 별로 좋지 않다는 겁니다. 이건 '나중에 한국 돌아가면 어떻게든 되겠지'라고 생각했는데, 사실상 지금도 제 영어 실력은 반쪽짜리라고 할까요? 한국에 돌아와서 통역 봉사를 하기도 하고 원어민을 만나 이야기하는 것에는 어려움이 없지만, 영어 문서나 책을 읽고 이해하거나 또 글을 쓰는 건 여전히 어려움이 있습니다. 듣고 말하기만 되고 읽고 쓰기가 안 되는 영어인 거죠. 그래도 듣고 말하는 게 되니까 읽고 쓰기를 약간 공부하니 테솔(TESOL) 자격증도 딸 수 있었고 초중등 학생 영어 가르치는 정도의 실력은 금세 쌓였어요. 그래서 제가 영어 강사 일을 했던 거죠.

이 방법의 첫 번째 문제점은 읽기의 부재입니다. 그래서 저희 아이들에게 저처럼 영포자로 살다가 미국 어학연수 1년으로 영어 회화 실력을 확 올리는 방법을 쓰는 것에 대한 확신이 안 선 거예요. 이건 반쪽 짜리 영어 실력이기 때문이에요. '그것만 문제라면 미국 어학연수 가서 영어책 읽기도 병행하면 해결되는 것 아니냐'고 반문하신다면, 물론 그런 방법도 있겠지요. 그런데 영포자가 미국인하고만 어울리고 한국어를 아예 안 쓰면서 지내는 것 자체도 힘든데, 그 와중에 영어책 읽기까지 한다? 솔직히 제가 지금 다시 한다고 해도 이것까지는 쉽지 않을 것 같습니다. 그리고 두 번째 문제는 솔직히 No Korean을 1년간 실천한다는 건 실현 가능성이 굉장히 희박하다는 겁니다.

제 경우는 좀 특별한 상황이었던 것 같아요. 희망을 잃고 의욕조차 없던 중에 가까스로 결심한 것이었고, 그만큼 절실함이 컸거든요. 게다가 저의 기질은 중간이 없고 극단적인 데다가 약간 완벽주의라 뭔가 결심했으면 그대로 완벽하게 해야 마음이 편해요. 완벽하게 하지 못할 바에야 시작하지 않는 성격이죠. 이런 성격에다가 미국이라는 환경에서 제가 할 만한 결심이었기에 실천이 되었다고 생각합니다.

미국에 온 동생과 지인, 친구들에게도 이 방법을 알려 주었지만, 단 한 명도 실천하지 못했습니다. 절대 의지력이 약하거나 절실함이 없어서가 아니에요. 저보다 똑똑하고 의지도 있는 친구들이었는데, 그저 쉽지 않은 방법이었기 때문인 겁니다. 저야 타고나길 극단적이고 올인 성향이 강해서, 한번 결심하면 주변에서 "그렇게까지 해?" 소리를 들을 만큼 해야 직성이 풀리다 보니 실천이 되었던 건데, 우리 아이들도 엄마 같은 성향일지 아닐지 알 수가 없잖아요. 제 방법만 믿고 어학연수를 보냈는데 지인들처럼 포기한다면, 우리 아이들의 영어는 어쩌나요? 그러니까 한마디로 이건 위험 부담이 큰 방법인 거예요. 성공 확률이 낮은 거죠.

그럼, 아이들이 어릴 때 조기 유학을 보내면 되지 않느냐? 저 또한 외국에 살다 오는 것에 대한 고민도 당연히 해 봤습니다. 영어는 언어이고, 언어는 문화여서 그 나라에 살면서 습득하는 게 최고의 방법인 걸 제가 겪어 봤으니 너무 잘 압니다. 문제는 기러기 가족이 되어야 한다는 것이잖아요. 아이들 영어 실력을 위해 가족이 생이별을 하는 고통을 감수하는 건데 십 년 전쯤에는 이게 유행이었습니다. 그런데 이건 '영어 실력'만을 위해 다른 모든 것을 희생하는 거란 말이죠. 그렇게 할 만한 가치가 있나? 제가 앞서 영어의 중요성에 대해 말씀드리긴 했지만, 사실 그보다 더 중요한 게 있습니다. 바로, 아이 속에 있는 내용, 즉 콘텐츠가 있어야 한다는 것입니다.

영어는 어디까지나 수단에 불과합니다. 아무리 잘해 봤자 그건 도구일 뿐이에요. 어린 시절 온 가족이 함께 쌓는 추억 그리고 정서적 안정감, 아버지의 존재 자체가 아이에게 미치는 영향을 다 희생하면서까지 영어만 잘하게 하는 건 아니라고 봅니다. 그럴 만한 가치가 없다고 생각해요. 만약 영어를 잘할 수 있는 방법이 오직 그 방법뿐이라면 모르겠지만요.

다행히 조기 유학을 하지 않고도, 한국에서 제가 했던 방법과 비슷하게 우리 아이들이 영어를 익힐 방법이 있습니다. 그건 바로, 영어를 학습시키는 게 아니라 노출하는 방식으로 영어를 습득시키는 겁니다. 왜 '학습'이 아닌 '노출'로 영어 교육을 해야 하는지 확실히 이해시켜 드리겠습니다.

책 육아와
영어 교육

사교육으로 하는 영어 교육의 한계

방법을 모를 때 보냈던 영어 학원

첫째 아이 케리스가 초등학교에 입학하고 가을이 될 때까지 저는 영어 노출 방법을 전혀 몰랐습니다. 막연히 엄마표 영어라는 말은 알았지만, '엄마가 아이에게 영어를 가르치는 것'이라고만 생각했기 때문에 아예 쳐다보지도 않았어요. 왜냐하면, 아이 교육은 전문가에게 맡기는 게 맞는 거라고 믿었거든요. "엄마가 영어를 잘하니까, 엄마표 영어 하면 되겠네요."라는 말을 들을 때마다 저는 웃으며 이렇게 대답했습니다. "자기 애는 가르치는 거 아니래요. 괜히 애 잡고 관계만 안 좋아지거든요." 그때는 이 말을 하는 제 자신의 진짜 속마음을 몰랐습니다. 이제는 알죠.

솔직히, 그냥 하기 싫었던 거예요.

　엄마가 가르치는 엄마표 영어, 케리스가 돌쯤에 저도 시도해 봤습니다. 플래시 카드 가지고 영어 그림책을 읽어 주고요. 그런데 아이가 제 뜻대로 안 따라 주면, 그렇게 화가 나더라고요. 사실 돌쟁이 아기가 어떻게 제 뜻대로 따라 주겠어요? 당연히 그럴 리가 없는데도 그게 그렇게 속이 상하는 거예요. 학원에서 일할 때 말 안 듣던 애들보다 더 저를 힘들게 하는 것처럼 느껴지더라고요. 그때 알았습니다. '아, 내 자식을 직접 가르치면 안 되겠구나. 그리고 내 안에 욱하는 성질머리가 있구나.'

　그래서 제가 직접 가르치는 것 외에 다른 교육 방법, 즉 사교육을 열성적으로 이용했어요. 방문 수업, 교구 수업 등 정말 숱하게 시켜 보았습니다. 그리고 '엄마가 행복해야 아이도 행복하다'는 글을 어디선가 읽고 그에 관련된 책들을 찾아 읽으며, 엄마가 일을 하며 자아실현도 하고 돈도 벌어 행복한 것이 아이를 위해서 더 좋다고 믿게 되었고요. 아이 교육은 전문가에게 맡기고 나는 내 일을 즐겁게 하고 살자고 생각했습니다. 결론은, 제 속이 더 편하니까 그렇게 믿고 그 방향으로만 방법을 찾았던 것이었습니다. 그렇게 어영부영 시간이 지나 케리스가 초등학교에 입학했습니다. 기존의 한국식 영어 공부법은 답이 아님을, 또 영어 학원을 보내면 영어를 제대로 잘할 수 없다는 걸 너무나 잘 알면서도 아이를 대형 어학원에 보냈답니다. 그때 일을 하고 있었기 때문에 예체능 학원만으로는 제 퇴근 시간까지 채우기가 버겁더라고요. 그 핑계로 케리스는 피아노, 미술, 태권도, 영어 네 개 학원을 매일 다니게 되었어요.

딸과 함께한 2주간의 여행

케리스는 영어 학원에 다니고, 저는 그 시간에 다른 아이들에게 영어를 가르치고. 그렇게 초등학교 1학년 2학기가 지나 10월이 되었습니다. 그때가 마침 황금연휴였어요. 당시 맞벌이 중이라 경제적인 여유가 있어서, 미국에 살고 있는 동생 집에 케리스를 데리고 단둘이 여행을 갔습니다.

케리스가 15개월쯤 둘째 다니엘이 태어나면서 여행을 가기 전까지 저랑 케리스는 단둘이 24시간을 보낸 적이 없었습니다. 2주 동안 엄마랑 함께 놀고 먹고 자니 케리스가 얼마나 행복해하던지요. 사실 처음 며칠간은 그냥 엄마와 함께 있는 것뿐인데 왜 그렇게 좋아하는지 이해가 잘 되지 않았습니다. 그냥 그런가 보다 하며 지내다가 하루, 이틀 더 지나면서 깨닫게 된 것은, '이 아이가 엄마를 정말 사랑하는구나'였습니다. 엄마가 아이를 사랑하는 건 당연하다고 생각했지만, 아이가 이렇게 엄마를 사랑한다는 사실을 몰랐던 거예요. 그저 나를 필요로 하는 존재로, 나를 희생하게 하는 약간은 짐과 같은 존재로 아이를 여겼던 것 같아요.

지금 생각하면 너무도 어이없는 이런 질문을 스스로 했어요. '왜 이렇게 날 좋아하지? 난 잘 놀아 주지도 않고 그냥 같이 지내는 것뿐인데, 이게 왜 이토록 이 아이를 행복하게 하는 거지?' 그때 이 아이의 입장을 이해하고 공감하는 눈이 처음으로 열렸습니다.

'태어난 지 겨우 15개월, 아직 엄마의 사랑과 관심이 필요한데.

엄마는 동생을 임신해서 줄곧 누워 있고 인상을 찌푸리더니

어느 날 갑자기 어린이집이라는 낯선 곳에 매일 가게 하고,

시간이 지나자, 동생이 태어나 엄마의 관심을 독차지하고,

나만 안아 주던 엄마가 이제 동생을 더 많이 안아 주고,

동생이 신기해서 건드려 보았는데 엄마가 소리 지르며 화를 내고,

나만 바라보고 사랑해 주던 엄마는 언제쯤 내게 돌아오나.'

케리스는 그때 미국 여행 2주 동안 바로 그토록 기다려 왔던 엄마와의 행복한 시간을 보내고 있었던 겁니다. 초보 엄마였던 저는 아이를 사랑할 줄 몰랐습니다. 책임감으로 인한 부담감이 너무 컸던 거죠. 둘째는 또 다르게 예쁘더라고요. 여유가 생긴 거죠. 그런 엄마의 모습을 보는 우리 첫째 아이의 마음은 얼마나 아팠을까요? 사실 미국 여행을 케리스와 단둘이 가게 된 건, 제가 어린아이 둘을 다 데려가기에 부담이 되었고 둘째가 너무 어려서 첫째만 데려간 거였거든요. 케리스만을 위해서 그런 건 아니었던 거죠. 하지만 케리스는 그 사실을 몰랐기에 마냥 행복해했던 것 같습니다.

하지만 그렇다고 갑자기 일을 그만두고 아이와 종일 있을 수는 없잖아요? 현실적인 문제-경제적인 부분도 고려해야 하고, 또 무작정 아이와 함께한다고 아이의 성장에 무조건 다 좋기만 한 게 아닐 수도 있다는 불안감 역시 무시할 수 없었습니다. 다행히 제게 '괜찮아, 이런 방법

도 있어.'라고 말해 주는 《지랄발랄×하은맘의 불량육아(김선미 저)》라는 책을 가져갔습니다. 아마 제가 이런 깨달음이 없는 상태에서 이 책을 읽었더라면 제게 그렇게 큰 영향을 미치지 못했을지도 모릅니다. 그전에는 엄마가 행복해야 아이도 행복하다는 걸 좀 이기적으로 생각하며, 엄마는 자아실현도 하고 돈도 벌어서 그 돈으로 아이 교육을 전문가에게 맡기는 게 더 효율적이라고 생각했거든요. 하지만 이 여행을 계기로 아이를 생각하는 방식이 '배려하는 육아'나 '아이 입장에서의 자녀 교육'으로 완전히 바뀐 겁니다.

어른 입장에서 편한 것은 역시 돈 들여서 사교육으로 공부를 시키는 것일 겁니다. 그런데 세상에 공짜는 없다는 말 아시죠? 초등학교 1학년 때부터 사교육 뺑뺑이를 시작하면 그 대가를 중고등학교 때 치르게 됩니다. 학원 갔니, 숙제했니, 왜 레벨 업이 안 되었니……. 저녁에 잠깐밖에 못 보는데 이런 잔소리가 계속될 수밖에 없습니다. 초등 저학년 때는 아니더라도 고학년이 되고 중학교에 가면 당장 성적으로 나오니, '그동안 들인 돈이 얼만데' 싶어지거든요. 돈을 들인 만큼 애를 잡게 되어 있습니다. 사람 심리가 그렇습니다. 그리고 영원한 건 없다는 말도 아실 겁니다. 네, 편한 건 영원하지 않습니다. 지금은 편하지만, 나중에 편해지지 않을 것이고 막막할 겁니다. 사춘기에 접어든 아이가 어느 날 사교육 뺑뺑이를 어느 날 거부할 때, 정말 대책이 없을 거예요.

코로나19로 인해 원격 수업을 했던 2년 동안 우리나라 엄마들이 좀 예행연습을 했던 것 같습니다. 이렇게까지 혼자 공부하는 습관이 안 잡혀 있는 줄 몰랐다는 부모님들이 매우 많으시더라고요. 당연한 겁니다. 우린 해 보지 않은 건 잘할 수가 없어요. 혼자 공부를 해 본 적이 없는데 어떻게 잘하겠어요. 전문가가 잘 짜놓은 커리큘럼과 시간표에 따라 공부하고 시험을 보던 아이에게 갑자기 스스로 계획을 짜서 공부하는 걸 바라는 건 사실 너무 무책임한 겁니다. 아이 입장에서는 불합리한 거예요.

미국 여행을 통해 아이 입장을 이해하고 공감하게 된 것, 지금도 그때의 그 마음을 잃지 않으려고 노력합니다. 어른 입장에서 마음대로 아이를 휘두르려고 할 때 아이는 행복하지 않고요. 그렇게 하는 모든 활동은 결코 지속되기도 어렵고 굉장히 비효율적일 겁니다. 예로 학원을 아이가 가고 싶어서 다니는 게 아니라, 엄마가 가라고 해서 다니는 경우가 그렇습니다. 지속하기 어렵고 또 비효율적으로 학습을 할 수밖에 없습니다.

뇌 과학으로 보는 영어 노출의 중요성

제가 자녀 교육에 올인하던 지난 3년간 많은 자녀 교육서를 읽고 공부법을 익히다 보니 아동 발달 심리학과 뇌 과학 분야까지 가게 되었습니다. 학원보다 집에서 영어 노출로 영어를 습득하는 게 왜 더 효율적인지 뇌 과학적인 면에서 보더라도 무릎을 탁 치시게 될 거예요.

뇌 과학에 대해 전혀 모르시는 분들을 위해 짧게 설명해 드리고 본론으로 들어가자면, 우리 뇌는 뇌간, 대뇌변연계, 대뇌피질로 나눠 설명할 수 있습니다. 뇌간은 한마디로 파충류의 뇌, 대뇌변연계는 포유류의 뇌, 그리고 대뇌피질은 영장류의 뇌로 볼 수 있습니다. 파충류의 뇌는 생존에 필수적인 일을 하고요. 포유류의 뇌는 포유류라면 가지는 욕구—감정, 식욕, 성욕, 단기기억 같은 일을 합니다. 마지막으로 영장류의 뇌가 있죠. 바로 이게 생각하는 기관인 거예요. 이성적인 판단을 하고 또 행복감을 느끼는 등 고차원적인 생각과 느낌, 즉 동식물이 아닌 인간만이 가진 능력이 바로 영장류의 뇌의 기능입니다. 영장류의 뇌의 우두머리가 전두엽인데요. 이성적인 판단을 내리고 계획을 하고 예측하고 또 충동을 조절하는 역할을 합니다. 전두엽이 잘 활성화되면, 사실상 우리 어머니들이 다 바라는 '공부 잘하는 아이'이면서 '인성도 좋은 아이'가 되는 것이거든요.

그럼, 전두엽은 어떨 때 활성화가 될까요? 좋은 학원을 보내면? 적기에 충분한 자극을 주면? 경쟁시키면? 아닙니다. 첫 번째, 전두엽을 활성화하는 최고의 방법은 '재미'입니다. 재미가 있으면 '몰입'을 합니다. 몰입하는 그 순간 전두엽은 가장 활성화가 됩니다. 그래서 학원에서의 주입식이 아닌, 아이가 좋아하는 영어 영상과 영어책으로 노출만 시켜 주라는 겁니다. 재미있고 몰입이 되려면 기본적으로 '알고 싶은 마음', 즉 호기심이 있어야 합니다.

아이가 요즘 기차에 꽂혀 있다고 합시다. 멋진 기차의 그림이나 사진

등이 있는 영어 그림책들 그리고 기차가 주인공이거나 기찻길이 배경인 영어 영상도 있습니다. 그런 것을 보여 주는 거죠. 아이는 안 그래도 관심이 폭발하던 기차이니 당연히 호기심이 생길 것입니다. 게다가 엄마가 아이를 사랑스럽게 바라보고 폭 껴안은 채 정성을 다해 읽어 줘 보세요. 아이는 행복감에 빠져들겠죠? 또 엄마가 달콤한 간식도 줍니다. 간식을 먹으며 영어 영상을 보는 게 즐겁죠. 난 재미있어서 봤을 뿐인데, 엄마가 기특해하고 사랑스러워하는 눈빛으로 나를 쳐다봐요. 얼마나 행복하게요. 이것이 바로 제대로 된 엄마표 영어입니다. 아이가 행복한 것이요.

사교육으로 하는 영어 학습은 어떤가요? 전두엽이 활성화되기는커녕, 그 반대인 파충류의 뇌가 활성화되기 딱 쉽습니다. 내가 관심도 없고 재미를 느낄 수도 없는 학습 교재를 주로 사용하지요. 그나마 영어책을 사용하는 학원은 나름 요즘 트렌드에 맞춘 곳이겠지만, 대형 어학원은 여전히 재미없는 코스북을 메인으로 하고 영어책은 부교재처럼 사용합니다. 그 외 일반 영어 학원은 어휘나 독해 문제집이 주된 교재이고요. 문제집에 있는 지문의 내용이 가끔 아이의 흥미를 자극할 수는 있지만 단발성입니다.

책이 왜 좋은가 하면, 다음 내용이 궁금하단 말이죠. 그때 생기는 호기심, 그게 우리 전두엽을 자극하는 거예요. 뇌가 일하기 시작하는 거죠. 몰입을 합니다. 모르는 어휘가 나오면? 애써 유추를 해 보게 됩니다. 왜? 재미있고 궁금하니까! 그래서, 책을 많이 읽으면 어휘 유추 능력이 저절로 훈련되기 때문에 공부를 따로 하지 않아도 많은 어휘를 알게 되는 겁니다. "우리 아이는 이제 영어를 시작해서 그렇게 긴 책을 못 읽는데요?"라고 물어보시는 분도 있는데, 아주 짧은 영어 그림책들도 같은 효과를 볼 수 있습니다. 바로 여러 권 시리즈로 나오는 책들입니다. 주인공이 이번에는 다른 배경에서 어떻게 행동하고 결정하고 어려움을 이겨내는지 또는 얼마나 신나게 행동하는지 등 다른 스토리 속 같은 캐릭터는 아이의 호기심을 충족시킬 만합니다.

제가 학원을 보내더라도 이건 꼭 사서 읽어 주거나 읽히라고 추천하는 시리즈가 있습니다. 바로, 너무나 유명한 모 윌렘스 작가의 《An Elephant & Piggie》시리즈입니다. 저희 아이들은 초등학생이 된 후에 집에서 영어책 읽기를 시작해서 그때 이 시리즈를 들였는데, 두 아이 모두 너무나 좋아해서 책이 너덜너덜해졌습니다. 그런데 내용이나 수준은 유아기 때도 얼마든지 재미를 느끼며 볼 수 있어요. 초등 고학년에 엄마표 영어를 시작하셨다면, 그때 사 주셔도 됩니다. 어른인 제가 읽어 주면서도 재미있어서 많이 웃었거든요. 다시 한번 강조하지만, 중요한 건 재미입니다.

그럼 두 번째로 전두엽을 활성화하는 것은 뭘까요? 바로 '주도성'입니다. 주도성을 부여하는 방법은 간단합니다. 뭘 하든 스스로 원해서 하게 하면 됩니다. 예를 들어, 수학 문제집을 살 때 저는 제가 원하는 것을 사지 않습니다. 무조건 문제집을 풀 아이가 원하는 걸 고르게 합니다. 물론 아이 수준에 맞는 문제집을 회사별로 두세 개 먼저 골라 놓습니다. 아이 수준에 맞는 걸 하는 것도 굉장히 중요하기 때문입니다. 솔직히 엄마가 보기에 가장 좋은 게 분명히 있습니다. 하지만 직접 고르지 않습니다. 엄마가 대신 고르면 결국 전두엽이 활성화되지 않은 채 아이는 수동적인 자세로 문제를 풀게 되고, 지지부진하며 끝까지 풀기가 힘들게 됩니다. 그런 경험을 여러 번 해 봤기 때문에 좀 귀찮더라도 꼭 물어보고 아이가 원하는 것으로 사 줍니다. 또 하루에 몇 장 할 건지, 일요일은 쉴 건지 안 쉴 건지 역시 아이가 정하게 합니다. 너무 많이 하려고 하면 적게 하도록 유도하고, 너무 적게 하려고 하면 좀 더 하게 하려고 유도하긴 합니다. 아이에게 적정량이 어느 정도인지는 분명히 알지만, 정해 주지 않습니다. 이게 진짜 포인트예요. 자기 주도 학습이 되게 하는 방법은, 정말 사소한 것까지도 아이가 선택하게 하는 겁니다. 무조건 아이가 고르게 하는 게 얼마나 더 효과적인지 너무 잘 알거든요.

집에서 영어를 노출하는 방식으로 하면, 이 부분도 너무나 당연히 편하게 해결이 됩니다. 《잠수네 아이들의 소문난 영어공부법(이신애 저)》, 《영어책 읽듣기의 기적(노경희 저)》 외에도 여러 영어 교육서가 많습니다. 그런 책은 대부분 아이가 잘 읽을 만한 책과 영상을 소개해 주고 있답니다. 이 책에서도 잔뜩 소개해 드릴 거예요. 그 부분을 아이에게 보여 주세요. 대부분 책 표지가 있을 겁니다. 그걸 보고 아이가 직접 고르라고 하세요. 그런 책은 엄마가 임의로 골라 보여 주는 책과 완전히 다르게 읽힙니다. 영어 영상도 마찬가지예요. 맛보기 영상을 보여 줄 수도 있고요. 영상에 대한 리뷰를 읽고 대충 내용이나 캐릭터를 설명해 줄 수도 있어요. 그러고 나서 아이에게 고르게 하는 겁니다.

좀 번거롭더라도 이렇게 아이가 자기가 선택했다는 느낌만 있다면 태도가 달라집니다. 이와 비교하여 사교육–영어 학원에 다니면 주도성 부분은 어떻게 될까요? 우선 학원을 선택하는 데 있어서 아이의 의견을 고려했다고 말씀하실 수도 있겠습니다. 그건 잘하셨습니다만, 문제는 대부분의 학원이 레벨 테스트를 보고 아이 수준에 맞는 반을 아이가 아닌 학원에서 넣어 주잖아요. 선생님을 아이가 원해서 선택하는 것도 당연히 아니고, 교재도 당연히 아이가 선택하는 게 아닙니다. 수업 시간, 교실, 선생님, 교재 그 무엇도 아이가 스스로 선택하는 건 없습니다. 모두 아이가 수동적으로 합니다. 학원 수업 방식은 어떤가요? 선생님이 일방적으로 설명하고 질문하고 시험을 보죠. 어디에 아이의 주도성이 들어가나요? 없습니다.

물론 아이들이 참여하는 토론식 학원도 있다고 하고, 자유로운 분위기의 놀이식 영어 학원도 있다고 합니다. 아이가 영어 학원 다니는 걸 정말 좋아한다고 말씀하실 수도 있어요. 자 그럼, 제가 뇌 과학 외에 또 다른 이유로 왜 사교육보다 집에서 영어를 익히는 게 나은지 주장해 보겠습니다. 아주 현실적인 이유로 말입니다. 영어 학원에서의 인풋의 양과 질은 집에서 하는 영어 노출의 인풋의 양, 질과 비교했을 때 엄청난 차이가 납니다.

집에서 하는 영어 노출이 훨씬 더 나은 이유

영어 학원에 다니면 '재미와 몰입'이 떨어지고 '주도성'이 떨어지니, 전두엽이 활성화되지 않습니다. 그러니 인풋의 '질'이 확 떨어집니다. 비효율적으로 영어를 공부하는 데에 시간과 돈, 에너지를 쓰게 되는 겁니다. 같은 양을 해도 습득의 질이 완전히 다르다는 거죠. 이뿐이 아닙니다. 같은 시간을 하는데, 영어 학원보다 노출식 영어가 '양' 또한 훨씬 더 많습니다.

학원 수업 50분을 생각해 볼게요. 학원에서는 주로 코스북을 사용합니다. 레벨마다 차이가 있지만, 그날 배우는 영어 패턴-문장은 몇 개 안 되고 레벨이 올라갈수록 문장의 길이와 개수가 조금 더 많아질 뿐입니다. 워밍업이라고 해서, 그 패턴을 익히기 전 낯선 단어와 낯선 표현을 익히는 걸 먼저 하지요. 그러고 나서, 본격 패턴을 익히고 문제를 풉니다. 채점하고 오답을 확인합니다. 퀴즈를 해서 수업을 마무리하는 방식이죠. 아마 대부분 이런 식으로 수업을 할 거예요. 조금씩 다르겠지만. 그렇게 50분을 채웁니다. 아이가 이 50분간 익힌 문장(패턴과 표현)과 단어가 얼마나 될까요? 많다고 생각하실 수도 있는데요. 이에 반해 집에서 아이가 좋아하는 영상과 책으로 영어를 노출하는 방식으로 하면 그 인풋의 질과 양은 어떨까요?

예를 들어, 아주 쉽고 재미있어서 저희 남매에게 큰 사랑을 받았던 'Ben and Holly' 영상을 본다고 해 볼게요. 10분짜리 영상 2개를 봐도

20분인데요. 그 영상에 얼마나 많고 다양한 어휘와 문장이 나오는지 모릅니다. 억지로 공부하거나 외우거나 시험을 보지 않지만, 아이는 집중해서 보면서 그 다양한 패턴과 표현을 저절로 익힙니다. 심지어 외우게 되어서, 어느 시점이 되면 아이들이 서로 영어로 대화를 하기도 해요. 방금 나온 표현으로 말이죠. 그렇게 알아서 연습도 합니다. 문제를 풀지 않아도 복습이 저절로 되는 거죠. 하라고 안 해도 스스로 하고 싶어서!

자, 이제 겨우 20분밖에 하지 않았습니다. 이제 10분 집중 듣기를 해 볼게요. 집중 듣기는 책을 읽으면서 영상을 통해 귀로 익힌 단어와 문장을 소리로 동시에 들으며 문자와 함께 인지하는 겁니다. 원어민이 읽어 주는 걸 들으면서 글자를 짚으며 말 그대로 집중해서 듣는 거여서, 듣기와 읽기가 동시에 되는 거예요. 아이가 좋아하는 캐릭터가 나오거나 스토리가 웃기거나 그림이 예쁘거나 어찌 됐든 아이가 몰입해서 볼 만한 영어책으로 하는 게 포인트입니다. 만약 아이가 'Ben and Holly'를 아주 재미있어하며 본다면, 《Ben and Holly》 그림책이나 리더스북을 보여 주면 효과 만점입니다. 연관이 되고 익숙해서 부담 없이, 그리고 재미있게 책을 읽게 되거든요. 디즈니 같은 경우도 영상과 책이 같이 나오는 게 많습니다. 케리스가 디즈니 영어 영상 'Sofia the First'와 'Fancy Nancy'에 빠져 있을 때, 책을 보이는 족족 구입해서 줬던 기억이 납니다. 영상에서 나온 캐릭터를 좋아하면, 책에서도 그 캐릭터가 나오고 또 색다른 이야기가 전개되니 굉장히 흥미로워하거든요. 심지어 영상과 같은 이야기여도 일단 익숙해서인지 책을 좋아합니다. 집중력이 달라져서 잘 읽으니까, 영어책 사 줄 맛이 난달까요? 아이가 이렇게 집에서 하는 영어에 재미를 붙이면 엄마도 이제는 영어 학원 보내는 것보다 더 좋다는 데에 확신이 들고 신이 나게 된답니다.

집중 듣기 10분을 통해 이제 듣기와 읽기를 동시에 어느 정도 했고요. 그다음으로, 영어책을 읽습니다. 20분이면 그림책 여러 권을 읽을 수 있어요. 아이가 관심 가진 주제나 캐릭터, 스토리로 골라 주세요. 빠져들어 읽습니다. 아직 영어가 초보 실력이어서 읽을 수 있는 단어가 많지 않을 때는 좀 힘들어할 수도 있어요. 저희 집 아이들은 둘 다 초등학생이 되고 나서 이 방법으로 영어를 시작했습니다. 아직 영어 수준이 낮다 보니, 유아 대상 책이 아니고서는 읽을 수 있는 책이 없었어요. 그나마 아주 쉽지만 나름의 스토리도 있고 무엇보다 그림이 예뻐서 케리스가 무척 좋아했던 리더스북이 있는데, 바로 《Biscuit》입니다. 음원 CD도 같이 세트로 구입해서 여러 번 집중 듣기를 하고 여러 번 읽었답니다. 아이 영어 수준이 조금씩 올라갈수록 흥미진진한 영어책이 많거든요. 언젠가 케리스가 "난 요즘 영어책이 한글 책보다 더 재미있어!"라고 하더라고요. 물론, 요즘은 또 한글 고전에 푹 빠져 있느라, 영어책은 그냥저냥 읽고 있어요. 주기적으로 푹 빠지는 게 흘려 듣기였다가 집중 듣기였다가 영어책이었다가 한글 책이었다가 계속 바뀐답니다.

어쨌든, 이렇게 50분 동안 흘려 듣기와 집중 듣기 그리고 영어책 읽기까지 아이가 스스로 집중해서 하는 건, 학원 수업 50분 듣는 것과는 질적, 양적으로 이렇게나 차이가 납니다. 50분간 아이가 흘려 듣기와 집중 듣기를 통해 들은 어휘와 문장 종류와 수준 그리고 다양성은 결코 학원 수업에 비교할 수가 없어요. 또 영어책 읽기 역시 그 질과 양에서 코스북과 확연한 차이가 있습니다. 책 읽기라는 행위 자체가 '뇌를 능동적으로 일하게 하는 것'이거든요. 결코 수동적으로 할 수 없는 게 책 읽기란 말이죠. 뇌가 능동적으로 최대 활성화가 되는 게 바로 책 읽기예요. 게다가 아이가 재미있어하는 캐릭터나 주제, 스토리라면 집중력과 학습력, 암기력 이 모든 게 최대치가 됩니다. 또 학원 수업 20분 동안 듣고 말하고 읽는 문장의 개수나 표현의 다양성이 과연 아이가 혼자 책 읽는 것과 비교할 수 있을까요? 비할 수가 없어요. 혼자 책 읽을 때 접하는 것이 훨씬 더 많고 다양하고 깊습니다.

물리적인 양만 보자면, 20분 동안 학원 수업에서 선생님이 영어를 더 많이 읽을까요? 아이가 더 많이 읽을까요? 선생님입니다. 말하기도 마찬가지예요. 한 반에 10명 소수 정예 반이라고 해도요. 내 아이가 말할 기회는 얼마나 될까요? 너무 적어요. 하지만 20분 동안 영어책을 소리 내서 읽는다면? 학원 수업 50분을 두 번 하는 것보다 더 많이 아이가 말하게 될 겁니다. 그 정도로 학원 수업 시간은 생각보다 아이들이 영어로 말할 기회가 많지 않습니다. 또한 아이들이 영어로 말한다고 해도 학원 수업 중에 하는 말의 어휘나 표현 방법은 한계가 있죠. 하지만 영어책 속의 이야기는 무궁무진하고 당연히 어휘와 표현 방법도 훨씬 더 다양할 겁니다.

노출 영어의 핵심은 재미, 그리고 습관

엄마표 영어를 하다가 힘들어서 학원으로 돌린 지인의 이야기를 잠시 해 봅니다. 유치원 때부터 영어 학원을 보내다가 잠수네 영어 성공 사례에 두 눈이 번쩍 뜨여서 잠수네 영어를 1년 정도 하다가, 결국 다시 영어 학원으로 간 케이스인데요. 그 이유는 다른 아이들은 죽도록 열심히 영어를 공부하는데 우리 아이는 놀기만 하는 것 같고, 영어 실력이 쌓이는지 확인할 길이 없고, 무엇보다 매일 영어를 노출시키는 게 너무 힘들었기 때문이었다고 합니다. 결국 다시 학원을 보냈더니 몸도 마음도 이렇게 편할 수가 없다고 하더라고요.

당연히 돈 들이는 게 제일 편하긴 합니다. 여기서 편한 사람은 아이가 아닌 엄마겠죠. 아이는 아마 지난 1년간 참 편안하고 행복하지 않았을까 싶습니다. 영어를 학습으로 공부하는 것보다 노출 방식으로 재미있는 영상과 책을 보며 저절로 익히는 게 아이 입장에서 당연히 더 편하고 즐겁거든요. 앞에서도 이야기했지만, 사실 이 노출 방식의 영어 습득법은 아이는 편하지만, 엄마는 좀 힘든 게 맞습니다. 하지만 정말로 처음 얼마 동안만 그래요. 학원에 의존하여 영어를 할 경우, 초중고 때 영어 학원에 계속 다녀야 하는 건 당연하고 대학에 가서도 취업 준비할 때도 직장에 다닐 때도 계속, 말 그대로 평생 영어 학원을 다녀야 합니다. 그러니까 엄마가 더도 말고 덜도 말고 딱 3년 동안만 아이가 평생 편안하게 영어를 할 수 있도록 도와주자는 겁니다.

그리고 잠수네 영어나 제대로 된 엄마표 영어, 즉 철저히 노출의 관점에서 이끌어 주면 엄마가 그토록 힘든 일은 없습니다. 처음에 습관 잡는 게 좀 힘들지, 제대로 하면 아이가 스스로 몰입하기 때문에 오히려 점점 신이 납니다. 그런데 아직 습관이 잡히기도 전에 처음부터 무리하면 당연히 지속하기가 어려워지는 거예요. 잠수네 영어 공부법에서 제시하는 '3년 세 시간 영어 몰입(흘려 듣기, 집중 듣기, 영어책 읽기를 3년간 매일 세 시간씩 하기)'을 처음부터 너무 치중해서 하는 건 전혀 바람직하지 않습니다. 대체로 비교적 늦게─초등 중고학년 때 시작한 엄마들이 조급한 마음에 그럴 수 있습니다. 사실 저도 초반에 양 채우기에 급급해서 애 잡고 힘들어서 못 하겠다고 막 징징거리기도 했었어요. 지나고 보니, 핵심을 놓치고 있었던 거였어요. 노출 영어의 핵심은 '재미'입니다. 그리고 그 기본은 '습관'이고요. 끝까지 성공하는 비법은 엄마는 그저 아이가 재미있어할 영상과 책을 끊임없이 찾아 주고, 또 습관이 들 때까지 도와주는 것입니다. 이것 두 가지만 하면 되는데, 다른 걸 더 하려고 하는 게 문제라고 생각해요. 그래서 힘들어지고, 제풀에 지쳐 중도 포기하는 것이고요.

자녀 교육에 있어서 우리가 반드시 다스려야 하는 게 '욕심'과 '화'인 건 모두가 압니다. 알지만 이게 다스려지나요. 쉽지 않죠. 저도 케리스가 초등학교 5학년이 되고서 욕심을 내려놓았더니 화도 같이 내려놔지더라고요. 제 생각에는 가만히 있어도 엄마가 조급하고 불안해지는 게 초등학교 4학년 때가 피크인 것 같습니다. 뭔가 조금만 더 잘해 주면 되게 잘할 것 같고, 지금 뭔가 조금만 잘못하면 망할 것 같은 어중간한 시기라 그런가 봅니다. 엄마가 이런 조급증과 불안감에 사로잡히면, 노출시키는 방식으로 하는 영어 습득 방법을 고수하기가 굉장히 어려워집니다. 아이가 그냥 재미로 노는 것처럼 보이기 때문입니다. 사실은 영어가 굉장히 효율적인 방식으로 체득이 되는 중인 건데, 바로바로 티가 나질 않으니까요. '빨리빨리 한국 문화'도 한몫하겠죠? 우린 정말 인풋이 되는 즉시 아웃풋이 나오기를 바라게 됩니다.

인위적으로 공장에서 찍어내듯 언어를 습득할 순 없어요. 시간이 필요합니다. 어떤 지식이든 완전히 내 것이 되려면 그것을 읽고 이해하고 받아들이고 내가 기존에 알고 있던 배경지식과 문화 등과 함께 융합되어서 새롭게 재창조가 되어야 하거든요. 원어민처럼 자연스럽게 하는 영어는 이런 방식으로 실력이 보이지 않게 차곡차곡 쌓여 어느 순간 포텐 터지듯 발화가 되는데, 그걸 엄마들이 못 기다리는 것 같습니다. 저도 그랬기에, 그 마음을 충분히 이해합니다. 그러나 씨앗을 땅에 심자마자, 왜 빨리 싹이 나지 않냐며 계속 파서 꺼내 본다면, 과연 싹이 자랄까요? 오히려 죽고 말죠. 마찬가지입니다.

학습식 영어와 달리, 노출식 영어는 지식을 주입해서 바로 외운 걸 확인할 수 있거나 그런 방식으로 확인이 될 수 없습니다. 자연스럽게 내 언어로 체득이 되는 것이기 때문에 학습이라기보다 성장이라고 할 수 있을 거예요. 씨앗이 그저 물 먹고 햇볕을 쬐어서 충분히 영양이 다 흡수되어 뿌리가 깊이 내리고 나면, 어느 날부터 쑥쑥 자라잖아요. 이와 같은 겁니다. 또 물이 끓는 과정과도 비슷합니다. 처음에 미지근하던 물이 서서히 충분히 다 데워져서 100℃라는 임계점에 다다르면 그제야 팔팔 끓잖아요. 이것처럼 충분한 노출이 이루어져서 어느 순간 그 양이 넘치게 될 때 아이의 영어 실력이 훅 올라간 것을 확인할 수가 있는 겁니다.

문제는 그 과정이 전혀 눈에 보이지 않는다는 거예요. 물론, 조금 특별한 아이–언어 감이 타고나길 뛰어난 아이 같은 경우는 금세 아웃풋이 터져 나오니까 이러한 방식의 영어 습득 방법을 지속하기가 쉬울 겁니다. 그러나 저희 아이들을 비롯한 대부분의 평범한 아이들에게는 '이 정도 쏟아부었는데도 여태 이 단어 뜻도 모르다니!'라며 한숨이 나오는 일이 허다합니다. 학원 다니는 옆집 아이는 그 단어 뜻을 정확히 말하죠. 왜? 학원에서 단어 암기를 시키기 때문입니다. 하지만 쉽게 얻는 건 쉽게 잃습니다. 순식간에 외워서 아는 단어 뜻은 순식간에 잊어버려요. 반면에 수없이 반복해서 재미있게 그림책을 통해 알게 된 단어의 뜻은 영원히 잊어버리지 않는답니다.

영어 노출은
곧 책 육아의 연장선

영어 교육을 성공시키기 위한 엄마의 멘탈 관리 비법

- 단어를 외우고, 단어 시험을 보는 것
- 문법 수업을 듣고, 공부하고 외우고, 시험을 보는 것
- 독해 문제집을 풀고, 오답을 고치고, 연습을 하는 것

대부분 엄마들은 위의 세 가지가 영어 공부라는 고정관념이 너무나 깊이 박혀 있기 때문에, 그저 놀기만 하는 것 같은 우리 아이(엄마표 영어)와 제대로 영어를 공부하는 것 같은 옆집 아이(영어 학원)를 비교하는 순간, 불안감과 조급함이 엄습하고 당장 저 옆집 아이가 다니는 학원에

우리 아이도 보내지 않으면 큰일 날 것 같은 마음이 듭니다. 결국 모든 문제의 원인은 '비교' 때문입니다. 제 교육관은 '성적 좋은 아이'보다 '인성 좋은 아이', '인성 좋은 아이'보다 '건강한 아이'로 키우는 것이거든요. 저희 아이들에게 특별히 더 욕심내는 바람이라면, '생각하는 아이'로 크는 것이고요. 그런 저조차도 아이 친구의 엄마를 만나는 순간, 이러한 제 교육관이 와르르 무너집니다.

영어 학원 다니는 아이의 놀라운 아웃풋에 대한 자랑을 듣고 집에 오면, 드러누워서 영어책을 읽고 있는 아이가 그저 놀고 있는 한심한 아이로 보인단 말이죠. 원래 같으면 자세가 안 좋아도 영어책을 알아서 읽고 있으니 고맙다고 생각했을 겁니다. 근데 괜히 자세가 왜 그 모양이냐며 버럭 하게 되고, 갑자기 넌 왜 아직도 이렇게 쉬운 영어책을 읽고 있는 건지 모르겠다며 한숨을 쉬고요. 그럼, 아이는 마른하늘에 날벼락을 맞아 황당하고 서운한 눈빛으로 저를 쳐다봅니다. 그 순간 아차 싶지만 이미 내뱉은 말을 주워 담을 수도 없고. 그럴 때마다 하는 결심은, '친구 엄마를 만나지 말아야지'입니다.

노출식 영어를 끝까지 하고 싶으세요? 영어 사교육비가 가장 비싼 것 아시죠? 적어도 초등까지는 영어 학원을 보내지 않아도 됩니다. 그럼에도 불구하고 다들 영유아 때부터 영어 학원을 보내지요. 한번 시작하면 끊을 수 없는 이 영어 학원 의존! 그 개미지옥에서 나오려면 엄마의 멘탈이 제일 중요합니다. 멘탈 관리 비법 두 가지를 알려 드릴게요. 아주 단순하고 쉽습니다. 누구나 할 수 있는 거예요.

첫째, 옆집 엄마만 안 만나도 반은 성공입니다. 엄마들이 만나서 세상 사는 이야기 나누는 것이 나쁜 것은 아닙니다. 문제는 초등학생 자녀를 키우는 엄마들을 만나면 꼭 교육 이야기가 나오거든요. 만나는 대부분의 엄마는 아이를 영어 학원에 보낼 거예요. 케리스가 초등학교 3학년 때부터 자기 반에 영어 학원 안 다니는 아이는 자기 한 명뿐이라고 했으니까요. 그럼, 무조건 비교로 인한 좌절, 조급함, 불안감이라는 감정이 샘솟게 되어 있습니다.

그럼 아예 사람을 아무도 만나지 말라는 거냐고요? 사실, 엄마표 영어를 하지 않는 엄마들은 만나지 않는 게 상책이긴 합니다. 엄마들을 만나지 않으면 우울해서 못 사는 성격이라고요? 그렇다면, 플랜B를 알려 드릴게요. 주변 엄마들이 다 아이를 영어 학원에 보내고 있다면, 적어도 중고등학생 이상의 자녀를 둔 엄마를 만나세요. 가능하다면 이미 아이를 대학에 보낸 엄마를 만나면 더 좋습니다. 또래 엄마들, 특히 여러 명이 같이 만나지 마세요. 교육 이야기 안 하는 모임은 상관없이 만나세요. 독서 모임, 운동 모임 좋습니다. 자기 아이가 무슨 학원에 다니는데 이번에 상위 반을 갔다는 등, 무슨 대회 나가서 상을 받았다는 등 이런 이야기가 나오지 않는 모임은 다 괜찮습니다. 그런 모임이 없다고요? 그러면, 정말 이 노출 방식으로 영어를 습득하는 방법을 통해 아이를 영어로부터 자유로워지게 하고 싶고, 할 수 있다는 확신이 들 때까지는 그냥 엄마들을 만나지 않으면 안 될까요? 다음 두 번째 방법을 취한다면, 엄마들을 만나지 않는 것이 쉬워질 수도 있습니다.

둘째, 좋은 자녀 교육서를 읽고 공부하세요. 엄마들을 만나지 말고 책을 읽으라는 말이 너무 한가요? "헉. 책 한 권 안 읽는 저에게 너무 힘든 과제를 주시네요!"라고 소리치셨나요? 그렇다면 죄송합니다. 제가 생각할 때는 아이에게 영어를 자연스럽게 체득시키는 것을 지속하기 위해서 첫째 방법도 좋지만, 둘째 방법, 즉 자녀 교육서를 주기적으로 꾸준히 읽는 것보다 더 좋은 방법은 사실상 없다고 확신합니다. 노출 영어로 영어를 습득하는 방식은 한 면에서 책 육아와 같은 선상에 있는 것이거든요.

책 육아란 아이의 교육을 사교육이 아닌 책 읽기로 90% 이상 하는 것을 가리키는데요. 생소하고 주변에 하는 사람이 적으니까 힘들 거라는 생각이 들 겁니다. 사실은 정말 쉽고 자연스러운 것입니다. 대부분의 주변 사람이 모두 '영어 학원은 그래도 당연히 보내야지'라고 하니까, 책 육아도 잠수네 영어 하는 사람도 모두 유별난 사람으로 취급하기 때문에 힘들게 느껴집니다. 주변 모든 사람이 마치 합심하여 우리 아이 책 육아를 방해하려고 하는 것처럼 느껴질 수도 있습니다. 특히 학원 보내다가 관두고 집에서 책으로 영어 공부시킨다고 해 보세요. 다들 진심으로 말릴 겁니다.

대다수의 사람이 가지 않는 길을 끝까지 가는 건, 웬만한 확신 없이는 어렵습니다. 엄마가 책을 읽어야 하는 이유 중에는 아이에게 본이 되기 위해서도 있지만, 그보다 더 큰 이유는 이 방법이 맞다는 확신을 주는 말을 주변 사람들은 해 주지 않기 때문이에요. 오히려 그 반대이죠.

그렇게 하다가 큰일 난다거나 후회할 거라는 등 협박까지 하며 말리는 사람도 있습니다.

그런데, 시중에 나와 있는 베스트셀러 자녀 교육서 한 권만 읽어 보세요. 하다못해 엄마들의 주된 관심사인 공부 잘하는 아이가 되는 방법을 찾아 보세요. 분명 거기에 모범 사례로 책 읽는 아이가 나올 겁니다. 책 읽는 아이가 다 공부를 잘해서 서울대에 가는 건 아니지만, 공부를 잘하는 아이 대부분은 책을 좋아하고 많이 읽습니다. 요즘 문해력에 대한 이야기가 특히 많이 나오기도 하고요. 이런 자녀 교육서, 공부법, 자녀 교육 성공 스토리 책을 주기적으로 계속 읽다 보면 아무리 옆집 아이가 영어 말하기 대회 상을 받아도 영향을 안 받게 됩니다. 솔직히 영향을 아예 안 받진 않으니 또래 엄마를 만나지 않는 게 최고의 방법이라고 생각해요.

엄마라는 게 뭔지, 아무리 마음을 다잡아도 내 아이가 남들보다 조금이라도 뒤처질까, 내가 혹시라도 잘못해서 나중에 후회하는 것 아닐까 걱정을 계속할 수밖에 없는 것 같습니다. 이런 마음이 들 때는 감정 코칭 관련 책을 읽어 보세요. 또 소아정신과 의사들이 쓴 책도 좋습니다. 정신과 육체가 건강한 내 아이가 갑자기 사랑스럽고 기특해질 거예요. 무슨 영어 학원 입학 테스트에서 1등 했다는 옆집 아이가 그러거나 말거나, 정신적으로 육체적으로 건강한 내 아이로 인해 감사한 마음이 들 거예요.

엄마도 책을 읽어야만 하는 이유

김미경 강사의 강의 영상에서 이런 이야기를 들은 적이 있습니다. 아이가 1살이면 엄마도 1살, 아이가 10살이면 엄마도 10살이라고요. 아이가 태어난 순간 엄마도 엄마로 태어난 거라고요. 정말 맞는 말 아닌가요? 그렇잖아요. 우린 엄마가 처음 된 거고요. 1살 엄마는 그리고 10살 엄마는 뭘 어떻게 해야 하는지 당연히 잘 모르고 그래서 실수할 수밖에 없습니다. 모르면 어떻게 해야 하나요? 공부를 하면 되죠. 자녀 교육서를 그래서 매일 읽어야 합니다.

저는 자녀 교육에 올인하기로 작심한 3년간 자녀 교육서를 정말 하루도 빼놓지 않고 매일 읽었습니다. 미라클 모닝을 시작한 이유도 책을 좀 제대로 읽고 싶어서였거든요. 코로나19 때문에 종일 아이들과 함께 집에 있으니, 책 한 줄 읽으려고 하면 "엄마~ 간식 없어?" 또 책 한 줄 읽으려고 하면 "엄마~ ○○책 좀 찾아 줘!" 아침에 눈뜨고 밤에 눈감는 순간까지 아이들에게 시달리는 기분이었습니다. 그러다 미라클 모닝을 시작하게 되었고, 새벽에 일어나서 집중해서 책을 읽으니 그렇게 행복할 수가 없었습니다.

카더라 통신만큼 못 믿을 게 없습니다. 그런데 우리는 그걸 더 믿죠. 전문가가 쓴 자녀 교육서 한 권만 제대로 읽으면 말도 안 되는 소리인 걸 알게 될 텐데, 그걸 읽지 않고 옆집 엄마의 지극히 개인적이고 비전문적인 말을 믿습니다. 마치 거스를 수 없는 본능처럼. 하지만 정신을 똑바로 차려 봅시다. 영어 학원을 보내야 한다고 말하는 옆집 엄마를 가만히 관찰해 봅시다. 첫째, 영어 전문가? 아니죠. 둘째, 교육 전문가도 아닙니다. 셋째, 우리 아이를 책임질 사람도 아니에요. 내 아이를 책임질 사람은 나지, 그 엄마가 아닙니다. 그 엄마도 자기처럼 전문 지식도 경험도 없는 다른 엄마에게서 들은 말을 전하는 것일 뿐입니다. 들을 가치가 전혀 없다고요.

솔직히 영어 전문가이거나 교육 전문가 역시, 내 아이를 위한 전문가일까요? 엄마야말로 자기 아이의 진정한 전문가라고 생각합니다. 가장 가까이에서 관찰하는 사람이니까 누구보다도 더 잘 압니다. 뒤통수만 봐도 내 아이를 가려내잖아요. 우리는 내 아이에게만큼은 교육 전문가라는 자부심을 가져도 됩니다. 전문가가 쓴 책도 사실 참고만 하면 되는 거예요. 지금 제가 쓰는 이 책도 마찬가지이고요. 여러 교육 전문가의 유튜브 영상 역시 가려들으면 됩니다. 여기서 말하는 필터링은 바로 내 아이만의 특별함을 잊지 말고 그들의 말을 참고만 하라는 거예요. 전문가의 말도 참고만 해야 하는데, 옆집 엄마의 말은 당연히 한 귀로 듣고 한 귀로 흘려 버리는 게 낫습니다. 그럴 시간에 책을 읽는 게 자녀 교육을 성공시키는 지름길입니다.

엄마가 책을 읽으면, 아이에게 본이 되어 책 육아에 큰 도움이 되고 엄마의 멘탈을 붙잡아 주는 데도 당연히 도움이 된다고 말씀드렸습니다. 그런데 하나 더, 엄마가 책을 읽으면 좋은 점이 또 있습니다. 책을 읽음으로 엄마의 삶이 달라지는 것을 아이가 지켜보는 겁니다. 엄마가 책 읽는 모습을 보여 주는 것만으로는 사실상 아이의 책 육아에 실질적인 도움이 안 될 수 있어요. "저는 책을 아이 앞에서 열심히 읽는데 아이는 아랑곳하지 않고 계속 잘만 놀던데요?"라고 하시는데요. 아직 아이가 너무 어려서 그럴 수도 있지만, 엄마가 진심으로 책을 재미있게 읽고 또 그 책의 내용이 엄마 삶에 적용이 되어 엄마가 어제보다 오늘 더 나은 삶을 사는 데 실질적인 도움을 주고 있다면, 그건 아이에게 분명 큰 동기 부여가 될 것이라고 확신합니다.

엄마가 책 읽는 모습을 보여 줘야 아이도 읽는다고 하니, 책 읽는 연기를 하는 부모님도 있더라고요. 물론 아이 앞에서 계속해서 스마트폰이나 드라마를 보는 것보다야 이게 낫긴 하겠지만, 제가 말하는 동기 부여는 엄마가 제대로 책을 읽을 때를 말하는 겁니다.

계속해서 강조하지만 결국 영어 노출 방식으로 아이가 자연스럽게 영어를 익히는 이 습득 방법은 책 육아의 연장선입니다. 엄마가 책 육아에 대해 알고, 책으로 아이를 기르는 것에 대한 확신과 그 느낌을 아는 게 중요하거든요. 그래서, 엄마가 책 읽기로 삶이 변한 경험이 있는 게 무척 중요합니다. 하지만 그게 없더라도, 책 육아가 길이라는 확신이 있는 것만으로도 큰 도움이 됩니다. 이를 위해, 자녀 교육서를 꼭 읽으셨으면 좋겠습니다.

진짜 영어 실력은 국어 실력으로부터

엄마들이 착각하는 게 있습니다. 아이가 영어를 잘하려면, 무조건 영어를 열심히 공부시켜야 한다고 생각합니다. 이 책을 여기까지 읽으신 분들은 이제 더 이상 단어 암기와 문법 공부가 아닌 영어 영상 보기와 영어책 읽기가 답이라는 것을 충분히 아실 겁니다. 문제는, 영어를 모국어의 80% 이상 자유자재로 구사한다는 목표가 달성되기 위해서는 영어만 해서는 안 된다는 겁니다. 무엇이 더 필요하냐고요? 바로 한글 책 읽기입니다. 한국어 문해력이요. 만약 한글 책 읽기를 소홀히 하고, 영어 3종(흘려 듣기, 집중 듣기, 영어책 읽기)만 열심히 시킨다면 분명 어느 시점에서 아이의 영어 실력이 더 이상 오르지 않는 순간이 올 겁니다. 말 그대로 정체기가 올 거예요. 그럼, 엄마들이 굉장히 혼란을 느낍니다. 그리고 생각하죠.

'아, 역시 영어 학습서 정도는 풀게 시켰어야 했어. 노출만으론 안 되는 거였는데 아이도 나도 너무 편해져 버렸어. 이제라도 영어 학원을 보내서 좀 자극을 줘야 하나 봐. 이래서는 안 돼!'

불안감과 조급증이 다시 머리를 들고, 역시 '공부'를 시켜야 한다는 기존 고정 관념에 사로잡혀 버립니다. 그리고, 초등학교를 졸업하기 전에 영어 학원을 경험시켜서 '자극'을 주고 '경쟁심'도 좀 부추겨 줘야, 엄마가 아이를 위해 할 일을 다한 것이라는 생각에 빠집니다.

이런 이야기를 들을 때마다 너무 황당하고 답답해서 말문이 막힙니다. 도대체 왜? 초등학생 때 영어 학원을 경험해 보지 않으면 큰일 난다고 누가 그런 건지 모르겠습니다. 여태 실컷 영어가 놀이였고 즐거움이었던 아이에게, 아직 영어가 다 무르익기도 전인데 굳이 벌써 영어를 '공부'이고 '시험'이고 '경쟁'인 걸 알게 해야만 하는 건지, 대체 왜 그래야 하는지, 그런 말을 하는 사람에게 그건 중학교 들어갈 때 해도 전혀 늦지 않다고 말해 주고 싶습니다.

영어 실력이 더 이상 오르지 않는 이유는 모국어 실력이 부족하기 때문입니다. 영어가 뭔가요? 언어입니다. 언어는 도구이죠. 만약 내용물이 부실하다면, 그 도구가 좋아 봐야 무슨 소용이겠어요. 그러니, 영어로 말을 잘하고 글을 잘 쓰는 기술적인 부분을 업그레이드해 주는 각종 문제집, 학원, 과외보다는 아이에게 내용을 어떻게 하면 더 담을 수 있을지 고민해야 합니다. 그래서, 한글 책을 읽어야 하는 겁니다. 모국어가 한국어이기에, 당연히 한글로 된 내용이 더 전달력이 있지요. 같은 내용이라도 한글로 된 것을 읽고 이해하는 데 드는 시간과 노력은 영어보다 훨씬 적습니다.

제 유튜브 채널인 케다맘tv의 구독자 중 한 분이 댓글로, 이게 납득이 안 간다고 하시더라고요. 영어책도 같은 책인데, 영어책으로 콘텐츠를 담아도 무관하지 않느냐는 거죠. 영어 실력도 더 빨리 쌓일 거라는 생각도 하신 거겠죠. 만약 아이의 영어 실력이 모국어인 한국어 실력과

100% 비슷한 수준이라면 영어책이나 한글 책을 많이 읽는 것이 같은 효과가 있을 겁니다. 하지만 아이의 영어 수준이 아직 그 정도가 아니라면? 한글 책으로 콘텐츠를 빠르고 깊게 흡수하고 융합하여 자기 것으로 만들고, 영어책으로도 접한다면 시간과 노력이 훨씬 절감될 겁니다.

효율성은 굉장히 중요합니다. 낯선 과학 지식을 영어책으로 익히려고 하면 책을 펼치고 읽기 시작하는 순간 모르는 단어들에 숨이 막힙니다. 하지만 이미 한글 책을 통해 과학 지식을 알고 있다면? 그 영어책이 굉장히 익숙하게 다가올 것이고, 낯선 단어는 맥락과 사진을 통해 충분히 유추할 수 있을 것입니다. 책은 쉬워야 재미가 있습니다. 특히 지식 책의 경우는, 한글 책으로 충분히 배경지식을 쌓고 나서 영어책을 읽으면 쉽고 재미있어서 술술 읽히고 어휘도 더 편안하게 외워집니다. 따로 억지로 노력해서 외운 단어보다 이미 알고 있는 배경지식을 바탕으로 영어책에 나온 영어 어휘들을 접할 때, '아, 내가 알고 있던 그 어휘가 영어로는 이런 단어로 쓰이는 거구나.' 하고 알게 되죠.

단순히 지식 책에만 해당하는 이야기가 아닙니다. 창작 책도 마찬가지예요. 한글 책은 적어도 못 읽는 단어는 하나도 없습니다. 읽는 것 자체가 힘들지 않아야 그 책의 내용을 깊이 이해하고 느끼고 감동할 여력이 있는 겁니다. 한글 책으로 고전을 읽으며 그 깊이를 충분히 탐독해 본 아이는, 수준 높은 영어책도 깊이 이해하고 생각하며 읽습니다. 그렇게 읽어야 남는 게 있습니다.

책은 이런 거예요. 우선, 읽기 쉬워야 해요. 알고 싶거나 느끼고 싶은 것이 있어야 합니다. 그래야 재미가 있거든요. 저는 책이 인생을 풍요롭게 변화시켜 준다는 것에 대한 확신이 있습니다. 책 읽기의 이점을 너무 잘 알기 때문입니다. 우리 아이들도 그걸 알고 누리길 진심으로 바랍니다. 그래서 영어보다 항상 한글 책 읽기에 더 신경을 써 온 것도 있고요. 참 다행스럽고 고마운 사실은, 좋은 한글 책을 더 많이 읽으면 읽을수록 영어 실력도 비례하여 올라간다는 겁니다. 결국 이 둘은 같이 가는 거예요. 절대로 영어만 많이 시킨다고 영어를 잘할 수 없습니다. 한글 책 읽기로 사고력과 상상력을 일정 수준 이상 올려놓으면 영어뿐 아니라 수학도 잘하는 데에 엄청나게 큰 도움이 됩니다. 사회, 과학, 전 과목에 다 영향을 미칩니다.

공부만 잘하나요? 아닙니다. 책 읽기는 생각하기입니다. 게임을 하거나 유튜브 영상을 보는 것은 생각을 정지시킵니다. 책 읽는 아이는 생각하는 아이로 큽니다. 공부를 잘할 뿐 아니라 자기 인생을 어떻게 살아야 할지, 자신이 무엇을 좋아하는지 생각할 줄 알아서 하루를 살아도 확신을 두고 주체적으로 행복하게 사는 그런 어른으로 자랍니다.

자녀 교육의
최종적 목표

우리 아이의 궁극적인 목표

영어를 노출하는 방법으로는 영상, 책, 누군가가 회화를 하는 것을 보고 듣거나 직접 대화하는 것 등 여러 가지가 있습니다. 단지 회화만 잘하게 하는 것이 목적이라면 사실상 책 읽기는 빠져도 됩니다. 저는 영어책을 많이 읽지 못했지만, 말은 잘하고 잘 알아듣습니다. 소위, '미국에 사는 노숙자도 영어를 잘하는데 우리라고 못 할쏘냐'라고 하죠. 교육이나 학습 없이 그저 영어권 문화에 노출되어 충분한 인풋(듣기와 말하기)만 있어도 영어로 의사 표현을 잘하고 소통도 할 수 있게 됩니다. 그런데 문제는 거기까지라는 거죠. 우리가 아이들에게 바라는 영어 목표는 그게 아니잖아요. 언제 갈지 모를 해외여행에서 의사소통을 자유롭게 하기만을 바란다면, 이 책을 읽고 이 방법을 실천하려 애쓸 필요가 없습니다. 눈 딱 감고 1년 동안 어학연수를 보내서 제가 했던 대로 No Korean을 실천하도록 하면 해결될 문제입니다. 물론 그것도 쉬운 건 아니지만, 너무 낮은 수준의 목표입니다.

앞서 말씀드렸다시피, 지금 이 시대 그리고 우리 아이들이 사회에 나갈 시대는 그저 소통하는 영어 실력으로는 경제적으로 여유롭게 살기는 어려울 겁니다. 영어 읽기 능력은 필수를 넘어 기본 능력이 될 거예요. 토익, 토플의 독해 고득점을 말하는 게 아닙니다. 영어로 된 문서, 책, 각종 정보를 모국어로 읽듯이 편안하게 잘 이해하는 수준의 진짜 영어 읽기 능력을 말하는 겁니다. 이것이 책 육아-엄마표 영어의 궁극적이고 이상적인 목표라고 생각합니다.

처음에는 '어떻게 하면 공부를 잘하는 아이로 키울까?'라는 고민의 답을 찾기 위해서 자녀 교육서를 읽었습니다. 그러다 일을 그만두고 자녀 교육에 올인하면서 저의 고민은 이렇게 발전되었어요. '어떻게 하면 돈을 덜 들이고 공부 잘하는 아이로 키울까?' 이 질문은 미라클 모닝을 시작하며 자녀 교육서에 국한되어 있던 책 읽기가 자기 계발서, 자서전, 재테크, 트렌드, 경제, 경영 책들로 확장되면서 또 변했습니다. '어떻게 하면 생각하는 아이로 키울까?'라는 질문으로요.

생각하는 아이는 공부 잘하는 아이를 이깁니다. 이긴다는 표현이 피 터지는 경쟁 사회에 사는 우리에게 너무 잔인하게 느껴진다면 바꿀

게요. 생각하는 아이의 미래는 공부 잘하는 아이의 미래보다 백배 천배 더 낫습니다. 더 행복할 겁니다. 그럴 수밖에 없어요. 생각이 뭔가요? 질문하고 답하는 겁니다. 우리가 다 아는 세기의 철학자, 소크라테스의 마지막 질문은 '나는 누구인가?'였습니다. 결국 이 답을 찾는 게 생각하는 것입니다. 스스로 질문하고 또 스스로 답을 찾아낸 사람은 자기 자신을 잘 알아서, 결국 가장 '내가 나답게' 행복하게 사는 길을 찾습니다. 아주 명확하게 알게 되죠. 확신이 생기는 것입니다. 확신이 생기면 구체적인 목표가 생깁니다. 그리고 확신만큼의 의지로 그 목표를 이뤄 나갑니다. 말 그대로 주체적으로 자기 삶을 사는 것이지요. 하루하루가 행복하고 감사하게 사는 겁니다. 우리 아이들이 이렇게 살길 바라지 않으세요? 저는 정말 제 아이들이 이렇게 살길 바랍니다.

내가 뭘 좋아하는지도 모르고, 인생에서 무엇을 이루고 싶은지 생각을 해 본 적 없는 사람은 결국 남들의 생각-미디어의 마케팅을 따라 삽니다. 이름 있는 대학에 진학하고, 멋진 차, 좋은 집, 유명한 직장을 갖는 것이 자신을 행복하게 해 줄 거라고 막연하게 믿는 거죠. 자기만의 철학도 없이 덜컥 창업을 할 수도 있을 겁니다. 그 사업이 현실적으로 시장성이 있는지, 또 정말 내가 하고 싶은 것인지, 잘할 수 있는지, 그리고 내 삶과 이 세상에 어떤 의미가 있는지에 대해 치열하게 생각해 본 적 없이 말입니다.

안타깝게도 대부분의 사람은 자신이 뭘 좋아하는지 어떤 일을 하고 살고 싶은지 모르는 것 같습니다. 당장 카드값 갚고 한 달 생활하기도 빠듯한데, 무슨 그런 허황된 생각 따위를 하냐고 반문한다면, 저는 묻고 싶어요. 본인은 그렇게 살지언정, 당신의 자녀는 그렇게 살지 않길 바라지 않느냐고요.

책 속에 길이 있다는 말을 저는 힘차게 다시 소리 높여 외치고 싶습니다. 내 삶이 답답하고 내 삶에 변화를 바란다면, 또 내 아이만큼은 나처럼 살길 바라지 않는다는 생각을 한 번이라도 해 봤다면 말입니다. 좋은 대학 간판을 아이에게 만들어 주려고 오늘도 아이를 다그치셨다면, 나보다 잘 살길 바라지만 어떻게 해야 할지 너무 막연해서 그저 옆집 엄마가 보낸다는 영어 학원 등록을 할지 말지 망설이고 계신다면요. 잠시 모든 고민을 멈춰 보세요. 그리고 본인의 내면을 들여다보세요. 내가 정말 바라는 내 아이의 모습과 나의 모습을요. 엄마가 책을 읽고 '생각하는 사람'으로 살면, 내 아이도 같은 삶을 살도록 도와주기가 훨씬 수월합니다. 책으로 90%의 교육을 시키는 책 육아와 노출 방식의 영어 습득 방법으로 내 아이는 나와 다른 삶, 더 나아가 나보다 더 나은 삶을 살 수 있습니다.

저를 보고 많은 분이 특별하게 자녀 교육을 한다며 부러워합니다. 제가 사교육에 의존하지 않고 자기 주도 학습과 독서 습관으로 아이들을 키울 수 있는 이유는, 엄마인 제가 책을 읽기 때문이라고 확신합니다. 자녀 교육에 올인한 지난 3년간 저는 자녀 교육서만 읽었거든요. 많은 책을 읽으며, 저는 한 가지 고민을 했습니다. 내 아이의 최종 교육 목표는 무엇인가? 그리고, 결론에 이르렀어요.

자기 자신을 제대로 알아서 주체적으로 자기 삶을 꾸려 나가는 '생각하는 사람'으로 키우는 것이 자녀 교육의 최종 목표입니다.

사람이라면 당연히 생각하며 산다고 우린 알고 있죠. 그런데 가만히 보면, 생각을 안 하고 사는 사람들이 절대다수입니다. "생각을 안 한다니요? 당연히 다 생각하고 살죠!"라고 말씀하실 수도 있어요. 제가 말하는 생각은 망상이나 막연한 바람이나 주제 혹은 의미 없는 생각을 이야기하는 게 아니에요. 목적을 가진 생각이라고 할까요? 책을 읽고 생각하는 사람이 되면 목적이 있는 생각을 할 수가 있습니다.

목적이 있는 생각

저는 케리스와의 미국 여행으로 인해 깨달음을 얻고, 자녀 교육을 위해 일을 그만뒀습니다. 앞으로 3년간은 수입이 없고, 3년 후에는 무슨 일이 있어도 다시 일을 해야 하는 상황이었습니다. 이때, 제가 해야 할 목적 있는 생각이 무엇이었을까요?

첫째, 3년 후 나는 일을 다시 할 수 있는가?
둘째, 나는 무슨 일을 하고 싶은가?
셋째, 그 일은 3년의 공백을 메울 만큼 돈이 되는 일인가?

솔직히 남편에게 미안한 마음이 있었기 때문에, 가능하면 돈이 되는 일을 해야 한다고 생각했습니다. 그렇지만 마흔이 넘어 3년이나 일을 쉬었다가 다시 시작하는 일이고, 어쩌면 내 남은 인생에서 마지막 직업일지도 모르는데, 그냥 돈만 많이 벌 수 있는 일을 선택하고 싶지 않았어요. 내가 할 수 있고, 하고 싶은 일을 해야겠다는 생각이 강했고, 또 분명 수입도 나쁘지 않아야 한다고 생각했습니다.

3년이 지나서 4년째에 코로나19가 발생하여 방과 후 영어 강사 일을 물리적으로 할 수 없는 환경이 되었고 또 아이들이 종일 집에 있는 상황이었다 보니, 자연히 출퇴근을 하는 일은 다시 할 수가 없었습니다. 다행히 아이들은 지난 3년간 자녀 교육을 향한 저의 열정과 노고에 보답이라도 해 주듯이, 자기 주도 학습과 독서 습관이 잘 자리 잡혀서, 제가 크게 신경 쓰지 않아도 되는 상황이었어요. 즉 이제 남은 인생 동안 내가 무슨 일을 하고 살지에 대한 생각에 집중할 여력이 생긴 것이죠.

그맘때 제가 미라클 모닝을 시작했고, 새벽에 독서를 하며 이 세 가지 문제의 해답을 찾기 위해 치열하게 생각했습니다. 여러 책과 영상을 통해 자료를 수집하여 글을 쓰고 그림으로도 그리며 나에 대해 공부하기에 이르렀죠. 그러면서 퍼스널 브랜딩도 알게 되었고, SNS와 공유 이코노미에 대해서도 알게 되었습니다. 지금 이 시대에 나라는 사람을 브랜딩하여 의미 있고 내가 좋아하는 일을 하면서 돈도 벌 수 있는 방법을 찾아낸 것이죠. 이걸 깨닫자마자 인스타그램과 블로그 그리고 유튜브를 시작했고, 3년간의 자녀 교육으로 생긴 노하우와 꾸준함이라는 내공이 발휘되었습니다.

첫째, 3년 후에 나는 일을 다시 할 수 있는가에 대한 해답은 바로 찾았습니다. 할 수 있다는 것으로요.

둘째, 무슨 일을 하고 싶은가에 대한 해답을 찾기 위해 저는 저를 엄청나게 연구하며 저희 집 상황에 대해서도 고민했습니다. 우선, 영어 강사 일은 다시 못 하겠다는 확신이 들었습니다. 저희 아이들에게 실천 중인 이 영어 노출 방식을 쓸 수 있는 학원이나 학교가 없으니까요. 그저 돈 벌기 위해 아닌 걸 알면서도 단어 시험을 보고 문법을 가르치는 수업을 즐겁게 할 수 없을 것 같아 깨끗이 포기했습니다. 영어 강의는 제 나름의 전문 분야였는데 그걸 포기하고 완전히 새로운 일을 해야 하는 거죠.

내가 할 수 있는 일이 영어 강사 말고 무엇이 있을지, 그리고 나는 무슨 일을 하고 싶은지 더 깊이 생각하며 내가 좋아하는 것들을 쭉 나열했어요. 제 관심사는 자녀 교육과 자기 계발이고 또 사람들과 소통하는 것입니다. 그래서 영어 회화는 좋아하지만, 영어 시험공부는 안 좋아하는 거죠. 또 가치 중심적이라 작은 일을 하더라도 가치 있다고 느끼는 걸 하고 싶어합니다. 나 자신이 성장하는 것을 굉장히 좋아하고, 다른 사람이 성장하도록 돕는 것도 무척 즐거워합니다.

그래서 유튜브를 시작할 때 내가 좋아하고 의미 있다고 생각하고 잘할 수 있는 것, 즉 자녀 교육과 자기 계발을 주제로 잡은 것입니다. 이것이라면 오랫동안 콘텐츠를 만들 수 있을 것이라는 확신이 들었지요. 제가 공부해 본 바에 의하면 SNS로 성공하는 비법은 딴 게 아니고, '꾸준히 지속적으로 업로드하는 것'이었습니다. 출퇴근을 하지 않아도 되고 내가 하고 싶은 일이고 의미 있는 일이라는 확신이 있었어요.

셋째, 돈이 되는 일인가에 대해서는 솔직히 자신이 없었습니다. 하지만 처음 시작하는 데 돈도 들지 않고 부담이 없었기 때문에 시작했던 거예요. 제가 정말로 하고 싶었던 일은 책을 쓰고 강연을 하는 것이었는데, 뭘 어떻게 시작해야 할지 몰랐고 우선 당장 할 수 있는 유튜브를 했던 것인데 구독자 수가 늘고 수입도 생기더니 결국 이렇게 제가 되고 싶었던 '작가'가 되어 글을 쓰게 된 겁니다.

만약 생각할 줄 모르는 사람이었다면? 책을 읽지 않는 사람이었다면? 코로나19로 인해 아이들이 학교를 못 가니 아마 저는 당연히 좀 더 일을 쉬어야 한다며 생활비 걱정을 하면서 계속 아이들 교육에만 집중했을 거예요. 그리고 다시 방과 후 수업이 재개한 지금 다시 저는 영어 강사 일을 하고 있었을지도 모르겠어요. 누군가에게는 의미 있고 행복한 일일 수도 있지만, 내가 하고 싶지도 않고 나에게 있어 의미 있다고 생각되지도 않는 일을 하고 있었을 겁니다. 한 달에 한 번 월급날에는 잠깐 기쁘겠죠. 물론 소소하게 성취감도 느끼고 웃을 일도 없진 않을 겁니다. 하지만 내가 진정으로 원하는 일이 아닌 걸 알기에 아쉬워하면서도 더 깊이 생각하고 고민하고 도전하지 못한 채 살았을지도 모릅니다. 많은 엄마 아빠가 진심으로 원하는 일이 아니라는 걸 알면서, 가족을 위해 참고 매일 출근하는 것처럼요. 그 희생정신은 숭고하고 존경받아마땅합니다. 하지만 저는 그렇게 살지 않을 방법이 책 속에 있는 걸 알았습니다. 그래서 오늘도 책 읽고 글 쓰며 생각을 합니다.

우리 아이들 역시 저처럼 자기 삶을 주체적으로 살길 바랍니다. 자기 자신을 알아야 가능해요. 생각할 줄 알아야 자기 자신을 알고, 자기 자신이 어떻게 살아야 의미 있고 행복한지에 대한 확신을 가질 수 있습니다. 확신이 있어야 구체적인 삶의 목표가 나오고, 그것을 실천하는 꾸준함도 나오고, 결국 결과-보상도 따라오는 겁니다. 그렇게 살 때, 사람은 행복해요. 자신이 행복해야 남도 챙깁니다. 기부도 하고 기여도 합니다. 행복한 사람들이 많아야 사회가 더 잘살게 됩니다. 저는 이 사실을 책 읽고 글 쓰고 생각하면서 깨닫게 되었습니다.

그래서 책 육아가 길이라고, 책으로 생각하는 아이로 키우자고 하는 겁니다. 생각할 줄 알아야 콘텐츠가 있고, 그래야 영어라는 도구를 제대로 활용할 수 있어요. 영어 실력 향상도 책으로 됩니다. 다양하고 깊이 있는 한글 책 읽기는 영어 실력을 올리기 위한 밑거름이 됩니다. 영어를 학습하지 않고 노출하는 방식으로 습득하면 원어민이 영어를 이해하고 사용하듯이 재미있게 할 수 있게 됩니다. 한글 책 읽기로 꽉 채운 탁월한 콘텐츠를 영어 실력으로 표현하는 겁니다. 이런 게 글로벌 인재이겠지요? 생각만 해도 가슴이 뛰는 우리 아이의 미래 아닐까요?

3장

영어 3종의
구체적인 방법

엄마가 가르치지 않는
엄마표 영어

전직 영어 강사가 아이에게 영어를 가르치지 않는 이유

본격적인 방법 설명에 들어가기에 앞서, 아무리 강조해도 지나치지 않을 한 마디는 "제발, 제발, 제발, 가르치지 마세요."입니다. 저는 '엄마표'라는 말 자체가 싫습니다. 꼭 엄마가 가르치는 학습법처럼 들리기 때문입니다. 진짜 엄마표 영어는 엄마가 가르치는 게 절대로 아닙니다. 잠수네 영어도 애 잡는 유별난 엄마들이 시키는 영어 학습법이라고 많은 사람들이 생각하던데 전혀 아니거든요.

저는 잠수네 영어 사이트 6년 차 회원입니다. 지금도 잠수네 사이트에서 막 글을 쓰고 왔어요. 오랜 시간 이곳에서, 영어 학원이 아닌 집에서 엄마와 함께하는 영어 습득 방법을 실천하는 분들을 봐 왔습니다. 그리고 최근 2년간 유튜브와 인스타그램을 통해 엄마표 영어를 하는 분들 역시 지켜봤고요. 이들의 고민 그리고 놀라운 결과를 모두 함께 공유해 왔습니다. 물론 실패하고 중도 포기하고 심지어 욕하는 분도 봤습니다. 하지만, 제대로 하시는 분들은 정말 만족해했습니다. 특히 아이들이 중고등학생, 대학생 심지어 성인이 된 분들의 '간증'은 한마디로 감동이고요. 그저 영어를 기똥차게 잘하게 되었다고 자랑하는 게 아니고, 집에서 재미있는 영상과 책으로 엄마와 함께한 수년의 시간 자체가 추억이고 사는 힘이 된다는 이야기를 성인이 된 아이들이 한다고 합니다. 그런 글을 읽을 때마다 말 못할 감동이 울컥 솟구쳐 올라옵니다.

이전에는 제가 영어 학원과 초등학교에서 영어 강사로 일해서 학습식으로 영어를 공부하는 아이들과 그 부모님들을 봐 왔습니다. 큰아이가 초등학교 1학년 때 영어 학원에 보냈으니, 영어 학원을 보내는 엄마의 입장도 되어 봤네요. 그리고 큰아이가 초등학교 1학년 말 무렵 잠수네 영어를 시작하고 6년이 지난 지금까지 사교육 없이 영어를 익히는 방법으로 아이들을 교육하는 엄마의 입장도 충분히 압니다. 그러니까 저는 학습식으로 영어를 가르치기도 해 봤고 영어를 가르치는 학원에 보내기도 해 봤고, 또 지난 수년간은 학원이 아닌 집에서 영어를 익히도록 해 보기도 한 겁니다. 다른 아이들을 가르치면서 영어에 학을 떼는 것도 봤고, 영어를 재미있어하는 순간도 봤고, 또 제 아이들이 전자와 후자의 변화를 겪는 과정도 고스란히 다 지켜봤습니다.

그럼 어떻게 하는 것이 아이가 영어 습득을 가장 잘할 수 있느냐. 그건, 엄마가 됐든 학원의 선생님이 됐든 '영어를 학습으로 가르치지 않으면 된다'는 겁니다. 왜? 영어는 언어이니까, 그리고 인간은 자율성과 주도성으로 뭔가를 익힐 때 최고의 효율을 발휘하니까 가르치는 걸 멈추는 게 오히려 답이라는 겁니다. 아이가 스스로 즐겁게 익히도록 환경 노출만 해 주는 거예요. 이것이 제가 알려 드릴 구체적인 방법의 전부입니다. 그런데 너무 막연한 게 문제죠. 왜냐하면, '영어 학원도 안 보내고 엄마표 영어를 하는데, 당연히 엄마가 뭐라도 가르쳐야지.'라고 생각하니까요. 그 생각을 제가 싹 지워 드리겠습니다. 그래야 성공하거든요.

　영어 강사였던 저도 저희 아이들에게 영어를 안 가르칩니다. 이유가 무엇일까요? 그럼 안 되니까, 안 가르치고 스스로 익히게 하는 게 훨씬 더 빠른 길인 걸 아니까요. 저는 얼마든지 잘 가르칠 자신 있습니다. 솔직히 저희 아이들이 처음 잠수네 영어를 시작할 때는 저도 모르게 좀 가르쳐도 봤어요. 직업병처럼요. 아이가 영어책 음독을 하는데, 발음이 틀리더라고요. 지적을 했죠. 지금은 그때 그랬던 것이 후회막심입니다. 저처럼 이러시면 안 됩니다. 딱 두 번 지적했는데, 아이는 음독을 세상에서 가장 싫어하게 되었고, 제 앞에서는 영어로 말하지 않더라고요. 또 하루는 아이가 제대로 이해하며 읽는지 궁금하여 슬쩍 내용을 물어봤는데 잘 모르는 것 같길래 해석을 시켜 봤어요. 그랬더니 해석을 제 맘에 들게 제대로 못 하더라고요. 그래서 저도 모르게 문법 설명까지 줄줄 해 버렸습니다. 아이 눈빛이 멍해지는 걸 발견하는 순간, 깨달았죠.

'이건 아닌데.' 그 뒤로 두 번 다시 영어를 가르치지 않았습니다.

만약 제가 그 뒤로도 여러 번 가르쳤다면? 지금처럼 두 아이가 영어책을 편하고 즐겁게 읽지 않을 것이라고 장담합니다. 영어가 놀이였는데 공부가 되고, 엄마가 선생님이 되는 순간, 아이는 영어를 싫어하게 됩니다. 저는 그 시작점을 캐치했고, 이미 영어 강사 일을 하며 영어에 진절머리내는 아이들을 숱하게 봤기에 바로 멈출 수 있었고, 노출 방식의 영어 습득법에 대한 책과 감정 코칭, 초등 교육법에 관한 책을 계속 읽었기에 다시 가르치려 하는 실수를 하지 않았던 겁니다.

엄마표 학습은 엄마가 가르치지만 않으면 일단 반은 성공이라고 할 수 있습니다. 어쩌면 영알못 엄마들이 더 유리합니다. 가르칠 수 없으니까요. 영어 환경을 그저 노출해 주고, 아이들이 습관적으로 영어 영상을 보고 영어책을 듣고 읽기만 하면 됩니다. 그러니, 정말 영어를 못하고 영어에 한이 맺힌 엄마에게 가장 유리한 것이 바로, 이 방법입니다. 내가 영어를 못해서 영어 학원을 보낸다는 말은 완전히 앞뒤가 안 맞는 거예요. 오히려 내가 영어를 못해서 엄마표 영어를 하고 성공할 수 있었다고 하는 게 맞는 말이라고 생각합니다.

《완전학습 바이블(임작가 저)》에서 엄마표 학습의 정의는 엄마가 가르치는 것이 아니라 아이가 스스로 학습할 수 있도록 엄마가 도와주는 것이라고 합니다. 저는 이 말에 100% 동의합니다. 적어도 초등 때는 영어와 수학을 비롯한 모든 과목이 학원 없이 아이 혼자 공부할 수 있습니다. 사실, 공부는 원래 혼자 하는 겁니다. 학원을 보내야 하고 학원을 안 보내면 엄마라도 가르쳐야 한다는 것은 완전히 잘못된 고정관념입니다. 자, 이래도 엄마표 영어를 하니까 엄마가 가르쳐야 하지 않느냐고 하신 다면 수학과 비교해서 더 자세히 말씀드려 볼게요.

영어는 수학처럼 개념을 이해해야 하는 학문이 아닙니다. 그렇지 않 나요? 물론 시험 영어는 다릅니다. 제가 이 책에서 말하는 영어 실력은 시험에서 고득점을 받는 것이 아니라 영어로 말하고 듣고 읽고 쓰는 영 어 실력을 말하는 겁니다. 영어는 학습해서 익히는 여타 과목들과 다릅 니다. 언어이기 때문입니다. 언어를 언어답게 익히게 해 주세요. 그래야 영어가 편안하고 만만합니다. 만만해야 재미있습니다. 재미있어야 더 하 고 싶거든요. 그리고 뭐든 많이 해야 실력이 늡니다. 언어 능력은 정말 그저 듣고 읽는 양만 채워져도 실력이 늡니다. 머리가 좋을 필요도 없습 니다. 사람마다 다른 임계점이 있을 뿐이고, 그 임계점만 넘기면 실력이 껑충 뛰어오릅니다.

아이마다 임계점이 다르다

물은 100℃에 끓습니다. 물의 임계점은 100℃입니다. 영어 실력이 느는 임계점도 존재하는데 그게 사람마다 다릅니다. 그걸 채우려면 기 다려야 합니다. 물이 빨리 끓지 않는다고 계속 뚜껑을 열어 보면 임계점 에 다다르기까지 오히려 시간이 더 오래 걸립니다. 아이들의 영어 실력이 왜 안 오르는지 제대로 하고 있는지 계속 확인하려고 이 학원 저 학원에 레벨 테스트를 보러 다니는 건 계속 뚜껑을 열어 보는 것과 같습니다. 그냥, 내 아이의 임계점까지 인풋 양이 채워지길 기다리면 되는데 말이죠.

문제는 그 양이 생각보다 많을 수 있습니다. "영어책 100권쯤 열심히 읽으면 되지 않을까요?"라고 질문하신다면, 그것 가지고는 어림없다고 대답할게요. 그동안 저희 딸이 읽은 영어책 권수를 말씀드리면 쓰러지실지도 모르겠습니다. 언어 감이 떨어지는 저희 아이는 다른 아이들보다 임계점이 유독 높기 때문에 정말 많은 양을 쏟아부어야 올라가거든요. 이렇게 이야기하면, "그 많은 양을 어떻게 듣고 읽게 했어요? 역시 잠수네 영어는 애 잡는 게 맞네요. 애가 불쌍하지도 않아요?"라고 하는 분들도 있던데, 정말 몰라서 하시는 말씀입니다. 그렇게 따지면, 영어 학원 수업 듣고 숙제하고 시험 보는 아이들이 더 불쌍합니다. 그건 재미가 없잖아요. 주도성과 자율성도 없고요. 아무리 많은 양이라 하더라도 스스로 하고자 하고 또 자기 나름의 방법대로 하는 것은 재미가 있기 때문에 덜 힘듭니다. 그와 반대로 수동적으로 배우는 것만큼 힘든 것은 없습니다. 스타니슬라스 드앤의《우리의 뇌는 어떻게 배우는가》에서 각종 실험을 통해 밝혀진 사실은 '수동적인 생명체는 배우지 못한다'입니다. 따라서 주도성과 자율성, 이 두 가지가 없는 공부는 재미도 없고 배우는 것도 별로 없습니다.

그래서 혼공을 진짜 제대로 해 본 사람들은 그게 재미있다는 표현을 합니다. "공부가 재미있다고? 말도 안 돼!"라고 말씀하실지도 모르겠어요. 부모가 혼공을 제대로 해 본 적이 없고 그 재미를 모르기 때문에 아이를 학원에 보내야 공부를 열심히 한다고 생각하는 것 같기도 합니다. 혼공은 결국 주도적으로 자유롭게 공부하는 겁니다. 미하이 칙센트미하이의《몰입의 즐거움》에서 말하는 것처럼, 주도성과 자율성이 기본인 상황에서 너무 어렵지도 너무 쉽지도 않은 과제에 도전-몰입해 들어갈 때, 그 즐거움은 이루 말로 표현할 수 없을 만큼 행복감을 주거든요. 잠수네 영어 사이트에서 회원들이 자발적으로 '몰입 데이'라는 것을 하곤 하는데요. 영어책을 하루 약 다섯 시간씩 몰입하여 읽어 내는 이벤트입니다. 아이들이 스스로 하고 싶어서 참여합니다. 이것이 가능한 이유는 바로 주도성과 자율성, 그리고 그로 인한 재미 때문입니다.

인간은 자기가 하고 싶은 걸 마음대로 할 때 가장 행복감을 느낍니다. 그렇지 않나요? 성공한 사람들을 보세요. 이미 억대 자산의 부자가 되었는데도, 계속 열심히 일하는 부자가 많이 있습니다. 그들에 대해 이렇게 말합니다. 성장 중독에 걸렸다고요. 세상에는 마약 중독, 니코틴 중독, 알코올 중독, 도박 중독 등 나쁜 중독이 많습니다. 하지만 성장 중독같이 정말 좋은 중독도 있어요. 성장 중독이란 자신이 성장한다고 느낄 때 분비되는 도파민이라는 호르몬으로 인해 쾌감을 느껴서 계속해서 도전하고 성취감을 느끼는 것을 말합니다. 여기에서 성취감은 보상 같은 거예요. 동기 부여라고도 할 수 있습니다. 어떤 목표를 세웠고 그걸 해냈을 때 도파민이 분비됩니다. 뿌듯하고 행복해지고요. 내일은 더 큰 목표를 세워서 더 잘 해내고 싶어집니다. 동기 부여가 일어납니다. 이게 바로 성장 중독인 거죠. 아주 건설적인 중독이라고 할 수 있습니다. 자기 계발을 제대로 해 본 사람, 공부를 제대로 해 본 사람, 또 돈을 제대로 많이 벌어 본 사람, 한마디로 뭔가 성공해 본 사람은 도파민 분비의 쾌감을 압니다. 그래서 그냥 노는 것보다 뭔가에 도전하고 성취해 내는 것을 더 좋아합니다. 한편으로는 쉬지 못하는 것처럼 보이는데, 그들은 자신이 행복하다고 말합니다.

우리 아이들의 영어 공부에 이것을 접목해 보자면, 학원 수업으로 영어를 익히는 그 자체는 성장 중독을 애초에 막는 것이라고 볼 수 있습니다. 예를 들어, 당장 학교에서 문법 시험을 보게 되었는데 혼자서는 어려우니 도움이 정말 필요해서 분명한 목적을 위해 학원을 이용하는 것은 너무 좋습니다. 우리나라 학원 인프라는 세계 최고라고 해도 과언이 아닙니다. 시스템도 강사도 너무나 훌륭합니다. 아이가 주도적으로 원해서 하는 거라면, 사교육을 얼마든지 이용하세요. 그러나 아이에게 반드시 주도성과 자율성을 허락해 주세요. 그래야 최고 효율이 일어나게 됩니다.

어떤 공부를 하든 주도적으로 자유롭게 하게 하는 것보다 더 잘할 수 있게 하는 방법은 없습니다. 상위권까지는 주도성과 자율성 없이도 가능할지도 모르겠습니다. 하지만 최상위권은? 쉽지 않을 겁니다. 혹여, 아이가 부모 말을 잘 따르고 인내심이 대단해서 끝까지 해내 명문대에 입학했다고 해도, 문제는 그다음입니다. 주도성과 자율성을 경험해 보지 못한 그 아이는 제가 장담하는데, 어른 아이가 될 거예요. 몸만 자란 아이. 자기 자신을 모르는 아이. 알려고 생각하기조차 힘든 아이. 미성숙한 그런 어른이 세상에 참 많죠.

주도성과 자율성을 가진 아이

영어 학원을 보내지 않고 집에서 노출로 영어를 습득시키는 이 방법의 핵심은 '재미'인데요. 여기서 말하는 재미는 그저 단순히 웃기거나 감동적이거나 하는 내용의 재미만을 말하는 게 아닙니다. 다시 말씀드리지만, 인간이 뭔가를 재미있다고 느끼려면 두 가지가 반드시 선행되어야 합니다. 바로, 주도성과 자율성입니다. 이 두 가지가 되면 재미는 따라옵니다.

잠수네 영어 사이트 내의 많은 엄마들은 다 똑같은 목표를 가지고 똑같은 방법으로 하는데도 불구하고, 가만히 들여다보면 다 달라요. 실제로 애 잡는 집도 많고, 반대로 너무 널널하게 해서 임계점 근처도 못 가고 수년을 보내는 집도 많습니다. 엄마표 영어를 하시는 분들 또한 마찬가지입니다. 어제는 아이를 믿고 즐겁게 영어 노출만 해 주다가 오늘은 옆집 엄마를 만나고 왔는지 돌연 영어 문제집을 사 와서 오늘부터 하루 한 장씩 풀자고, 모르면 엄마에게 물어보라고 합니다.

《잠수네 아이들의 소문난 수학공부법(이신애 저)》 책에서, 초등 수학은 아이가 수학에 대한 자신감과 흥미만 있으면 성공한 거라고 합니다. 사실 이 말은 여러 수학 교육 전문가들이 유튜브 영상이나 책에서도 한 말이죠. 영어도 마찬가지라고 생각합니다. 초등학교 시절, 가장 시간이 많은 이때,

- 아이가 보고 싶은 영상과 읽고 싶은 책을 (주도성)
- 아이가 보고 읽고 싶은 대로 (자율성)

아이가 주도적으로 자유롭게 하게 하면, 아이는 영어에 자신감을 갖고 흥미를 느끼며 초등학교를 졸업할 겁니다. 이제 엄마가 읽으라고 하지 않아도 영어책을 읽는 중학생이 될 거고요. 테드(TED) 강연을 자막 없이 보며 감동하고 동기 부여가 되어 자기 주도적으로 공부하는 고등학생이 될 겁니다. 그럴 수밖에 없습니다. 재미있으니까! 엄마가 가르치는 순간, 그 재미가 사라집니다.

엄마표 영어, 즉 학원에 맡기지 않고 집에서 아이가 공부하는 데 있어서, 반드시 기억해야 할 것은 '주도성'과 '자율성'이고, 반드시 하지 말아야 할 것은 '엄마가 가르치기'입니다. 제가 이렇게 말하면 항상 이런 질문들이 따라 오더라고요.

"아이가 스스로 할 생각을 안 해요. 놀려고만 해요."

아이니까 당연합니다. 어른도 노는 것을 더 좋아하잖아요. 저는 자기 계발에 진심임에도 아직도 새벽에 일어나는 게 힘든 날이 더 많습니다. 인간은 앉으면 눕고 싶고 누우면 자고 싶어 해요. 아이는 더하죠. 당연히 놀려고 하는 아이에게 주도적으로 책을 읽길 바라는 것은 무리입니다. 하지만 뜻이 있는 곳에 길이 있다고 하죠? "같이 시간표를 짜 보자, 이제 학생이 되었으니 ○○이가 할 수 있는 만큼만 공부해 보자, 엄마는 매일 아침 독서 시간을 가지니까 이렇게 행복해, 이걸 이만큼 매일 한다면 너무 기특해서 엄마가 ○○이가 좋아하는 △△를 아주 기분 좋게 만들어 줄 거야." 등 아이가 스스로 하고자 하는 마음이 들게 하는 말은 찾아보면 많습니다.

제가 늘 이야기하는 것은 엄마가 자기 계발을 하면 아이가 자기 주도 학습을 한다는 건데요. 실제로 저희 아이들은 제가 열심히 사는 모습을 보고 고무되어 스스로 뭐라도 열심히 하려고 합니다.《김미경의 마흔수업(김미경 저)》에서 그러더라고요. 엄마가 삶을 주체적으로 최선을 다해 열심히 살면, 그러한 삶이 아이들에겐 '표준값'이 된다고요. 즉 '저 정도로 열심히 사는 게 표준(정상)이구나.'라고 생각한다는 겁니다.

저는 매일 독서 4시간을 올해 목표로 삼고 모든 자투리 시간을 다 끌어모아 전투적으로 독서를 하고 있습니다. 이 사실을 저희 아이들이 다 압니다. 심지어 큰 아이 케리스와 저는 같이 다이어리를 쓰고 공유하거든요. 엄마가 매일 하루를 어떻게 치열하게 사는지 다 이야기합니다. 케리스는 그에 질세라 자신의 하루가 얼마나 재미있었는지 또 무엇을

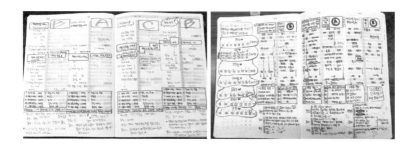

열심히 했는지에 대해 이야기하고요. 매일 각자 하루에 대해 점수를 매기는데, 자기 전에 다이어리에 오늘 하루 동안 무엇을 했고 점수가 뭔지 적은 후에 서로 바꿔 보면 정말 재미있답니다. "엄마, 오늘 A 받았어? 난 오늘 B야. 내일은 나도 꼭 A 받아야지! 그러려면 스케줄을 좀 바꿔야 할 것 같아!"라고 하면서, 내일 스케줄을 쓰고 잡니다. 아이의 주도성을 끌어올려 주는 가장 근본적이고 건강한 방법은 외적 동기 부여 - 물질적인 보상보다는 엄마가 최선을 다하는 삶을 보여 주는 것이라고 생각해요.

오늘부터라도 작은 목표를 정해서 그것을 아이에게 공유하고 이뤄 나가는 과정 또한 공유해 보세요. 아이의 주도성이 알게 모르게 자라날 거라고 확신합니다.

언어로서 자연스럽게 익히는 영어

"아이가 이해를 못 해서 자꾸 물어봐요. 가르쳐 달라고 해요."

아이가 영어책을 읽다가 이해가 안 된다고 해석해 달라고 하면 어떻게 하냐는 질문도 많이 받았습니다. 그럴 땐 아이가 읽는 책 단계를 낮춰 줘야 합니다. 챕터북을 혼자 이해하고 읽지 못하는데, 읽으라고 하면 당연히 해석해 달라고 합니다. 하지만, 아이에게 쉽게 느껴질 그림책을 주면, 잘 모르는 어휘가 나와도 그림을 통해 뜻을 유추할 수 있기 때문에 해석해 달라는 이야기는 잘 하지 않아요. 아이 수준에 맞는 책을 읽으면, 처음 보는 어휘도 앞뒤 문맥상 뜻을 유추할 수 있어서 혼자 읽어도 충분히 재미를 느끼며 읽을 수 있거든요. 결국 아이 수준에 맞게 단계를 낮춰 주고, 충분히 양을 채워 주는 것이 방법입니다. 더 이상 아이가 가르쳐 달라고 조르지 않을 겁니다.

"어렴풋이 단어 뜻을 알고 넘어 가는데 괜찮은 건가요?"
"시험에 그 단어 뜻을 정확히 알아야 풀 수 있는 문제가 나오면요?"

이런 질문도 꽤 많이 받았는데요. 그런 걱정과 문제 해결은 중학교 가서 해도 늦지 않습니다. 초등까지는 그런 생각 자체를 버리시고 아이가 영어를 언어로 받아들이고 즐기게 해 주세요. 저는 정말 '그래야 한다'고, 또 '그래도 된다'고 생각합니다. 물론 시험 점수를 잘 받기 위해서는 시험공부를 해야 합니다. 하지만 초등학교 시절에 충분히 영어를 언어로 즐겁게 접했던 아이는 그렇지 못한 아이보다 분명 이점이 크다고 생각합니다. 한글 책을 좋아하고 잘 읽는 아이는 문해력과 배경지식이

풍부하다 보니, 중고등학교에 가서 국어나 사회 공부를 조금만 해도 시험을 잘 볼 수 있는 것과 같은 이치이지요. 여러 분야의 재미있는 영상과 책을 통해 어휘와 표현을 이미 많이 알고 있는 아이는 마치 좋은 무기를 많이 장착하고 전쟁에 나온 병사와 같겠죠. 단순히 암기만 했던 아이들보다 훨씬 더 쉬운 겁니다.

그러니 초등학교에 다니고 있는 지금은 그런 걱정은 놔두시고, 영어를 언어로 익히도록 잘 노출해 주는 데 집중해 주세요. 참고로 저는 딸이 초등학교 6학년이 될 때까지 문법 공부를 시킨 적이 없습니다. 중학교에 입학하고 나서 처음으로 단어 암기와 문법 공부를 시작했지만, 처음에만 좀 힘들어하고 지금은 재미있다며 열심히 해내고 있습니다. 그동안 영어책 읽기로 쌓은 내공 덕분에, 문법 공부 없이도 문법 문제를 어렵지 않게 푸는 것을 보면 신기합니다.

이만하면 '학원을 안 보내니, 엄마라도 가르쳐야 한다'는 생각은 깨끗이 정리가 되었겠지요? 그리고 엄마표 영어가 엄마가 가르치는 영어가 아니라는 것도 충분히 이해하고 받아들이셨겠지요? 노출식 영어는 정말 자연스럽게 영어가 자신도 모르는 사이에 체득이 되는 방법이지 학습하는 게 아니에요. 열심히 공부해서 잘하게 되는 여타 과목들과 달라요. 듣고 말하고 읽고 쓰기 위한 수단일 뿐인 언어니까요. 언어를 언어답게 익히는 게 맞는 거죠. 맞는 방법대로 해도 아무 문제가 없습니다. 예비 중학생, 즉 초등학교 6학년 겨울 방학에 문법 공부나 단어 암기를 시작해도 늦지 않습니다. 괜찮아요. 큰일 안 납니다.

"영어를 영원히 노출 방식으로 하는 건가요?"

"그럼, 영어 수업이나 공부는 아예 불필요한 건가요?"

영어 수업이나 공부가 계속 필요한 게 아니냐고 물으신다면 그건 아닙니다. 아이의 영어 수준이, 그러니까 아이가 읽는 영어책 수준이 쉽게 말해 《해리 포터》 이상으로 올라갔을 때 필요에 따라 문법과 단어 공부를 해 주면 영어 실력이 더 올라가는 데 큰 도움이 됩니다. 하지만 그전에는 그런 영어 공부가 별 도움이 안 됩니다. 그 시간에 영어책 한 권 더 읽고 재미있는 영어 영상 하나 더 보는 게 낫습니다. 왜냐하면 영어에 대한 재미만 반감되고, 재미를 위한 가장 중요한 주도성과 자율성이 사라지게 되니까요.

아이가 중고등학생 정도가 되어서, 공부를 스스로 하고자 하는 의지가 있을 때, 이미 편안하고 즐거운 영어를 이제 학습으로 받아들일 자세나 수준이 되었을 때, 그때 엄마든 과외 선생님이든 학원 선생님이든 학교 선생님이든 누구든 영어 문법을 가르쳐 주면, '아! 내가 그동안 이렇게 이해하고 있던 게, 사실 이런 원리로 이렇게 되는 거였구나!' 하고 깨닫게 되니, 문법 공부도 재미있어지는 겁니다. 저희 딸이 문법 공부를 하면서 이렇게 말했거든요. 물론 문법 공부는 원래 힘들고 어려운 게 맞습니다. 아이도 문법 공부 자체가 재미있다는 말은 아니었을 겁니다. 하지만 공부할 자세와 수준이 되었으니, 할 만하고 또 할 수 있으니 저렇게 말하는 겁니다.

영어 문법 공부는 영어에 대한 자신감과 재미는 여전한 상태에서, 이제 이미 갖고 있는 영어 실력을 잘 다듬을 수 있게 도와주는 겁니다. 이건 중학교 가서 해도 늦지 않아요. 초등 때 굳이 엄마가 가르치거나 학원에 다닐 필요가 없습니다. 아이가 그저 즐겁게 영어라는 환경에 노출되어 있도록만 해 주세요. 가르치지 마시고요. 학원이나 과외는 당연히 필요 없고요. 집에서 편안하게 하면 됩니다.

흘려 듣기
: 자막 없이 영어 영상 보기

흘려 듣기의 목적

"흘려 듣기? 그게 뭐예요?"

"영어 영상 자막은 보여 주나요? 안 보여 주나요?"

"아직 아이가 어린데, 영상 노출하면 안 되지 않나요?"

"영어 영상 말고 그냥 영어책만 보여 주면 안 되나요?

정말 많은 질문을 받았습니다. 우선 흘려 듣기에 대한 정의를 말씀
드리자면, 흘려 듣기란 아이 연령대에 맞고 영어 수준에 맞는 영어 영상
을 자막 없이 보는 겁니다. 영상을 보면서 영어 소리를 말 그대로 흘려

106

듣는 거예요. 영어 영상을 틀어 주면, 아이가 화면을 보잖아요? 그럼 된 겁니다. 아이가 한 문장 한 문장 다 제대로 듣고 이해하는지 확인해선 안 된다는 겁니다. 흘려 듣는 것이니까요. 아이가 너무 재미있어서 집중해서 영상을 보고 듣는다면? 당연히 효과가 더 큽니다. 그래서 아이가 좋아할 만한 영상을 찾아 주는 게 정말 중요합니다.

요즘 흘려 듣기를 해 줄 영어 영상은 차고 넘칩니다. 더 이상 DVD 플레이어가 필요 없죠. 유튜브가 있으니, 돈도 안 듭니다. 유튜브에 정말 좋은 영어 영상이 많이 있습니다. 넷플릭스와 디즈니플러스 등 여러 OTT도 월 이용료 만 원 안팎만 내면 아주 편하게 아이들에게 양질의 영어 영상을 보여 줄 수 있습니다.

위의 질문 외에도 흘려 듣기에 관한 정말 많은 질문이 있었어요. 질문에 하나하나 답글을 쓰면서 생각했습니다. 흘려 듣기를 하는 근본적인 목적을 명확히 안다면 하지 않을 질문이 참 많다고요. 흘려 듣기를 왜 할까요? 제가 하란다고, 잠수네 영어에서 하란다고, 엄마표 영어니까 해야 한다고 해서 그냥 하시나요? 세상에 그냥 하는 건 없습니다. 다 이유가 있습니다. 그 이유를 알고 하는 것과 모르고 하는 것은 천지 차이입니다.

그렇다면 흘려 듣기를 하는 목적이 뭘까요? 그거야 당연히 원어민의 음성을 통해 영어 귀를 뚫으려고 하는 거라고 많이 생각하시는데요. 물론 그것도 하나의 목적이 되겠지만, 더 근본적인 목적은 두 가지가 있습니다.

첫째, 흘려 듣기를 하는 목적은 영어권 국가의 문화를 자연스럽게 접하고 흡수하게 하기 위해서입니다. 갑자기 문화를 흡수한다는 게 무슨 소리냐고 물으신다면, 이제부터 집중해 주세요.

제가 미국 어학연수에서 했던, No Korean 기억나시나요? 제가 미국에 온 지 1년도 안 되어서 10년 살았냐는 말을 들을 만큼 영어 회화를 잘하게 된 이유가 바로 미국 문화에 저 자신을 완전히 넣어 버렸기 때문이라고 했습니다. 바로 그게 흘려 듣기였던 것이죠. 그러니까 저는 미국에서 거의 24시간 흘려 듣기를 했던 거라고 할 수 있습니다. 아쉽게도 집중 듣기나 영어책 읽기를 하지 않고 오로지 흘려 듣기만 했었기 때문에 겨우 회화만 좀 잘할 수 있게 되었던 거죠. 만약 집중 듣기와 영어책 읽기도 병행했다면, 저의 영어 실력은 훨씬 더 많이 올라갔을 겁니다. 다시 생각해도 아쉬운 부분입니다.

문화에 대한 이해와 흡수 없이, 언어를 완벽하면서 자연스럽게 이해하고 쓰는 건 불가능합니다. 한 영상에서 조승연 작가님이 그러더라고요. 처음 일본이 영어를 익혀서 서양 문물을 받아들이기로 했을 당시에 그들이 한 결정에 대해서요. 일본은 '일본의 정신은 절대 잃지 말고 영어를 공부하자'고 했다고 해요. 문화를 배제하고 언어만 익히기로 한 거죠. 그 방법은 우리가 너무 잘 아는 방법입니다. 문법을 익히고 단어를 외워서 그것을 가지고 해석도 하고 말도 하고 글도 쓰는 것이에요. 그게 바로 일본식 영어, 또 한국식 영어가 된 것입니다. 오늘날 일본이 영어를 잘하지 못하는 까닭입니다. 일본의 영어 공부법을 따라 한 우리나라 역시 영어를 무척 못하게 되었죠. 그 당시 일본인은 자신의 혼-정신-문화를 잃으면서까지 영어를 익히고 싶지도 않았고, 영어가 그렇게나 중요하다고 생각하지 않았던 거예요. 다른 나라의 언어를 익히는 데 그 나라의 문화를 알고 이해하고 흡수해야 제대로 배울 수 있다는 사실을 몰랐던 거죠.

그때로부터 지금까지 정말 얼마나 많은 세월이 지났나요? 아직도 우리나라는 문화는 쏙 빼놓고 영어를 학습하고 외우고 문제를 풀며 익히고 있습니다. 그렇게 공부해서는 편안하고 자연스럽게 대화하고 또 읽고 이해하고 쓸 수가 없는데 말이에요. 그걸 알면서도, 많은 부모님은 중고등학교 내신 시험을 위해서는 어쩔 수 없다며 초등학교 4학년만 돼도 영어 학원을 보내서 문법을 해 놔야 한다고 난리입니다.

흘려 듣기를 하는 가장 중요한 근본적인 목적은 영어라는 언어를 쓰는 국가의 문화를 이해하고 받아들이고 흡수하여 즐길 수 있기 위해서입니다. 그래야 그 나라 언어를 그 나라 언어답게 쓸 수 있게 됩니다. 그래서 한국이나 일본에서 만든 애니메이션에 영어 더빙이 나오는 영상은 흘려 듣기를 시키는 데 적합하지 않다고 생각해요. 영어권 국가의 라이프가 배경으로 나와서 영상을 보는 것만으로도 아이가 자연스럽게 문화를 느끼며 흡수할 수 있게 해 주는 그런 영상이 가장 좋습니다.

둘째, 흘려 듣기를 하는 이유는 예상하신 대로 영어 귀를 뚫기 위해서입니다. 목적이 영어라는 언어를 듣고 이해하기 위해서이긴 하지만, 흘려 듣기를 시킬 때의 핵심은 재미라는 것을 절대 잊어서는 안 됩니다.

저희 남편을 보면 회사에서 주기적으로 토익 시험을 봅니다. 이를 위해 안 쓰던 영어 귀를 다시 뚫는 작업을 때마다 하더라고요. 그래서 갑자기 CNN을 매일 듣습니다. 얼마 동안 그렇게 하면, 어느새 귀에 기름칠이 되어서 조금씩 들리기 시작하거든요. 회사에서 토익 점수를 제대로 받지 않으면 불이익이 있다 보니 재미가 없더라도 CNN을 매일 듣는 겁니다. 하지만 아이들에게 재미없는 영어 영상을 귀를 뚫기 위해 억지로 매일 보라고 하면? 못 봅니다. 하지만 반대로 재미있으면? 보지 말라고 해도 몰입해서 봅니다.

'재미'. 이게 핵심이고 전부입니다. 아이들에게 재미있는 영상을 찾아 주세요. 흘려 듣기 시간이 놀이 시간과 똑같다고 느끼게 해 주세요. 게임보다 재미있다고 느끼게요. 방법은? 단순히 유명한 영어 영상 말고, 우리 아이가 재미있어하는 영어 영상을 찾아 주는 겁니다.

흘려 듣기를 좋아하게 만드는 방법 세 가지

흘려 듣기는 영어 귀를 뚫는 데에 가장 재미있고 쉬운 방법입니다. 어린아이들에게 더없이 좋은 방법입니다. 하지만 '우리 아이는 유명한 영어 영상을 보여 주는데도 집중을 못 하는데 어떻게 하냐'고 많이들 물어보십니다. 수많은 영어 영상 중에서 대체 뭘 보여 줘야 할지 막막하시죠?

첫째, 우리 아이가 좋아할 만한 걸 찾아 주세요. 구체적으로 예를 들어 보겠습니다.

- 아이가 강아지를 좋아하나요? 'Paw patrol' 같이 강아지가 주인공인 영상을 보여 주는 겁니다. 한글 번역 제목이 '강아지 구조대'예요. 강아지를 좋아하는 아이라면 이 시리즈를 좋아할 수밖에 없겠죠?
- 아이가 공주나 요정을 좋아하나요? 공주가 주인공인 'Ben and Holly's Little kingdom' 같은 것을 보여 주세요. 분명히 좋아할 겁니다.
- 아이들이 누나와 남동생 남매인가요? 'Max and Ruby'를 보여 주세요. 주인공이 토끼 남매인데 누나와 남동생이면 공감할 에피소드예요.
- 반대로 오빠와 여동생이라면? 'Charlie and Lola'를 보여 주세요. 오빠와 여동생이 주인공인 이야기들입니다. 너무 공감되어 재미있게 볼 거예요.

이 영어 영상들은 모두 유튜브에 있는데 전체 영상은 아니고 짜깁기된 것이 많아요. 그러니 맛보기로 짜깁기된 영상을 먼저 보여 주시고 아이가 재미있게 잘 보면, 그 영상을 넷플릭스나 디즈니플러스 등 집에서 구독 중인 OTT에서 찾아보세요. 만약에 다 없다면, 그땐 DVD를 구입해서 보여 주면 됩니다. 이런 방법으로 아이가 좋아할 만한 영상을 찾아서 보여 주는 겁니다. 이렇게 우리 아이들이 공감할 만하고 좋아하는 관심사에 맞는 영상을 찾아 주면, 흘려 듣기를 노는 것보다 더 좋아하게 된답니다. 흘려 듣기 하나만 놀이처럼 해도 엄마가 덜 힘듭니다. 아이들이 흘려 듣기만 하면 너무 좋아하며 집중해서 잘 보니까, 엄마는 그 시간이 휴식 시간이 될 수 있어요.

그렇게 되기까지 처음부터 쉽지는 않았습니다. 저희 딸 케리스가 흘려 듣기를 집중해서 보기까지 거의 1년이 걸렸거든요. 물론, 타고나길 스토리 자체에 매력을 느끼는 아들 다니엘은 처음부터 이게 웬 떡이냐 하는 얼굴로 무척 행복해하며 영어 영상을 집중해서 잘 봤어요. 어쩌면 저희 집에 TV가 없다 보니 그저 영상을 볼 수 있는 것만으로도 감사하며 즐겁게 잘 봤을 수도 있습니다. 그런데, 케리스는 다르더라고요. 지루해하고 도무지 집중을 못 하는 거예요. 만약, 첫 번째 방법대로 우리 아이가 재미있어할 만한 영상을 보여 줬는데도 재미있어하지 않는다면, 이 방법을 써 보세요.

둘째, 평소에 잘 주지 않는 맛있는 간식을 준비하고, 엄마가 같이 재미있게 봐 주세요. 이렇게 하면 열에 아홉은 영상이 재미없어도 재미있게 봅니다. 세상에서 제일 좋아하는 엄마와 함께하고, 또 엄마가 재미있어하고, 게다가 평소에 잘 못 먹는 맛있는 간식까지 먹는 이 시간이 너무 행복한 거죠. 흘려 듣기 시간을 기다리게 만듭니다. 그런데 이렇게 했는데도, 아이가 흘려 듣기에 집중을 하지 못한다면?

셋째, 계속해서 다른 영상들을 시도하되, 꾸준히 매일 같은 시간 영어 영상 보기를 함께해 보세요. 제가 늘 하는 말이 '꾸준함이 이긴다'입니다. 어쩌면 처음에는 영어 영상 보기 자체가 낯설어서 그 재미에 빠지지 못하는 것일 수도 있거든요. 또 엄마의 예상과 달리 내 아이가 재미있게 볼 영상이 아니었을 수도 있고요. 저희 딸처럼 어느 정도 들려서 이해되어야 영상을 재미있게 볼 수 있는 성향의 아이일지도 모르고요. 그러니 아이가 '이 시간이 되면 당연히 흘려 듣기를 하는구나'라고 인지할 때까지 꾸준히 함께 보세요. 흘려 듣기 시간이 아이에게 익숙해지고, 점차 영어 귀가 조금씩 뚫려서 조금이나마 이해가 되면 어느 순간 재미에 푹 빠지게 된답니다.

흘려 듣기가 놀이가 된 과정

케리스는 처음 흘려 듣기를 시도했던 1년 가까이 영상을 집중해서 잘 보지 않았어요. 더 정확히 말하면, 마지못해 봤습니다. 저는 계속 다른 여러 영상을 시도했습니다. 같이 앉아서 할리우드 배우 뺨칠 만큼 오두방정을 떨며 오버해서 재미있는 척 연기도 했고요. 없는 요리 실력을 발휘해 가며, 평소 안 해 주던 간식도 매일 정성을 다해 준비했죠. 하지만, 케리스는 어쩐 일인지 끝내 다니엘처럼 푹 빠져서 보지 않더라고요.

'정말 해도 너무 한다, 다른 집 아이들은 흘려 듣기를 다들 좋아한다는데 어쩜 너는 이렇게 흘려 듣기를 좋아하지 않을 수가 있니? 그냥 포기하련다!'라고 생각할 때쯤, 인생 영상 'Sofia the First'를 만났습니다. 사실 디즈니 영상은 좀 말도 빠르고 화면도 너무 화려하고 장면이 금방 바뀌어서 처음 영어 귀 뚫기에는 적합하지 않다고 생각해서 보여 주지 않았거든요. 하지만 시간이 지나고도 '말이 느리고 쉬운' 영어 영상들은 케리스에게 반응이 워낙 안 좋으니 어쩔 수 없이 디즈니 영상을 시도해 보게 되었는데, 그제야 아이 눈빛이 달라지더니 꽤 집중해서 보더라고요. 이전에는 전혀 그러지 못했는데 말이죠. 흘려 듣기를 매일 30분 이상 보게 한 지 6개월 정도가 지나서야 비로소 일어난 변화였습니다. 여전히 엄청나게 빠져서 본 건 아니었고요. 진짜 흘려 듣기에 빠져든 것은 좀 더 지난 후였습니다. 그러고 나서 'Fancy Nancy'와 'Eloise'가 또 케리스에게 반응이 좋았어요.

그때부터 이제 케리스와 다니엘은 각자 헤드셋을 끼고 각자 좋아하는 영어 영상을 보며 각자 좋아하는 간식을 먹습니다. 헤드셋을 끼고 보면 듣기에 집중이 더 잘 되기도 하고 각자 취향에 맞는 영상을 몰입해서 보기에 아주 좋습니다. 아이가 둘 이상이고 저희 집처럼 남매인 경우는 특히나 헤드셋을 각자 끼고 보게 해 주세요. 참 편합니다.

이것을 매일 같은 시간, 같은 장소에서 꾸준히 하기만 하면 됩니다. 예를 들면, 다니엘의 하교 후 루틴이 있습니다. 손 씻고, 좋아하는 간식을 챙겨서 식탁에 아빠 노트북을 가져와 연결해서 앉습니다. 흘려 듣기를 하면서 간식을 맛있게 먹으며 휴식과 놀이 시간을 가집니다. 30분에서 1시간 정도 이렇게 쉬고 나서야 비로소 공부도 하고 독서도 해요. 이처럼 다니엘은 흘려 듣기만큼은 매일 하루도 빠짐없이 충분한 인풋이 채워지고 있습니다. 발음이 어찌나 좋은지 모릅니다. 그 이유는 바로 매일 하는 흘려 듣기 때문이죠.

이렇게 흘려 듣기를 '매일 당연하게 하는 것'이 되게 해 주세요. 그 시간, 그 장소에서 매일 당연히 하는 것으로요. 이런 걸 루틴이라고도 하고 리추얼이라고도 하는데요. 뭐가 됐든 고민할 것 없이 당연하게 흘려 듣기를 매일 하게 해 주세요. 귀가 뚫리고 영어를 영어답게 이해하고 말하게 된답니다.

다니엘은 듣고 말하기가 너무 잘 되는 반면, 읽고 쓰기 실력은 상당히 느리게 올라가고 있어요. 이유가 무엇일까요? 바로 영어책의 부재 때문인 거죠. 흘려 듣기만 열심히 하면 이런 아쉬운 부분이 남습니다. 이제, 영어 읽기 능력을 올려 주는 방법인 집중 듣기와 영어책 읽기에 대해 말씀드릴게요.

집중 듣기
: 영어책을 원어민 음성에 맞춰
손가락으로 짚으며 읽기

집중 듣기 방법

영어 학원을 과감히 그만둔 후 집에서 영어를 노출하는 방법으로 영어 공부를 시작한 집이 많아지면서 실질적인 방법에 관해 묻는 분들이 많이 있었습니다. 그중에서도 유독 집중 듣기를 어떻게 하는지에 대한 질문이 정말 많았습니다. 아마도 집중 듣기가 좀 생소한 방법이라 전혀 그림이 그려지지 않아서 제일 궁금하신 것 같아요. 이렇게까지 쉽게 설명해 주나 싶을 정도로 자세히 말씀드려 보겠습니다. 이미 알고 계신 분은 넘기셔도 됩니다.

집중 듣기란 우선 말 그대로 집중해서 듣는 것인데, 영어책의 글자를 손가락으로 짚으며 원어민이 읽어 주는 소리를 집중해서 듣는 겁니다. 예를 들어, 'I am Zoe Kim. Nice to meet you.'라는 문장이 있다고 해 볼게요. 원어민이 I am을 읽을 때 아이의 손가락이 I am을 짚고 있고 눈이 그 단어들을 보고 있는 상태인 거예요. 쭉 이어서 원어민이 읽는 속도에 맞춰서 손가락과 눈이 옆으로 Nice to meet you까지 가는 겁니다.

이런 식으로 아주 쉬운 영어 그림책부터 시작하는 거예요. 처음에는 하루에 한 권을 5분도 안 걸리게 합니다. 저희 아이들 둘 다 그렇게 시작했어요. 더 하고 싶어 해도 못하게 했어요. 감질이 나게요. 내일 두 권 할 수 있다고 하면서요. 그럼 오히려 더 하고 싶어지게 된답니다. 그렇게 조금씩 양을 늘려 가는 겁니다.

집중 듣기 할 때의 핵심도 역시 '재미'입니다. 내 아이가 재미있어할 책으로 해야 해요. 그래야 아이가 집중해서 손가락을 짚으며 눈으로 읽으며 귀로 듣는 이 힘든 작업을 매일 해낼 수 있습니다. 아이가 재미없어 하는 책만 잔뜩 쌓아 놓고 하라고 하면 당연히 하루 이틀 하다가 맙니다. 차라리 영어 학원에 가면 친구들이랑 놀기도 하고 사탕도 얻어먹을 수 있다며 부루퉁할 겁니다. 그러니, 제일 중요한 것은 아이가 재미있어 하는 책을 찾아 주는 겁니다.

"꼭 손가락으로 짚어야 하나요? 그냥 눈으로만 보면 안 될까요?"
"집중 듣기를 몇 번씩 시키고 영어책 읽기로 넘어가면 되나요?"

이런 질문을 많이 하십니다. 제 대답은 한결같아요. 아이가 원하는 대로 하시라는 겁니다. 물론, 첫 번째 질문에 대한 답으로, 시중에 저렴하게 파는 귀엽고 깜찍한 손가락 지시봉을 사 주는 것도 효과가 없진 않습니다. 손가락으로 짚으라고 할 땐 죽도록 싫어하더니, 이 봉 하나 사주니까 아이가 180도 달라지더라고요. 집중 듣기가 제일 재밌다나요?

처음엔 굉장히 좋아하며 그걸로 열심히 짚어 가면서 즐겁게 집중 듣기를 했습니다. 하지만 아이들에게 새 옷, 새 가방, 새 신발의 기쁨이 그리 오래가던가요? 아니죠. 금방 시들해지잖아요. 이것도 마찬가지이더라고요. 어느새 또 짚으며 읽는 걸 귀찮아하기 시작하고 손가락 지시봉 효과도 시들하더라고요. 결국 또 그냥 눈으로만 보니까, 제가 손가락 짚으라는 잔소리를 하게 되었습니다. 하지만 정말 재미있는 책은 다릅니다. 본인이 자발적으로 놓칠세라 손가락을 꼭꼭 짚으며 몰입해서 집중 듣기를 해요. 그래서 책 자체가 재미있어야 하는 겁니다. 재미있으면 다 됩니다.

두 번째 질문, 집중 듣기를 몇 번 반복해서 시키고 영어책 읽기로 넘기냐는 질문에 대해서는요. 왜 이런 질문을 하는 건지 곰곰이 생각해 봤습니다. '아, 이분은 여전히 영어를 시험공부로 생각하고 계시기 때문이구나.' 싶더라고요. 시험공부는 그렇게 하는 게 당연히 맞습니다. 체계화가 가능하죠. 하지만 우리가 하는 건 영어 시험공부가 아닙니다. 영어를 언어로 자연스럽게 습득시키는 것입니다. 아이에게 주도성과 자율성을 허락해 주세요. 자기 주도 학습을 하는 아이로 키우기를 원하시죠? 그걸 위해 잊지 말아야 할 것이 주도성과 자율성입니다. 공부도 이게 필요한데, 영어를 노출하여 자연스럽게 익히게 하는 데에도 당연히 아이의 주도성과 자율성을 존중해 줘야 합니다. 그래야 재미있게 지속할 수 있으니까요.

- 집중 듣기 할 책을 아이가 고르게 합니다.
- 집중 듣기 할 양도 아이가 정하게 합니다.
- 집중 듣기 횟수 역시 아이가 원하는 만큼 정하게 합니다.

더 듣고 싶어 하면 더 듣게 하세요. 저희 아들은 좋아하는 책은 다 20번씩 들었습니다. 하지만 한없이 계속 듣는 건 시간 낭비가 될 수 있으므로, 저희는 1년에 20번까지만 들을 수 있게 제한했습니다. 정말 좋아하는 책은 다음 해에 또 20번을 듣더라고요. 다 외웁니다. 반면, 그렇게 반복해서 들을 만큼 재미가 없어서 아이가 한 번 듣고 다시 듣기 싫어 하면 그렇게 하게 하세요. 그저 내용에 관심이 생기지 않아 그럴 수도 있고 어쩌면 아이 수준에 좀 어렵게 느껴져서 그럴 수도 있거든요. 한참 후에 그 책을 다시 듣고 읽게 될 것이니 책값 따지지 마시고, 한 번만 듣겠다고 하면 쿨하게 그러라고 하세요.

이렇게 아이에게 맡기고 원하는 책을 원하는 만큼 듣게 하면 저절로 읽고 싶어한답니다. 어느 날 다니엘이 "엄마, 나 이제 이거 읽을 수 있어!" 하더라고요. 저는 읽으라고 시킨 적 없거든요. 전혀 부담을 주지 않았습니다. 그런데 아이가 스스로 읽겠다고 해요. 문제는 그 책이 우리 아들 수준에 안 맞는 어려운 책이었어요. 하지만 아이가 읽겠다는데 마음껏 읽으라고 했죠. 당연히 버벅댑니다. 그래도 읽으려고 하는 것 자체가 기특합니다. 도전한 것 자체가 대단한 거예요. 분명 멋지게 잘 읽지는 못했지만, 저는 진심으로 칭찬을 해 줬습니다. 아이는 신이 나는 거죠.

집중 듣기를 싫어하는 아이에게 해 주는 네 가지 팁

사실 기발하고 쉽고 빠른 방법은 세상에 없습니다. 물론 아주 사소한 팁은 위에서 말씀드린 손가락 지시봉 같은 겁니다. 하지만 결국 중요한 건 아이가 몰입할 수 있는 재미있는 책을 찾아 주는 거예요. 그런데 여기서 문제점이 발생합니다. 고학년이 되어서 시작한 아이 같은 경우, 예를 들어 초등학교 4학년 이상의 나이에 노출식 영어 습득법으로 영어를 익히려고 하면, 일단 쉬운 책부터 시작해야 하는데 당연히 아이 입장에서 내용이 유치할 수밖에 없어요. 유아들을 위해 만든 그림책이나 리더스북, 챕터북을 가지고 집중 듣기를 해야 하니까요. 재미가 있을 수가 없습니다.

이럴 땐 어떻게 해야 하느냐고 많이 질문해 주셨는데요. 첫 번째 방법은, 최선을 다해서 재미있는 책을 찾아 주셔야 한다는 겁니다. 이걸 잊으시면 안 돼요. 아무리 나이가 많아도, 아무리 아이의 취향을 파악하는 게 힘들더라도, 아이가 영어책이라면 무조건 거부한다고 하더라도, 이것 말고 더 드릴 수 있는 진짜 방법은 없습니다. 그리고 아주 쉬운 그림책임에도 불구하고 정말 털끝만큼이라도 아이가 재미를 느낄 수 있는 부분이 있는 것을 찾으려고 노력하면 찾아지거든요.

정말 쉬운 책인데 그나마 초등 고학년이 읽어도 재미를 느낄 만한 책 몇 시리즈를 소개해 드리면요. 아주 유명한 《Elephant and Piggy》 시리즈와 《Shh, we have a plan》 시리즈입니다. 그리고 《That's not mine》 시리즈는 어른이 봐도 웃깁니다. 저희 아이들이 초등 이후에 시작했기 때문에 초등학생이 재미있게 볼 책을 많이 알고 있는데, 그중에서 지금 바로 떠오르는 게 이 세 시리즈입니다. 영어를 처음 시작할 때 봐도 될 만큼 쉽지만, 스토리와 그림이 굉장히 재미있기 때문에 초등 고학년에 시작하더라도 재미를 느끼며 집중 듣기를 할 수 있을 거예요. 물론, 그냥 읽을 수 있다면 읽어도 너무 좋은 책이고요.

두 번째 방법은, 충분하고 솔직한 대화입니다. 왜냐하면, 고학년이니까요. 미국의 어린아이들이 읽는 영어책을 다 큰 고학년 아이에게 집중 듣기를 시키는 건 아이 입장에서는 사실 납득이 안 가는 방법일 거예요. 엄마가 아무리 이 영어 습득법에 확신이 있더라도 그냥 무작정 아이에게 들이밀어서는 안 됩니다. 고학년이면 다 생각이 있는 10대이기 때문입니다.

저는 자녀 교육에 있어서 주도성과 자율성이 정말 중요하다고 믿고 있기 때문에 작은 것도 아이의 의견을 묻습니다. 물론 아이 의견을 물을 필요가 없는 것들도 있지만요. 위험한 것이나 예의와 매너에 관한 것 등 의견을 물을 필요 없이 부모로서 권위를 가지고 훈육하고 가르쳐야 하는 가치관들은 단호히 가르칩니다. 하지만 특히 이런 학습에 관한 것은 반드시 아이와 대화하고 설명하고, 아이가 주도적, 자율적으로 스스로 생각하며 할 수 있도록 하게 합니다. 뇌과학적인 측면에서 볼 때 이것이 아무 생각 없이 억지로 시키는 대로 하는 것보다 훨씬 더 효율적이거든요.

공부도 운동도 뭐든 잘하고 싶은 게 아이들입니다. 초등 고학년쯤 되면 잘하고 싶은 동기 부여는 충분히 되어 있을 겁니다. 이런 아이의 마음을 잘 이끌어 내서, 왜 이 방법이 맞는 방법인지 잘 설명해 주세요. 처음 얼마 동안은 네가 재미를 느끼기엔 너무 유치한 스토리의 영어책이더라도 듣고 읽는 과정은 꼭 필요하다고요. 그 얼마간의 과정을 거쳐 양이 채워져서 실력이 올라가면 그때는 네가 정말 재미있어서 푹 빠져서 읽을 만한 영어책이 정말 많이 있다고 이야기해 주세요. 아직 어려워서 못 읽지만 읽고 싶은 영어책을 사서 책장에 꽂아 두거나 표지를 보여 주셔도 됩니다. 언젠가 《해리 포터》 같은 책도 실컷 읽을 수 있는 날이 곧 올 거라고 이야기해 주세요. 그게 사실입니다. 그러니, 고학년에 시작한 아이라면 대화를 통해 학년에 맞는 동기 부여를 해 주세요.

세 번째 방법은, 아이에게 감사한 마음을 가지세요. 한번 솔직해져 봅시다. 아무리 재미있는 영어책을 찾아 주어도 아이들은 책 읽기보다는 노는 걸 더 좋아하잖아요. 그럼에도 불구하고, 툴툴대면서도 집중 듣기를 하루 10분이라도 해 주는 게 얼마나 고마워해야 할 일인지 한번 생각해 보자고요. 엄마가 이런 마음을 갖기만 해도 벌써 집중 듣기 거부증 치료(?)가 반은 성공한 것이라고 생각합니다.

저도 처음에는 '이 좋은 걸 왜 안 하려고 하지?'라는 생각을 했어요. 더 잘하는 아이들, 더 열심히 하는 다른 아이들과 비교하며 다그치기도 했고요. 그럴수록 아이들은 더 거부했지요. 제가 만약 계속 그런 식으로 했다면 차라리 영어 학원을 다시 보내 달라고 했을 겁니다. 다행히 제가 금세 정신을 차렸지요. 자녀 교육서를 계속 읽어야 하는 이유가 이겁니다. 빨리 정신을 차리게 됩니다. 그래서 제 마음을 다스려 봤어요.

또 아이 입장에서 가만히 생각해 보니, 집중 듣기를 하는 게 정말 쉬운 일이 아니라는 생각이 들더군요. 실은 제가 한번 해 봤거든요. 금세 졸리고 몸이 비비 꼬이더라고요. 원어민이 읽어 주는 속도에 맞게 손가락을 짚으며 책을 읽는 것 자체가 어쩌면 노동처럼 느껴지겠다는 생각도 들고 그제야 '아! 이걸 엄마가 하라는 방법에 따라 해 주는 것 자체가 정말 고마운 일이구나!'라는 깨달음이 밀려왔습니다. 그렇게 제가 마음을 달리 가지고, 고맙다고 기특하다고 이만큼 해 주는 것만으로도 너무 잘하고 있다고 했더니, 아이의 태도가 바뀌더라고요. 더 하고 싶다고도 하고요. 정말 감동이었죠. 엄마가 달라지니, 아이도 달라졌습니다. 문제의 원인을 아이에게서만 찾으려다 저의 마음가짐에서 찾으니, 해결이 되는 좋은 경험이었어요.

네 번째 방법은, 폭풍 칭찬과 적합한 보상입니다. 《세상에서 가장 쉬운 본질 육아》의 지나영 교수님 말씀대로 내적 동기가 중요한 것, 잘 압니다. 100% 내적 동기만으로 아이가 집중 듣기도 하고 영어책도 읽으면 참 좋겠지요. 하지만 적어도 처음 시작할 때는 그렇게 하기가 어렵습니다. 습관 들이는 얼마 동안은 가능하면 물질적이지 않은 보상으로 잘 꼬셔 보려고 노력을 많이 했어요. 그런데 보상은 아이마다 참 다르더라고요.

저희 딸 같은 경우는 목표 지향적인 성향이 강하다 보니, 초등학교 6학년 이후부터는 사실상 내적 동기가 충분한데도 자기가 스스로 보상을 걸어 놓고 공부하고 책을 읽습니다. 그런 누나를 정말 다른 별나라 사람 보듯 어이없어하는 저희 아들은 또 정반대이거든요. 목표 지향적인 보상 자체에 별 반응이 없습니다. 과정을 즐기는 아이예요. 결과나 칭찬 같은 것에 큰 의미를 두지 않더라고요. 제가 지금도 우스갯소리로 한량 아들이라고 부릅니다. 그저 하루하루 사는 게 즐겁고 본인 스스로를 굉장히 만족하며 살거든요.

제가 지난 5년간 별의별 보상 다 걸어 보며 내린 결론은, '보상보다는 칭찬이지만, 적합한 보상은 필요에 따라 주면 된다.'입니다. 성향이나 아들딸 성별과도 상관없이 무조건 통하는 최고의 보상은, 칭찬입니다. 진심 어린 칭찬이요. 그날 할 양의 집중 듣기를 한 것 자체만으로도 충분히 칭찬받아 마땅하고요. 좀 오버해서 칭찬해 주는 것도 절대 나쁘지 않습니다. 우리 어른들도 칭찬을 들으면 더 큰 동기 부여가 되잖아요. 아이들은 더하죠. 특히 아이에게 엄마가 해 주는 칭찬은 그 효과가 어마어마합니다. 그러니 칭찬에 인색하지 맙시다. 아이가 집중 듣기를 어제보다 좀 더 했을 때, 오버해서 칭찬해 보세요. 다음 날 더 하려고 할지도 모릅니다.

물론 기대했는데, 오히려 그다음 날은 아예 못할 수도 있어요. 그래도 아이가 스스로 반성하며 해낸다면 다시 칭찬해 주세요. 그저, 아이가 해낼 때마다 진심으로 칭찬을 해 주세요. 그리고, 아이 성향에 맞는 보상을 걸어 주세요. 이건 일단 해 봐야 합니다. 내 아이에게 딱 맞는 보상이 뭔지 어떻게 해야 할지 모르겠다면, 그냥 생각나는 대로 다 해 보세요.

과자 상자 뽑기	
1번	카스타드 (엉덩이로 이름 쓰기)
2번	오예스 (엄마한테 뽀뽀 받기)
3번	수 고구마 스틱 (아빠한테 뽀뽀 받기)
4번	눈을감자 (빨래 개기)
5번	왕 고래밥 (노래 부르기)
6번	와플 초코콘 (청소기 돌리기)
7번	사루비아 (개다리춤 추기)
8번	바삭한 갈릭 새우칩 (현관 신발 정리하기)
9번	눈사람 깡통 초코과자 (테이블 정리하기)
10번	다이제 씬 (5초 동안 웃지 않기)
별	먹고 싶은 것 아무거나 골라 먹기
꽝	흑흑… 다음 기회에ㅜㅜㅜ

저희 아이들의 보상입니다. 이런 것도 보상인가 싶은 보상들이 많죠? 온갖 보상을 다 동원해서, 가장 효과적인 것으로 찾아 정리한 것이에요. 하지만 이건 저희 남매에게 잘 통한 겁니다. 따라서, 이것저것 시도해 보세요. 하다 보면 내 아이에게 꼭 맞는 보상을 알게 됩니다. 그리고 계속 업그레이드가 되니까요. 언제든 수정, 보완하면 됩니다.

음원이 없는 책 집중 듣기 하는 방법

"원어민이 녹음한 음원이 없으면 어떻게 집중 듣기를 시키나요?"

음원이 없는 책의 집중 듣기 방법에 관한 질문도 참 많이 받았어요. 그때마다 제가 "유튜브에서 음원을 찾아보세요!"라고 답변을 드렸습니다. 대부분 유튜브에 있지만 너무 긴 소설 같은 경우에는 '오더블'을 이용하고 있어요. 그런데 오더블은 온통 영어로 되어 있어서, 영알못 엄마들이 이용하기에는 부담스러울 수도 있습니다. '스토리텔'도 오더블 못지 않게 다양한 음원이 있으니 이용해 보세요.

유튜브에서 집중 듣기 음원 찾는 방법을 좀 더 구체적으로 알려 드리자면, 그냥 책 제목을 쓰고 그 뒤에 'read aloud'를 붙여 써서 검색해 보세요. 웬만한 영어책의 음원이 다 나옵니다. 여기에도 안 나오는 것은 말씀드린 것처럼 오더블이나 스토리텔에서 찾으실 수 있을 거예요. 하지만 어디에서도 음원을 찾을 수 없는 책도 있습니다. 아이가 좋아할 책이 확실한데도 그럴 경우에는 어쩔 수 없죠. 엄마가 최선을 다해 읽어 주는 수밖에요. 유튜브에 샅샅이 찾아보시고도 도저히 없다면 엄마가 읽어 주시면 됩니다.

초등학생이라면 원어민 음원으로 집중 듣기를 시켜 주는 것이 더 좋은데요. 만약 지금 아이가 영유아이거나 또는 초등학생이지만 난생처음 영어를 시작한 거라 영어책 자체에 거부감이 있다면 엄마가 직접 읽어 주는 것으로 시작하는 것이 훨씬 더 좋습니다. 엄마의 발음이 안 좋다고 걱정할 필요 없어요. 흘려 듣기를 병행한다면 아무 문제가 없습니다. 아이는 자신도 모르게 흘려 듣기를 통해 원어민의 발음으로 수정한다고 해요. 그러니, 아이 발음이 안 좋아질까 봐 걱정이 되신다면 반드시 흘려 듣기를 따로 병행해 주시면 됩니다.

그런데 만약 아이가 초등학생이고 영어를 잘하고 싶은 욕구가 있는 상태이거나 영어책에 거부감이 전혀 없다면 엄마가 읽어 주기보다는 되도록 원어민 소리로 집중 듣기를 시켜 주세요. 물론, 엄마가 읽어 주는 것을 좋아하는데 절대 해 주면 안 된다는 것은 아니에요. 잠자리 독서로 영어책을 읽어 주는 것은 전혀 나쁘지 않아요. 계속해도 되지만, 제 말은 엄마가 읽어 주는 것을 하더라도 집중 듣기를 병행해 주는 것이 좋다는 겁니다.

영어 소리는 한국어 소리와 다릅니다. 각 음절을 하나하나 강약 없이 읽는 우리말과 달리 영어는 강세가 있어 문장에서 특별히 강하게 읽는 부분이 있고 또 마치 노래하듯 음이 오르락 내리락하거든요. 즉 읽는 방법이 달라도 너무 다르다는 거예요. 원어민이 읽어 주는 소리를 더 많이 들을수록, 영어를 영어답게 읽는 그 느낌이 스르르 자연스럽게 아이에게 스며듭니다. 그럼, 아이도 어느새 원어민과 비슷하게 읽게 되는 거예요.

이렇게 집중 듣기를 꾸준히 오랫동안 하다 보면 아이의 발음이 각 단어를 잘 읽는 수준이 아니라 단어와 문장 전체를 제대로 영어답게 읽게 됩니다. 이건 하루 이틀 훈련해서 되지 않는데, 그저 집중 듣기만 꾸준히 시켜도 저절로 이렇게 영어를 잘 읽더라고요. 집중 듣기를 어느 정도 해서 습관이 되면 이제 영어책 읽기로 넘어가는데 그때 소리 내서 읽어 보게 하면 정말 깜짝 놀라실 거예요.

영어책 읽기

: 말 그대로 영어책을 재미있게 읽기

영어책 읽기가 재미있어지는 네 가지 방법

흘려 듣기, 집중 듣기를 통해 눈과 귀가 영어에 제대로 열리면, 이제는 본격적으로 영어 실력을 힘껏 올려 줄 영어책 읽기 단계로 올라가 봅니다. 영어책 읽기도 한글 책 읽기와 똑같은 책 읽기이기 때문에 독서의 순기능을 다합니다. 게다가 영어 실력도 같이 좋아지는 것이므로, 일석이조예요.

저희 딸은 지금도 별로 집중 듣기를 좋아하지 않습니다. 대신 영어책 읽기는 재미있는 책만 있으면 한 자리에서 두꺼운 소설책 한 권도 뚝딱 읽어 냅니다. 영어책을 이렇게 재미있게 읽으면 영어 실력은 쑥쑥 올라가지요. 하지만 이번엔 영어책 읽기를 좋아하지 않는 아이에 대해 이야기를 나눠 볼게요. 바로 저희 아들, 다니엘입니다.

저는 다니엘이 극 청각형 아이라고 사람들에게 이야기합니다. 청각형 아이란, 말 그대로 청각이 시각보다 더 편안해서 읽기보다 듣기를 선호하는 아이입니다. 다니엘은 집중 듣기를 영어책 읽기보다 훨씬 좋아하는 몇 안 되는 아이 중의 하나랍니다. 수년간 잠수네 영어와 엄마표 영어 하는 아이를 많이 봤는데, 이런 아이는 정말 드물더라고요. 어쨌든, 실질적으로 영어 실력을 올려 주는 데 있어서 영어책 읽기는 꼭 필요한데, 이걸 너무 싫어하니 원인이 뭔지, 해결 방법은 있는지 고민이 많았습니다.

다니엘의 문제는 문자 인지가 느리고 힘든 것이더라고요. 문자를 읽기가 힘드니 재미가 없는 거죠. 읽기 쉬운 영어책은 또 너무 내용이 유치하니 재미가 없고요. 한글 책 읽기를 좋아하는 걸로 봐서는 책을 읽는 것 자체는 좋아하는데, 아직도 알파벳이라는 문자를 읽는 데 어려움이 있는 겁니다. 그래서 초등 고학년이 되어서도 여전히 쉬운 영어 그림책과 챕터북을 읽는 수준이었습니다.

반면 한글 책 수준은 훨씬 더 높다 보니, 자기 수준에 맞는 영어책은 재미가 없는 거죠. 이런 아이가 영어책 읽기 양을 채우는 것은 정말로 쉽지 않습니다. 게다가 저희 아들은 앞서 말씀드린 것처럼 보상도 별로 안 먹히는 아이거든요. 고민에 고민을 거듭하고, 비슷한 유형의 아이들에 대한 정보도 찾고, 말 그대로 길을 찾으니 찾아지더라고요.

첫째, 집중 듣기와 마찬가지로 영어책 읽기에도 통하는 방법은 결국, 칭찬입니다. 보상에 큰 영향을 받지 않는 아이여도, 엄마의 관심과 칭찬에는 약하더라고요. 영어책을 읽는 것에 대해 칭찬을 좀 과하게 해 보았는데, 확실히 효과가 있었습니다.

"잠수네 영어를 한 지가 벌써 몇 년째인데 아직도 이 단어를 못 읽니?"라는 말이 목구멍에서 튀어나오려는 걸 겨우 참으며, 아이가 단어 발음이나 뜻을 물어볼 때마다 스스로 유추할 수 있도록 도와주곤 했습니다. 어떻게 도와주냐고요? "엄마도 기억이 잘 안 나는데 대체 뭘까?"라고 물어보기도 하고요. "그 문장 다시 한번 읽어 줘 봐." 하고 시키면 "아 이런 뜻인가?" 하고 스스로 유추를 잘 해내곤 한답니다. 이렇게 스스로 단어 뜻을 깨우치면, 폭풍 칭찬을 해 주고요. 그 무렵 파닉스를 공부했기에 규칙에 맞춰서 발음도 스스로 읽어 볼 수 있도록 격려했습니다. 잘 몰랐던 발음을 알게 되어 정확히 해낼 때 역시 칭찬을 쏟아 냈습니다! 또, 재미있게 혼자 잘 읽은 책에 대해서는 진심으로 칭찬을 많이 해 주었어요. 이 칭찬의 힘으로, 조금씩 읽기 양을 늘려 나갔지요. 칭찬은 마법 같아서, 뺀질뺀질 놀기 좋아하는 저희 아들도 조금씩 양을 늘리게 해 주고 있어요.

둘째, 키 높이 책 쌓기를 시도해 보세요. 아이가 어릴수록 즉 키가 작을수록 더 효과적인 방법이겠죠? 금세 자기 키만큼 책이 쌓이니까요. 아이가 빨리 성취감을 느낄 수 있어서 좋습니다. 저희 아들은 키 높이 책 쌓기를 할 때 두꺼운 하드 커버의 영어책을 정말 열심히 찾아 읽었습니다. 결국 정말 생애 처음으로 자기 키 높이만큼 읽은 영어책을 다 쌓고 인증샷을 찍으니 얼마나 뿌듯해하던지요. 과자 상자를 보상으로 받고 두고두고 아껴 먹으며 승리를 만끽했답니다.

이외에도 영어책 읽기에 재미를 부여할 수 있는 여러 가지 방법이 있습니다. 책장 뒤집기는 책장에 있는 영어책을 읽을 때마다 뒤집어 꽂아서, 책장 하나에 영어책이 전부 뒤집어져 있을 때 보상을 주는 방법이고요. 천 권 읽기는 말 그대로 천 권을 읽는 겁니다. 천 권 읽기도 엑셀로 표를 만들어 냉장고 앞에 딱 붙여 놓고 하면 더 효과적입니다. 아이들도 어른들도 다 눈에 딱 보여야 더 자극받고 동기 부여가 되는 법이지요.

이런 이벤트를 할 때는 아주 쉽고 짧은 리더스북을 활용하면 좋습니다. 사실 리더스북은 대체로 스토리가 탄탄하지 않아서 재미가 떨어지거든요. 하지만 단어 수준이 한정되어 있고 패턴을 반복해서 읽기 때문에 익숙해지는 효과가 있어, 꼭 그림책과 병행해서 읽기를 권합니다. 문제는 이게 재미가 없다 보니 그림책만 읽기를 고집하는 아이가 꽤 있다는 거죠. 그럴 때, 천 권 읽기를 시도해 본다면 큰 효과를 볼 수 있어요. 아이는 자신도 모르는 사이에 재미없지만 짧고 쉬운 리더스북을 엄청나게 읽게 되거든요. 그만큼 실력도 쌓이지요.

아이들은 이벤트를 참 좋아한답니다. 영어책 읽기가 그리 즐겁지 않은 아이에게는 가뭄의 단비와도 같습니다. 보상을 받게 되는 순간, 스스로 해냈다는 성취감이 한껏 충족되고 앞으로 더 열심히 읽어 봐야겠다는 마음도 생깁니다. 키 높이 책 쌓기는 한 번쯤 꼭 시도해 보세요.

셋째, 아이의 관심사와 취향에 딱 맞는 책을 찾아 주세요. 결국 이번에도 정답은 재미라고 말씀드리는 겁니다. 케리스가 한때 수의사가 꿈이었어요. 여느 또래 여자아이들과 같이 동물을 굉장히 좋아하거든요. 그래서 그때《Vet Volunteers》시리즈를 구입해 줬는데, 푹 빠져서 정말 오랫동안 이 시리즈만 듣고 읽었습니다.

재미있는 영어책을 주면 안 읽을 수가 없어요. 지금 아이의 관심사에 맞는 영어책을 찾아 주는 것보다 더 좋은 방법은 세상에 없습니다. 그러니, 절대 포기하지 마시고 무조건 계속해서 시도해 보시기를 바랍니다. 하다 보면 요령이 생기고, 어렵고 힘들지 않습니다. 세상 모든 일이 그렇듯 처음에만 낯설고 힘들 뿐입니다.

넷째, 아이가 좋아하는 책의 작가 확장과 시리즈 확장입니다. 이 방법은 한글 책이어도 상관없어요. 예를 들어, 로알드 달의 소설을 한글 책으로 읽었는데 아이가 너무 재미있어했다고 합시다. 그러면 로알드 달의 영어책도 좋아할 확률이 아주 높다는 뜻입니다. 그렇게 작가 확장을 하는 겁니다. 또, 아이가 한글 책《내가 만난 재난(로렌 타시스 저)》시리즈 중 한 권을 매우 재미있게 읽었다고 할게요. 이 책은《I survived》라는 영어 원서가 있습니다. 이 영어 원서 시리즈를 사 주면 됩니다. 시리즈는 비슷한 주제나 배경이나 주인공을 가지고 여러 가지 이야기를 만들어 낸 것이기 때문에 그중에 한 권을 매우 재미있어했다면, 나머지도 좋아할 확률이 높습니다.

아이가 정말 재미있어한 책의 작가 이름을 네이버 스마트스토어나

웬디북에 검색해 보세요. 작가의 다른 책들이 쫙 나옵니다. 아이에게 표지를 보여 주고 고르게 해 보세요. 그리고 책을 구입하거나 도서관에서 빌려 읽히세요. 아이가 좋아할 확률이 아주 높답니다. 저희도 산 지 2년이 넘은 책이 있는데 케리스는 지금도 가끔 꺼내 읽습니다.

작가 확장과 시리즈 확장 방법은 거의 실패하지 않는데, 간혹 작가가 원래의 스타일과 판이하게 낸 책들도 있긴 합니다. 그래서 잘 판별해서 구입해야 합니다. 그리고 시리즈를 구입했다고 전권을 다 좋아할 거라는 기대는 금물입니다. 항상 책을 구입할 때는 읽어 주는 것 자체가 우선 고맙고 기특하다는 생각을 늘 갖고 있어야 해요. 그래야, 혹여 아이가 사 준 책을 읽지 않더라도 마음 상하거나 억지로 읽히려 하지 않게 됩니다. 꼭 기억하세요.

한글 책 읽기의
중요성

모국어의 문해력과
영어 실력의 상관관계

한글 책 읽기로 영어 실력 키우기

영어는 언어입니다. 이 말을 너무 많이 해서 좀 지겨우실 수도 있지만, 이 개념을 꼭 심어 드리고 싶어서요. 그래야, 노출 방식의 영어 습득 방법에 대한 확신이 들 테니까요. 언어를 잘한다는 건 무슨 뜻인가요? 언어는 도구이니, 언어를 잘한다는 건 도구로써 그 언어를 잘 사용한다는 뜻이겠죠.

예를 들어, 컵이 있어요. 컵을 도구로 잘 사용한다는 것은 컵 속에 음료를 잘 담아내는 겁니다. 하지만 컵이 깨져 있다면? 음료가 질질 새겠죠. 그렇게 되지 않도록 컵을 견고하게 만들어 주면 컵은 제 역할을 잘하는 컵이 되는 겁니다. 사실 문법 공부나 단어 암기는 컵을 견고하게 해 주는 것과 같은 역할을 하긴 합니다. 필요하지 않은 건 아니에요. 더 튼튼하게 만들어 주는 데 필요하지요. 즉 더욱 정확하게 말하고 쓰는 데 큰 도움이 됩니다. 하지만 다시 컵을 생각해 보세요. 정말 중요한 건 뭔가요? 컵이 아주 완벽한 형태를 자랑하거나 아름답지 않더라도, 깨진 부분만 없다면 사실 쓰는 데 문제가 없죠. 컵의 가장 큰 역할은 단지 음료를 담는 것이거든요. 그런데 만약, 아무리 컵이 예쁘고 튼튼해도 속에 들어있는 음료가 부패한 것이었다면? 컵의 가치는 확 떨어집니다. 결국 도구는 도구일 뿐임을 잊지 말아야 한다는 걸 꼭 말씀드리고 싶어요.

영어는 언어일 뿐이고 도구일 뿐입니다. 도구가 아주 견고하고 아름답고 멋지면 좋지요. 그러나 그 속에 담은 내용물이 훨씬 더 중요합니다. 내용물을 무엇으로 채울 수 있을까요? 바로, 한글 책 읽기입니다. 책 읽기를 하면 생각을 하게 됩니다. 영상을 볼 때는 생각을 하지 않아요. 뇌가 너무 편안합니다. 일하지 않아도 되니까요. 뇌는 이걸 좋아한다고 해요. 최소한의 에너지만 쓰는 게 뇌 입장에서는 좋으니까요. 하지만 책을 읽을 때는 뇌가 풀 가동합니다. 이것은 각종 뇌 과학 실험으로 밝혀진 사실입니다.

EBS의 '당신의 문해력'에서 이것을 확인하기 위한 실험을 했습니다. 생각하는 기능을 담당한 전두엽이 오디오북을 듣고 동영상을 볼 때는 활성화가 되지 않다가 줄글을 읽을 때 비로소 활성화가 되는 것을 확인한 것입니다. 확연히 붉은색으로 전두엽이 활성화된 사진을 보며 책을 읽을 때 인간의 뇌는 비로소 고차원적인 인지 활동이 더욱 활발하게 일어난다는 사실을 알게 된 겁니다.

글을 읽고 내용을 이해하고 상상하고 또 내 지식과 융합하여 나만의 창의적인 생각을 만들어 내기도 하는 이 고차원적인 인지 활동. 이러한 과정에서 창의력, 사고력, 상상력, 문해력, 독해력 등 우리가 알고 있는 좋은 능력이 생기고 훈련이 됩니다. 책 읽기를 충분히 한 아이들은 비교적 늦은 나이, 예를 들어 초등학교 4학년 이후에 노출 방식의 영어 습득법을 시작해도 굉장히 빠른 속도로 영어 실력이 올라갑니다. 이유는 너무 간단해요. 한글 책 읽기를 통해 충분히 언어 능력을 올려놓은 상태이기 때문입니다. 또 엄청난 배경지식도 탑재되어 있는 거죠. 영어로 바꿔 주기만 하면 되는 거니까요.

돌아가서 한글 책 이야기를 해 볼게요. 한글 책을 정말 즐겁게 단 한 권이라도 읽어 본 아이는 이제 책 읽기의 재미와 편안함을 알게 됩니다. 한 권에서 끝나지 않아요. 인생 책을 한 권 읽고 나면 여러 분야의 다양한 한글 책을 두루두루 재미있게 읽게 되기 때문이죠. 이렇게 한글 책 읽기가 습관이 되고 재미와 편안함이 된 아이는 영어책도 마찬가지로 편안하게 시작할 확률이 높아요. 영어책을 메인으로 한 노출 방식의 영어 습득법이 찰떡으로 맞는 거죠. 한글이 단지 영어로 바뀌기만 한 것이니, 어렵지 않은 겁니다.

영어 유치원을 다녔던 아이는 어떨까요? 물론 영어 유치원에서 한글 책 읽기를 꾸준히 할 수 있게 해 줬다면 문제가 없겠지만요. 만약 어려서부터 한글 책 읽기나 한국어 말하기보다 영어책 읽기나 영어 말하기, 듣기 실력을 더 중요시하며 키웠다면, 과연 그 아이의 영어 실력이 꾸준히 성장할까요?

　최근 아이를 영어 유치원에 보내는 지인에게 들은 말인데요. 아이가 단어 시험공부를 하는데 영영 사전을 찾아서, 즉 영어로 뜻을 적는 단어 시험을 준비한다고 하는 거예요. 그 단어들을 보고 정말 너무 황당했습니다. 한글로 바꿔도 뜻을 알 수 없을 만큼 어려운 단어들이었거든요. 지구과학 관련 단어였던 걸로 기억합니다. 지인이 단어 뜻을 한글로 알려 주었는데 아이가 그것도 모르니까 그 뜻을 설명해 줘야 했다고 합니다. 그런데 엄마도 설명해 줄 만큼의 지식이 없어서 결국 이해가 안 돼도 그냥 외우라고 했다는 겁니다. 그러니까, 보통의 어른도 한글로 된 단어 뜻을 정확히 모르는 그런 영어 단어를 유치원생 아이가 시험을 본다는 거예요. 그래서 달달 외우게 시키는 거죠. 대체 그걸 왜 하는 건지 저로선 정말 이해가 안 되었습니다. 만약 한글로 된 지구과학 책을 엄청 재미있게 읽었던 아이였다면, 단어 시험 준비가 훨씬 쉬웠겠죠? 단어 시험이 아니라, 지구과학에 관한 영어책을 읽는 것도 쉬울 겁니다. 충분한 배경지식이 있으니까요. 그래서 한글 책 읽기가 더 중요하다는 거예요.

　한글 책 독서력이 좋은 아이는 한국어 문해력과 독해력도 당연히 좋습니다. 한국어도 언어이고 영어도 언어예요. 그러니, 영어 문해력과 독해력도 영어책을 충분히 읽어 주면 저절로 생깁니다. 광범위한 배경지식은 덤이고요. 이러한 이유로, 영어를 잘하기 위해서는 한국어를 먼저 잘해야 한다는 겁니다. 한국어를 잘 쓰고 읽고 듣고 이해하고 말하려면 한글 책 읽기가 최고의 방법입니다. 아이가 아직 취학 전이라면 저는 영어보다는 한글 책 독서에 더 많은 시간과 노력을 투자하라고 말씀드리고 싶습니다. 영어는 취학 후 저처럼 초등학교 2학년 때 시작해도 늦지 않습니다. 얼마나 큰 차이가 나겠어요? 좀 더 일찍 하나 늦게 하나 어차피 모국어는 한국어이고, 한국어를 잘하면 영어도 잘하는 게 어렵지 않기 때문입니다.

한글로 된 책은 당연히 영어보다 쉽습니다. 괜히 어려운 영어책으로 지식을 학습시키려 하지 마세요. 모국어로 된 쉬운 한글 책으로 편하게 지식을 습득하고 감동도 하며 재미있게 읽게 해 주세요. 그러다 보면 어느새 문해력과 독해력이 올라가고, 영어책을 읽을 때도 그게 티가 나게 됩니다. 아이마다 임계량이 다를 뿐, 결국엔 되는 것이니까요. 영어보다 한글 책에 더 많은 관심과 시간을 들여 주세요. 그게 결국에는 영어를 잘하게 되는 지름길입니다.

한글 책 읽기를 좋아하게 만드는 비법

저희 딸 케리스는 지금은 한글 책 읽기를 편하게 쉬는 걸로 인식합니다. 그러나 이렇게 되기까지 정말 눈물겨운 노력을 했습니다. 케리스가 초등학교 2학년으로 올라갈 때 제가 일을 관두고 책 육아와 잠수네 영어를 시작했는데, 영어는 제쳐 두고 당장 한글 책 읽기 독립부터 시켜야 할 상황이었습니다. 아이가 한글을 읽긴 읽었습니다. 못 읽는 글자는 한 자도 없었어요. 그런데, 읽고 나서 아무것도 남는 게 없는 거예요. 주인공의 이름이나 성격, 주제가 무슨 이야기였는지 전혀 기억을 못하더라고요. 말 그대로 검은 글씨만 줄줄 읽는 겁니다. 얼마나 애가 타던지요. 한글을 뗐으니 한글 책 읽는 데 아무 문제 없는 줄만 알고 방치했던 지난날들이 너무나 후회가 되고 아이에게 미안했죠. 하지만, 지금 아이의 상태를 인정하고 받아들이고 당장 이 문제를 해결하는 게 우선이라는 판단이 되자, 더 이상 감정적으로 괴로워하지 말고 방법을 찾아야겠다는 생각이 들었습니다. 후회한다고 시간을 돌이킬 수도 없으니까요. 그래서 정말 모든 걸 내려놓고 '이 아이는 아직 한글을 모르는 영유아'라고 생각하고 접근하기로 마음먹었습니다.

케리스는 당시 유치원을 다니던 동생 다니엘보다 일찍 하교를 했습니다. 즉 케리스가 집에 오면 오후 1시인데 그때부터 3시까지는 저랑 단둘이 있는 시간인 거죠. 저는 그때 영어도 수학도 예체능 학원도 아무것도 하지 않고, 오로지 아이의 심각한 한글 책 읽기 문제를 해결하는 데 집중했습니다. 방법은 간단했어요. 한글을 모르는 영유아의 엄마가 하는 걸 그대로 했어요. 무릎에 아이를 앉혀 놓고 한글 책을 재미있게 읽어 주는 겁니다. 초등학교 2학년이고 한글을 읽을 줄 아는 아이지만, 저는 5살 아이 대하듯 책을 읽어 줬습니다.

한번 생각해 보세요. 초등학교 2학년이면 꽤 큽니다. 그런 아이를 무릎에 앉혀서 꼭 끌어안고 뽀뽀도 해 가면서 재미있게 책을 읽어 줬습니다. 온갖 사랑과 정성을 담아서요. 영유아들이 보는 하드커버로 된 아주 쉬운 그림책 있죠? 한 페이지에 서너 줄 정도 있는 그런 그림책을 읽어 줬습니다. 처음에는 어색해했지만 내심 좋아하는 게 보이더라고요. 하교 후 매일 한 시간을 그렇게 무릎에 앉혀서 쉬운 그림책을 읽어 줬습니다. 그 뒤에 영어나 수학도 하고 예체능 학원도 보냈어요. 매일 스케줄은 달랐지만, 하교 후 한글 책 읽어 주는 한 시간은 반드시 지켰습니다.

처음에는 1년은 이렇게 할 생각이었습니다. 그런데 두세 달쯤 지나니 아이가 학교에서 재미있을 것 같다며 책을 빌려 왔다고 보여 주는데, 그게 바로 《좋은책 어린이 문고》 시리즈였습니다. 그렇게 아이 책 수준이 갑자기 한 단계 올라갔습니다. 더 놀라운 건, 제가 읽어 주다가 잠깐 자리를 떴는데 그동안 아이가 혼자 책을 읽고 있더라고요. 다녀와서 보니 두 페이지를 더 읽었더랍니다. 제대로 읽었나 궁금해서 물어보니 내용을 다 이야기하는 거예요. 그때의 감동은 지금도 잊을 수가 없습니다. 1년은 걸릴 줄 알았는데, 두세 달 만에 아이의 읽기 독립이 이루어진 거예요. 진작 이렇게 했더라면 하는 후회가 또 밀려왔지만, 이제라도 아이가 혼자 한글 책을 재미있게 생각하며 제대로 읽게 되었으니 감사한 일인 거죠. 그 뒤로 지금까지 한글 책 읽기는 케리스에게 즐거운 일이 되었습니다.

물론, 문해력과 독해력이 하루아침에 좋아지진 않습니다. 타고난 부분도 없지 않아 있는 것 같습니다. 케리스는 수학 문제를 풀 때도 여전히 서술형을 어려워하고, 수학 개념 설명이 긴 지문으로 되어 있으면 읽고 이해하는 걸 힘들어했어요. 이럴 때 많은 엄마들은 수학 학원을 알아보지만, 저는 한글 책을 읽히는 데 더 집중했습니다. 결국 수학도 문제를 읽고 이해하는 능력이 최우선 순위이거든요. 한글을 읽고 이해하는 능력이 있는 아이는 사실상 수학이나 영어를 비롯한 전 과목을 잘할 수 있는 기본 조건이 갖춰진 아이라고 할 수 있습니다. 그만큼 중요한 게 한글 책 독서력입니다.

아이가 지금 초등학생인데 문해력과 독해력이 부족한가요? 한글은 줄줄 잘 읽지만 읽고 나서 남는 게 없나요? 국어 과목을 어려워하나요? 영어 레벨이 정체되어 있고 올라가지 않나요? 모든 문제의 진짜 원인은 한국어 실력에 있습니다. 한글 책을 좋아하고 많이 읽으면 저절로 해결되는 문제이거든요. 일단, 한글 책을 좋아해야 해요. 좋아해야 많이 읽고, 많이 읽어야 한글 독서력이 올라갑니다. 책 읽기를 통해 얻는 모든 유익을 다 얻게 되는 데의 시작은 책을 좋아하는 겁니다.

아이가 책 읽기를 싫어하나요? 학년에 상관없이 저처럼 책 읽어 주기를 해 보세요. 맛있는 간식과 함께 아이가 좋아할 만한 책을 준비해서요. 엄마의 사랑 표현도 함께요. 초등 고학년이라도 엄마가 뽀뽀해 주고 사랑 표현을 해 주면 한없이 좋아합니다. 처음에는 싫어하는 척하지만 속으로 좋아하거든요. 사랑받는 건 인간이라면 남녀노소 다 좋아합니다. 아이는 더욱 그렇습니다. 책은 엄마의 사랑이고 편안한 것이라는 인식을 심어 줘 보세요. 책을 좋아하게 되는 데 큰 도움이 될 겁니다.

초등학교 4학년인데 영유아들 읽는 영어 그림책도 더듬더듬 읽는 게 걱정이신가요? 영어가 아니라 아이의 한국어 실력부터 봐 주세요. 한글 책 읽기가 잘 되고 있는지 확인해 주세요. 그게 우선입니다. 제학년에 맞는 한글 책을 혼자 편안하게 못 읽는다면, 그 문제부터 해결해 줘야 합니다.

한글 책 읽기 독립도 되었고 혼자 책을 잘 읽지만, 한글 책 읽기보다는 노는 걸 더 좋아하는 아이라 걱정이신가요? 그렇다면, 아이가 좋아할 한글 책을 찾아 줄 차례입니다. 책 그만 읽고 놀라고 하는데도 아이 입에서 "아, 잠깐만! 이것만 다 읽고 나서!"라는 말을 들을 수 있을 만큼 재미있는 책을 꼭 찾아 주세요.

재미있는 한글 책 찾아 주는 세 가지 방법

첫째, 아이의 관심사에 맞는 책을 찾아 주는 겁니다. 저희 딸은 동물을 굉장히 좋아하다 보니, 동물이 주인공인 창작 책에서부터 동물 복지에 관한 사회 지식 책까지 다 재미있게 읽더라고요. 또, 저희 아들은 무술에 관심을 갖길래 관련 책들을 찾아 주었는데, 어느 날 홍길동전을 재미있게 읽더니 그때부터 무술에 국한되어 있던 관심과 흥미가 전래 이야기로 확장되어 전래 고전 시리즈를 섭렵했습니다.

이런 식으로 아이의 관심사에 맞는 책을 찾아 주면 일단 인생 책 만나기가 쉬워집니다. 인생 책 한 권을 만나고 나면 그다음은 다양한 분야로 관심사를 넓혀 주는 겁니다. 문학에서 비문학으로, 판타지에서 일상 이야기로 다양한 책 읽기가 절로 이루어집니다. 아이가 지금 관심이 있다고 그것에 관한 책만 주구장창 사 주는 실수를 범하지 마세요. 두 권, 세 권 읽다 보면 관심과 흥미가 자기도 모르게 확장이 되어 생각지도 못했던 분야의 책을 찾을 겁니다. 이렇게 되면 이제 책 읽는 재미에서 빠져나올 수 없습니다.

둘째, 작가 확장과 시리즈 확장이 방법이에요. 영어책과 같은 방법입니다. 한때 두 아이가 박현숙 작가님의 책만 읽은 시절이 있었습니다. 처음 좋아했던 책은 제목부터 너무 재미있는《잘난 척하는 놈 전학 보내기》라는 책이었습니다. 이 책을 읽더니 박현숙 작가님 책은 빌려 오는 족족 다 재미있어하는 거예요. 또 저희 딸은 동물 복지에서 아동 복지, 장애인 복지 쪽으로 관심사가 넓혀져서, 고정욱 작가님 책도 한참 읽었습니다. 고정욱 작가님이 쓰신 책 중에 어려운 아동이나 장애 아동이 주인공인 책이 많거든요. 이런 식으로 작가 확장을 하면 대부분 성공합니다. 시리즈 확장도 마찬가지고요.

셋째, 아이가 직접 고르게 해 보세요. 사실 영어책은 아이가 직접 고르게 하는 방법이 좀 어렵더라고요. 왜냐하면 영어책은 대충 보면 무척 쉬워 보이는데 실제로는 어렵거나, 또 너무 어려워 보이는데 막상 읽으면 쉬운 책들이 많기 때문이에요. 책이 한글로 된 것이 아니라 영어로 되어 있어서 난이도를 가늠하기가 어려워서 그런 것 같습니다.

하루는 큰마음 먹고 아이를 데리고 어린이 영어 도서관에 가서 책을 마음껏 골라 보라고 했는데요. 아이가 재미있어 보여서 골라 온 책들이 전부 너무 어렵거나 너무 쉬워서, 좀 읽나 싶더니 한 시간도 안 되어서 집에 가자고 하더라고요. 그래도 몇 번 더 시도했는데, 결국 그냥 엄마가 골라주는 게 제일 낫다는 말까지 했습니다. 그래서 저는 아이 수준과 관심사에 맞는 영어책 리스트를 뽑아서 표지를 쭉 보여 주고 고르게 했습니다.

한글 책은 일단 모국어로 되어 있잖아요. 수준이 좀 높거나 낮아도 일단 아이가 관심이 있고 직접 고른 것이어서 그런지 책의 수준이 맞지 않아도 크게 상관없이 끝까지 다 읽더라고요. 이러한 방법을 통해서 아이의 책 수준도 손쉽게 점프 업시켰습니다. 엄마가 어떻게든 아이 책 수준을 끌어올리려고 노력하는 것이 얼마나 힘든 일인지 모릅니다. 하지만 아이가 직접 고르게 하면, 스스로 책 수준을 정확히 파악하지 못하기 때문에 순수하게 관심 있는 책을 고르거든요. 그리고 자기가 골랐기 때문에 웬만큼 어렵지 않으면 읽어 내고요. 그럼 자연스레 수준이 올라가는 겁니다.

도서관이나 서점에서 아이가 직접 골라온 책 중에 실패한 책은 별로 없었어요. 표지만 보고 재미있어 보여서 빌려 왔는데, 한두 장 읽고 별로라며 팽개친 것들도 없진 않지만, 대부분은 성공적이었어요. 아이가 너무 재미있어서 소장하고 싶다며 자기 용돈으로 구입한 책도 거의 다 직접 고른 책이었습니다. 산 지 오래되었는데 아직도 못 버리게 해서 집에 남아 있는 한글 그림책도 다 이렇게 해서 구입하게 된 것이고요.
따라서 자기가 읽을 책은 꼭 직접 고르게 해 주세요.

고학년이라면
고전 읽기에 도전하기

고전 읽기로 임계점 뛰어 넘기

책 육아를 수년 해 오신 분들은 아마 고전 읽기로 넘어가는 것에 대해 한 번쯤 생각해 보셨을 겁니다. 어른도 읽기 힘든 고전을 겨우 초등학생 아이에게 읽게 한다는 게 납득이 안 간다는 분도 계시는데요. 우리 선조들이 어린아이였을 때 서당에서 배운 것들이 다 고전이었잖아요. 그 당시 어린아이들과 지금 어린아이들의 지적 수준이 크게 차이 나지 않는다고 봅니다. 같은 고전도 어른과 다른 각도에서 이해하고 느끼고 생각하더라고요. 죽죽 읽히는 아주 쉬운 책도 좋지만, 한 문장 한 문장 읽을 때마다 책을 덮고 상상해 보고 생각하고, 또다시 읽어 보는 책을 읽을 때 아이의 독서력은 한 단계 올라갑니다.

저희 남매는 초등학교 5학년 때부터 고전 읽기로 한글 책 읽기의 메인을 바꾸었습니다. 물론 아이가 좋아하는 한글 책도 당연히 그대로 계속 읽게 하고요. 매일 고전 읽기에 한 시간을 더 할애하기로 한 거죠. 좋아하는 한글 책을 읽을 시간이 줄어서 아이가 툴툴대긴 했어요. 하지만 알아서 읽을 시간을 따로 만들어 내더라고요. 학교에서 쉬는 시간이나 점심시간에 읽어 오는 거예요. 이건 정말 한글 책을 읽는 재미와 습관이 제대로 생기면 일어나는 일입니다. 바로 이때쯤에 고전 읽기를 시작하는 것도 참 좋은 시기가 아니었나 생각해요. 물론 고전 읽기를 시작하는 적기는 아이마다 다릅니다. 내 아이가 한글 책 읽기를 재미있어하고 습관이 되었다면, 학년에 상관없이 고전 읽기는 언제든 시도해 보시길 바랍니다.

고전 읽기를 할 수 있다 하더라도, 여전히 아이 입장에서 어렵고 두꺼운 고전을 읽는 것은 부담이 되기 때문에 처음 시작할 때는 약간의 보상을 주는 것도 추천합니다. 저희는 고학년이 되어 고전 읽기를 시작해서, 아이들이 원하는 보상은 오로지 용돈이었습니다. 돈을 보상으로 주고 책을 읽게 하는 것에 저 역시 거부감이 들기도 했지만, 영원히 돈으로 보상을 줘야 하는 건 아니더라고요. 요즘 저희 남매의 최고 보상은 엄마랑 단둘이 데이트하는 것입니다. 이렇듯 보상 방법은 늘 변하니까 너무 크게 깊이 생각하지 않아도 될 것 같습니다.

가능하면 독후감 쓰기도 권하고 싶어요. 고전을 읽고서는 자기 생각을 정리하는 게 필요하다는 생각이 들어서 시켜 봤는데, 이것 또한 보상을 걸어 주었더니 곧잘 쓰더라고요. 이제 고전을 읽으면 독후감을 쓰는 것이 당연하게 되었습니다. 시작이 어렵지 막상 쓰면 줄줄 잘 쓰고, 한 번 더 내용과 주제에 대해 생각하게 되니 정리도 됩니다. 무엇보다 사고의 전환 또는 확장을 경험한 것을 글로 적으면 생각이 더 명확해지기 때문에 책 읽은 효과가 백배가 됩니다.

저 또한 여러 분야의 책을 읽을 때 항상 글을 쓰면서 읽습니다. 확실히 글로 쓰면 남는 게 다르더라고요. 그래서 우리 아이들도 책을 읽을 때마다 글을 쓰길 바라지만, 억지로 시키지는 않습니다. 책 읽기도 그렇지만 글쓰기는 특히나 억지로 시키는 건 바람직하지 않아요. 또한, 저는 아이들이 쓴 독후감에 대해 맞춤법 같은 것은 일절 지적하지 않습니다. 자기의 생각 없이 줄거리만 대충 썼을 때는 네 생각도 좀 써 보라고 부탁하는 정도이죠. 그러면, 엄마의 칭찬이 좋은 아이는 다음에 쓸 때 자기 생각도 쓰려고 노력하더라고요.

영어 원서 고전 읽기가 가능해지는 한글 고전 읽기

왜 계속 한글 고전 읽기를 강조해서 이야기할까요? 그 이유는 간단합니다. 한글 책으로 고전을 읽어 본 아이는 영어책 고전도 읽을 수 있기 때문입니다.

초등 저학년까지는 아이가 재미있어하는 책 위주로 한글 책 읽기를 해도 무관합니다. 책 읽기 습관이 들고, 한글 책 읽기를 재미있는 활동으로 여기는 게 중요하니까요. 그 나이에는 어려운 책을 읽어도 깊이 이해하기가 어렵기 때문에 초등 저학년까지는 한글 책 읽기의 목표가 단순히 '한글 책 읽기 습관 그리고 흥미'이면 충분하다고 생각합니다. 한글 책 읽기 습관이 잡혀 있고 또 즐기는 아이라면 초등 고학년이 되었을 때는 좀 더 양질의 독서를 권하는 게 좋아요. 왜냐하면 세상에 책은 너무 많고 아이가 한글 책을 읽을 시간은 학년이 올라갈수록 더 줄어들기 때문입니다. 또 웬만한 어른 책도 이해하며 읽을 수 있는 수준이 되기 때문에, 정말 좋은 책을 읽힐 적기가 도래한 것이란 말이죠. 바로 이런 시기에 고전을 읽히는 게 좋다는 것은 두말하면 잔소리입니다.

케리스가 영어 영상 중에서 가장 좋아했던 것이 바로 'Heidi'였어요. 유튜브에서 전 시리즈를 무료로 볼 수 있습니다. 이걸 보고서는 책으로 읽겠다고 하더라고요. 저희 집에 한글 고전 전집인 《네버랜드 클래식》이 있었는데, 거기에 무려 500쪽에 달하는 하이디 고전 완역본이 있었습니다. 이 책은 고전 중에서도 초등 여자아이들이 재미있게 읽을 수 있는 책이에요. 케리스가 이걸 읽으려고 처음 시도한 게 초등학교 4학년 때였어요. 알프스산맥의 하이디 모습을 자세히 묘사한 것이 저는 참 좋던데, 케리스는 읽기가 버겁다고 포기하더라고요. 5학년이 되어 본격적으로 고전 읽기를 시작하면서 다시 하이디를 읽겠다고 하더니, 기어이 그걸 다 읽었습니다. 독후감도 어마어마하게 썼고요. 그러고 나서 영어책으로 읽고 싶다며 원서《Heidi》를 구입했습니다. 케리스가 읽기에는 너무 수준이 높았지만, 한글 책으로 이미 내용을 다 알고 있기도 하고 아이가 너무나 원하니까 구입했습니다. 아이 수준에 좀 버거운 영어책은 무조건 집중 듣기로 시작하면 편안해지기 때문에 집중 듣기를 먼저 다 하고 나서 읽었습니다. 그 뒤로《작은 아씨들》,《빨강 머리 앤》,《소공녀》같은 비슷한 부류의 고전 완역본을 한글 책으로 재미있게 읽고 나면 무조건 영어책도 찾았습니다.

사실, 영어 원서《Heidi》는 굉장히 수준이 높습니다. 케리스가 거기 나온 어휘나 표현을 절대 다 이해하고 읽었다고 생각하지 않아요. 중요한 건 한 번 읽었다는 거죠. 그 정도 양과 글 수준의 영어책 한 권을 읽어 본 경험 자체가 중요합니다. 이제 자기 수준에 맞는데도 두께 때문에 부담스러워서 손을 못 대던 영어 소설을 서슴없이 잡고 읽게 되었거든요. 좀 더 아이의 영어 실력이 쌓이면, 다시《Heidi》를 제대로 읽게 될 거라 믿어 의심치 않습니다.

아이의 영어 실력을 올리고 싶다면 한글 책을 더 읽히고, 한글 책의 수준을 올리세요. 하지만 억지로 수준을 올리면 안 됩니다. 양이 채워지면 책 수준을 올리는 건 어렵지 않습니다. 언제든 자기 수준보다 높은 책도 읽을 수 있는 환경-자극은 줄 필요가 있습니다.

고전은 현대 소설, 동화보다 더 복잡하고 깊이가 있는 내용입니다. 예를 들어, 사고의 깊이를 1에서 10으로 나눈다고 해 봅시다. 같은 분량의 책이라 하더라도, 동화책을 읽을 때 사고의 깊이가 5라면 고전을 읽을 때 사고의 깊이는 10까지 갑니다. 곱씹게 되고 생각을 깊게 할 수밖에 없습니다. 이해가 안 되어서 몇 번을 다시 읽으며 뇌의 전두엽을 최고로 활성화하게 됩니다. 이렇게 한글 고전을 한 권이라도 제대로 읽고 나면 이제 영어 고전도 이만큼 깊이 생각하며 몰입하여 읽을 수 있습니다. 글을 읽고 이해하고 자기 것으로 만드는 것이 학습인데, 고전을 읽으면 그 능력이 저절로 향상될 수밖에 없습니다.

또한 전래 고전 시리즈를 보면 인성 교육을 따로 할 게 없다는 생각이 들 정도로 스토리 속에 바른 인성이 무엇인지 담겨 있습니다. 초등 고학년 때 하는 고전 읽기는 영어를 위해서뿐만 아니라 아이의 인성 발달과 학업 능력 향상을 위해서도 너무나 좋으니, 꼭 시도해 보시길 적극 추천해 드립니다.

5장

영어 3종을
매일 하는
습관의 필요성

흘려 듣기, 집중 듣기, 영어책 읽기의 루틴화

적절한 보상을 통한 동기 부여

좋은 건 알겠는데, 실천이 너무 힘들다는 말씀을 많이 합니다. 놀고만 싶어 하는 아이를 데려다 앉혀서 흘려 듣기, 집중 듣기를 시키고 영어책을 읽게 하는 게 곤욕이라고요. 차라리 영어 학원을 보내면 그 시간에 어떻게든 영어 공부를 하고 오니까 만족스러울 것 같다고요. 이렇게 말씀하시는 분들의 마음 100% 공감합니다.

저는 전업주부가 체질에 전혀 안 맞는 사람입니다. 아이와 놀아 주는 게 세상에서 제일 힘든 사람이고요. 항상 뭔가 목표를 세우고 그걸 성취하는 게 제일 행복한 사람입니다. 그런 제가 아이 둘을 데리고 집에 있으면서 공부와 독서 습관을 만들어 주는 과정이 얼마나 힘들었을지 상상해 보세요. 처음에는 공부와 독서 습관을 만드는 것도 목표로 잡고 계획해서 성취감을 느끼려고 해 보았습니다. 하지만 아이들은 내가 아니잖아요. 마음대로 안 되더라고요. 여러 번 좌절을 겪고 하루는 "아! 못하겠어! 다 때려치워! 너희들 그냥 학원 가! 엄마는 더는 못하겠다!" 라며 며칠 드러눕기도 했었어요.

처음 수학 공부를 시킬 때는 말도 못 하게 소리를 질렀고 영어책을 읽을 때는 일일이 해석시키고 발음을 지적해서 아이들이 영어를 싫어하게 만들기도 했어요. 정말 이렇게 하시면 안 됩니다. 아이들이 엄마를 싫어하고 영어를 싫어하게 만드는 지름길이거든요. 수많은 실수, 실패를 저지르고 바로잡느라 참 힘들었습니다.

도대체 어떻게 하면 저 같은 시행착오 없이 아이들이 엄마랑 집에서 영어 하는 것을 즐거워할 수 있을까요? 그저 아이들 비위를 맞춰 주면 될까요? 아닙니다. 단호할 땐 단호히 밀고 나가야 해요. 엄마의 권위를 잃으면 다 끝납니다. 특히나 집에서 엄마와 많은 시간을 보내야 하니, 엄마가 바로 서야 해요. "오늘은 피곤하니 쉬자, 오늘은 그냥 놀자, 갑자기 엄마 친구들이 놀러 왔으니 오늘 하루만 패스하자." 이러면 안 됩니다. 아이나 엄마가 어딘가 아프지 않은 이상, 적어도 주중에는 매일 하기로 한 걸 반드시 하도록 엄마가 단호해질 필요가 있어요. 매일 집중 듣기를 10분씩 하기로 했다면, 하세요. 한글 책 읽기를 매일 하교 후 한 시간 하기로 했다면, 하고 나서 놀게 하세요. 놀 땐 놀고, 공부할 땐 공부하고,

독서할 땐 독서하는 걸 어려서부터 몸에 배게 하세요. 엄마가 단호히 하면 됩니다.

하지만 또 너무 단호하기만 하면 아이들이 숨 막혀요. 마치 '엄마 학원'이 되어 버리면 곤란합니다. 노출 방식의 영어 습득법은 절대 공부가 아님을 다시 상기시켜 드릴게요. 이건 공부가 아니에요. 하는 것 자체가 마치 놀이처럼 즐거워야 해요. 그 방법은 뭘까요? 바로 재미있는 영상, 재미있는 책입니다. 물론 맛있는 간식과 엄마의 사랑과 칭찬은 기본 옵션이고요.

아이들은 엄마의 사랑을 먹고 큰다고 하죠. 엄마가 학원에 맡기고 학원 레벨 테스트에서 점수가 안 좋거나 좋을 때만 몇 마디 하면 아이들은 자기에게 관심과 사랑이 부족하다는 걸 단번에 압니다. 아이들은 우리가 생각하는 것 이상으로 엄마의 사랑의 깊이를 다 압니다. 책 육아도 그렇고, 엄마표 학습도 그렇습니다. 엄마의 무한한 관심이 표현되는 방법이지요. 아이들이 엄마에게 얼마나 중요한 존재인지 매일 느끼게 해 주는 게 바로, 이 방법입니다. 아이들 마음이 아주 단단해지죠. 엄마의 관심과 사랑을 매일 넘치게 느끼니까요. 사랑으로 고마움으로 아이를 바라보며 시켜 주세요. 그러면 칭찬이 절로 나옵니다. 다른 집 아이와 비교만 안 해도 이런 마음을 가질 수 있어요. 이 마음가짐이 사실 재미있는 책 찾아 주기보다 더 중요할지도 모르겠습니다.

여러 가지 보상 시스템을 만드는 것도 방법이긴 해요. 하지만 엄마의 사랑과 칭찬보다 더 좋은 동기 부여는 없습니다. 아이가 엄마와 집에서 영어를 하는 게 즐거워지려면 무엇보다 칭찬이 필수입니다. 가식적인 칭찬은 아이들이 다 아니까 조심하시고요. 아이가 지금 내 곁에 건강히 있다는 것만으로도 감사한 마음을 가지면 아이가 별것 아닌 것, 예를 들어 손바닥만 한 리더스북 한 권을 소리 내서 읽는 것만으로도 진심으로 칭찬이 나온답니다. 그렇게 칭찬으로 이끌어 주세요.

적절한 보상도 잘 연구해서 개발해 보세요. 내적 동기-책 읽기 자체의 재미 또는 알고 싶은 욕구만으로 매일 충분한 영어 인풋이 일어난다면 얼마나 좋겠습니까? 하지만 현실은 그렇지 못합니다. 그저 더 놀고 싶은 게 아이들이죠. 어른도 책 한 권 읽기 힘들지 않나요? 스마트폰을 어딘가로 치우지 않는 이상 쉽지 않습니다. 아이들은 어른보다 모든 면에서 미성숙하지요. 그 모든 유혹을 뿌리치고 책, 그것도 영어책을 들고 읽는다는 것은 쉬운 일이 아닙니다. 그래서, 보상도 솔직히 필요하다고 생각합니다. 물론 재미있는 영어책을 공수해 주는 것을 게을리해선 안 됩니다. 언제나 이게 최우선이에요. 거기에 보상 시스템이라는 양념을 뿌려 주는 겁니다. 그럼 더 감질나고 즐겁게 할 수가 있거든요.

앞서 말씀드렸던 키 높이 책 쌓기 또는 책장 뒤집기가 대표적인 보상 이벤트입니다. 저는 매일 아이들의 흘려 듣기, 집중 듣기 그리고 영어책 읽기 시간을 기록합니다. 그래서, 일주일간 일평균 세 시간을 넘기면 일요일은 완전히 놀기 시간을 주는 보상 시스템도 운영해 왔습니다. 여러 가지 보상을 해 보았지만 놀기보다 더 좋은 보상은 없는 것 같아요. 물론 고학년이 되니 용돈이 그 자리를 대체하기도 하더군요.

집에서 엄마표 수학도 하고 있는데, 이 역시 보상 시스템이 아주 막강한 힘을 발휘하고 있습니다. 아주 디테일한 보상 시스템을 만들어서 적용하는 중인데, 어느 날 케리스가 수학이 정말 재미있다는 얘기를 했습니다. 온갖 종류의 보상 시스템을 다 해 보다 결국 아예 직접 만들어 그걸 꾸준히 유지하니, 결국에는 진짜 내적 동기로 수학을 재미있어하며 열심히 하는 단계로 넘어갈 수가 있었습니다. 물론 다니엘은 아직 수학을 좋아하진 않지만, 그래도 매일 수학 공부를 당연히 하는 건 몸에 뱄으니 언젠가 누나처럼 내적 동기도 일어나지 않을까 기대하고 있습니다. 영어도 마찬가지입니다. 매일 할당량을 다 하는 게 두 아이 몸에 뱄습니다. 못한 건 토요일에 몰아서 해야 하니, 토요일에 놀 시간이 줄어듭니다. 그래서 주중에 최선을 다해 공부할 것 다 하고, 당당하게 놀려고 해요.

매일 하는 습관으로 만드는 방법

어떻게 매일 하는 습관을 만들었을까요? 좋은 습관은 좋은 성격과 인성을 만들고, 좋은 성격과 인성을 가진 좋은 사람이 되게 하고, 결국 좋은 사람은 이 세상에 무언가를 남기는 좋은 인생을 살게 됩니다. 습관 만들기에 관한 책을 많이 읽고 공부해서 아이들에게 적용해 봤는데요. 그 중 '습관'이 주제일 때마다 소개하고 강력히 추천하는 책이 있습니다. 바로, 제임스 클리어의 《아주 작은 습관의 힘》입니다. 이 책에서 말하는 습관 만들기 방법의 핵심은 습관을 아주 작게 시작하라는 거예요. 이게 바로 첫 번째 꿀팁입니다.

예를 들어, 운동하는 습관을 만들고 싶을 때, '매일 스쾃 100개씩 하기', 또는 '매일 헬스장에 가서 한 시간 동안 열심히 운동하기' 이런 식으로 목표를 세우고 계획하면 작심삼일로 끝나기 일쑤입니다. 왜냐하면 아주 작은 습관이 아니라 아주 큰 습관을 처음부터 만들려는 것이니까요. 부담스럽고 하기 싫어서 결국 운동 자체를 아예 안 하게 됩니다. 하지만 '오늘부터 스쾃 하루 5개씩 하기', '매일 헬스장에 가서 딱 5분만 운동하기' 이런 식으로 시작하면 실천이 유지가 됩니다. 양은 조금씩 늘려 가면 되거든요. 바로 이런 방식으로 저와 저희 아이들은 좋은 습관을 만들어 나갔습니다. 부담이 되지 않게 아주 작게 시작하는 것이 그 행동이 습관이 되기까지 지속할 수 있는 핵심 기술입니다.

그리고 하나 더, 제가 이 책을 통해 알게 되어 지금까지 새로운 습관을 만들 때마다 무조건 사용하는 방법이 하나 있습니다. 바로 두 번째 꿀팁, 원래 하던 습관 바로 앞이나 뒤에 새로운 습관을 붙여 시작하는 겁니다.

예를 들어, 운동을 다니고 싶은데 일단 가기가 싫으니 이 핑계 저 핑계 대며 하루 이틀 안 가다가 결국 포기하게 되잖아요. 이때 운동을 가는 습관을 먼저 들이는 게 중요해요. 운동 가서 얼마나 운동하느냐가 중요한 게 아니라 일단 운동을 가는 습관을 먼저 들이는 거죠. 그냥 '10시에 운동 가기' 이런 식으로 계획을 하면 실천이 쉽지 않습니다. 제 경우, 운동 가는 습관을 만들기 위해 원래 하던 습관, 즉 아이들을 학교에 데려다주는 습관에다가 운동을 가는 습관을 붙였어요. 오늘은 갈까 말까 고민할 필요가 없어지는 겁니다. 왜냐하면, 아이들은 학교에 무조건 데려다줘야 하니까요. 데려다주면서 바로 운동을 가는 겁니다. 이렇게 하면 운동을 매일 반드시 가게 됩니다.

위의 두 가지를 염두에 두고 흘려 듣기라는 새로운 습관을 만들어볼까요? 저희 아들은 먹성이 굉장히 좋습니다. 그래서 하교 후 집에 오자마자 반드시 간식을 먹어야 합니다. 먹성은 좋은데 입이 작고 꼼꼼하고 느린 성격이어서 굉장히 오래 먹어요. 거의 30분 동안 먹습니다. 이때 어떻게 했을까요? 바로 '하교 후 간식 먹기'라는 원래 하던 습관에다가 '흘려 듣기'라는 새로운 습관을 붙였습니다. 앞뒤에 붙인 건 아니고 아예 동시에 하는 걸로 넣은 겁니다.

반면 저희 딸은 하교 후 간식을 먹긴 하는데 5분 만에 해치웁니다. 흘려 듣기를 5분 시키려니 켜고 끄는 게 더 일이라, 그냥 간식을 먹게 했습니다. 고학년이다 보니 하교 시간도 늦고 여유가 좀 없는 편이어서 따로 흘려 듣기 시간을 빼는 게 쉽지 않더라고요. 그래서 비교적 여유로운 아침 시간을 활용하기로 했어요. 대부분의 아이는 아침 시간이 절대 여유롭지 않겠지만, 케리스는 엄마랑 함께 미라클 모닝을 하고 있었기 때문에 하루 중에 아침 시간이 가장 여유로워 가능한 일이었습니다. 아침에 영어책을 한 시간 정도 읽고 나서 여유롭게 아침밥을 먹으며 흘려 듣기를 하는 것을 루틴화했어요. 이런 식으로 습관을 만들어 버리면 굉장히 수월해집니다.

집중 듣기와 영어책 읽기도 마찬가지입니다. 아이가 매일 당연히 하는 걸로 느끼는 것이 중요합니다. 지금 무엇을 할까 고민하는 것 자체가 은근히 스트레스랍니다. 어른도 마찬가지입니다. 어차피 매일 해야 하는 걸 할 때는 그냥 그것들을 일상으로 루틴화시켜 버리세요. 심플해지고 상쾌해집니다. 단순한 게 제일입니다.

다니엘은 간식을 먹으면서 흘려 듣기를 하고 나면 좀 놀다가 가장 편하게 느끼고 좋아하는 한글 책 읽기를 먼저 합니다. 뒹굴뒹굴 노는 건지 책을 읽는 건지 분간이 안 되는 모습이긴 합니다. 가끔 그러다 낮잠을 자기도 해요. 어쨌든, 한글 책 읽기를 하고 나면 항상 집중 듣기를 합니다. 다니엘의 루틴 순서는 본인이 좋아하는 순서입니다. 물론 간식 먹고 노는 것을 가장 좋아하지만, 흘려 듣기를 좋아하고 그다음으로 한글 책 읽기를 좋아합니다. 그리고 다음 순서는 집중 듣기입니다. 집중 듣기를 하고 나면 이제 영어책 읽기와 수학 중 한 가지를 하고 나서 예체능 학원에 가거나 저녁을 먹습니다. 반면 케리스는 영어를 오전에 해치워 버리는 편입니다. 6시부터 8시까지 두 시간 동안 흘려 듣기와 영어책 읽기를 하는 거지요. 하교 후에 집중 듣기만 하면 그날 영어는 끝인 겁니다.

N시간 스케줄
관리 방법

일일 시간표와 로드맵의 필요성

모든 사람들에게 공평하게 주어진 것이 바로 시간입니다. 돈보다 귀한 게 시간입니다. 그런데 이 시간을, 이 소중한 기회와 가치를 허비하는 것이 얼마나 쉬운지 모릅니다. '순삭*'이라는 표현이 있잖아요. 잠시 스마트폰으로 결제 하나 하려다가 온갖 SNS를 돌다 보면 말 그대로 시간이 순삭되곤 합니다. 우리 아이들도 마찬가지입니다. 하교 후 좀 놀다가 집중 듣기부터 할까, 영어책부터 읽을까, 이거 볼까 저거 볼까 뒤지고 고

● '순식간에 삭제'를 줄여 이르는 말로, 어떤 것이 매우 빠르게 사라지는 일.

민하다가 물 마시고 화장실 가고, 오늘 학교에서 있었던 일 이야기하고 그러다 보면 저녁 먹을 시간이 되어 버립니다.

그래도 남은 시간에 조금이라도 하면 되는데, 시간표도 로드맵도 없는 집은 바로 이렇게 말하게 됩니다. "아이고, 오늘도 망했네. 그냥 놀아라. 엄마도 쉴래. 우리 내일은 꼭 하자!" 시간표라도 있었다면, 양심의 가책이라도 느꼈을 텐데 아주 속 편하게 하루를 날려 버리지요. 이런 날이 하루 이틀 쌓이다 보면 결국 제대로 하는 날이 없습니다.

그렇게 해 놓고, 영어 3종을 1년이나 했는데 아이 영어 실력이 하나도 늘지 않았다며, 역시 학원을 보내야 한다고 하는 엄마들에게 저는 무슨 말을 어디서부터 어떻게 해야 할지 모르겠습니다. 노출 방식의 영어 습득법은 죄가 없습니다. 시간 관리를 하지 못한 엄마와 아이의 잘못인걸요. 아이에게 충분한 인풋이 있어야 실력이 올라간다는 것을 알고 시작했을 텐데, 그 양을 충분히 채우지 않았으면서 아이 실력이 오르지 않는 이유를 찾으니까 정말 할 말이 없습니다. 이왕 하기로 한 거, 제대로 해 볼까요? 아주 세세하게 시간표 짜는 법부터 잘 지키게 하는 꿀팁까지 다 말씀드릴 테니까요.

영어를 잘하게 되는 길에 왕도는 없어요. 각자 필요한 임계량을 채워야 잘하게 됩니다. 얼마나 인풋을 넣어 줘야 할지는 아무도 몰라요. 사람이 다 다르듯, 각자 필요한 양이 다르거든요. 중요한 건, 그 양만 채워 주면 결국에는 실력이 올라간다는 사실입니다. 양 채우기는 곧 시간 채우기예요. 시간을 채우면 되는데, 며칠 놀고 며칠 몰아서 양을 채우는 건 쉽지 않습니다. 가장 좋은 것은 마치 콩나물에 물 주듯 매일 꾸준히 똑같은 양을 채워 주는 것입니다. 물이 다 바닥으로 빠지는 것 같고 콩나물은 전혀 자라지 않는 것 같아 보이지만, 시간이 지나 확인해 보면 정말 놀랍게 자라 있는 것과 같은 이치입니다. 특히 언어 능력이 올라가는 것은 눈으로 바로 바로 확인하기가 어렵거든요. 믿고 그냥 계속 물을 주는 수밖에 없어요. 엄마도 아이도 영어 3종을 하는 것이 루틴화되어 매일 그냥 하다 보니, 어느새 실력이 올라가 있는 것을 발견하게 되는 것. 이게 베스트입니다.

아이가 언어 감을 타고났다면 인풋이 좀 적어도 빨리 올라갈 테고, 그렇지 않은 아이는 반대로 좀 더 오래 걸리겠죠. 조금 했는데 빨리 올라가는 아이들이 부럽나요? 비교돼서 속이 상하나요? 생각을 바꿔 보세요. 들이는 양(시간)의 차이일 뿐, 안 되는 건 아니라는 것에 감사한 마음을 가져 보세요. 우리 아이의 언어 감을 탓하지 마시고, 언어 감이 뛰어난 다른 아이를 부러워하지 마시고, 우리 아이 속도에 맞게 매일 아이 손을 꼭 붙잡고 같이 달려가 주세요. 일찍 도착하나, 늦게 도착하나 결승전까지 골인만 하면 되는 거잖아요. 마음 편히 가지시고 아이를 믿고 재미있게 하자고요.

그렇게 매일 뭘 하는지도 모르게 하다 보면 결국에는 아이의 실력이 훌쩍 올라가 있는 걸 보고 소름이 돋는 순간이 올 겁니다. 자꾸 확인하려 하지 말고 길게 보고 쭉 가는 겁니다. 이를 위해 꼭 필요한 것은 내 아이에게 딱 맞는 시간표를 만드는 거예요.

이렇게 말씀드리면 마음이 앞서서 엄마 마음대로 너무 빡빡한 시간표를 짜기 일쑤입니다. 그걸 아이에게 다 지키라고 강요하고요. 이럴 거면 차라리 학원을 보내세요. 잊지 말아야 할 사실은 이걸 하는 주체가 바로 아이라는 겁니다. 엄마가 하는 게 아니에요. 그러니, 시간표 짜기의 주체도 엄마가 아닌 아이가 되어야 합니다.

아이 스스로 시간표 짜기

시간표 짜는 것이 중요하다고 하면, 열이면 열 엄마가 혼자 짜서 아이에게 일방적으로 하라고 합니다. 저도 처음에는 그런 실수를 반복했어요. 이런 엄마 학원 차리지 맙시다. 아이들이 자유롭게 주도적으로 영어를 즐기게 하려고 하는 거잖아요. 차라리 친구들도 만날 수 있는 학원에 가는 게 엄마 학원보다 낫다고 생각하게 만들지 맙시다.

시간표를 지킬 사람은 아이입니다. 처음 일일 시간표를 짜는 경우 또는 아이가 저학년이라 시간 개념이 부족한 경우, 엄마가 함께 짜며 도와주는 거예요. 엄마가 아니고 아이가 주도적으로 시간표를 짜도록 하는 겁니다. 이걸 잊지 마세요. 제가 계속해서 강조하는 것이 주도성과 자율성이잖아요. 이걸 존중해 줄 때, 아이는 영어 실력만이 아니라 자아 효능감과 회복 탄력성 그리고 메타 인지력까지 다 올라갑니다. 일석 몇 조인가요? 이 능력들이 얼마나 중요한지는 자녀 교육서를 한 번쯤 읽어 보셨다면 다들 아실 테지만, 혹시라도 정확히 모르시는 분들을 위해 잠시 설명해 드립니다.

자아 효능감이란 자신이 스스로 뭔가를 할 수 있다고 믿는 마음입니다. 이러한 마음이 없으면 어떤 것도 도전할 수가 없어요. 어린아이일수록 작은 성공을 통해 자아 효능감이 올라갈 수 있도록 도와줘야 해요. 자기가 짠 시간표를 조금이라도 지켰을 때, 이로 인해 놀 시간이 늘거나 보상을 받을 때 아이는 작은 성취감을 느낍니다. 나중에 영어 실력이 올라간 것을 확인하게 될 때는 더 큰 성취감을 느끼죠. 이 과정에서 자아 효능감이 무럭무럭 자랍니다.

회복 탄력성이란 실패했을 때 다시 일어나는 능력입니다. 김연아 선수처럼 회복 탄력성이 높은 사람은 아무리 부담스러운 환경이나 작은 실패가 있어도 '나는 할 수 있다'라는 믿음으로 다시 일어납니다. 이러한 힘을 길러 줘야 해요. 시간표를 스스로 짰을 때, 당연히 여러 번 실패를 합니다. 아이들은 처음에 시간표를 짜면 항상 지킬 수 없는 계획을 짜거든요. 당연히 못 지킵니다. 실망한 아이가 포기해 버리기 전에, 부드럽게 격려해서 수정하도록 도와주세요. 다시 짜 보고 도전해 보는 거죠. 또 실패하면? 또다시 수정합니다. 결국에는 언젠가 시간표를 다 지킨 날이 오겠죠? 그때 칭찬을 해 주세요. 실패해도 다시 도전하는 걸 반복하다 보면, 아이는 언젠가는 성공할 수가 있다는 걸 경험하고 깨닫습니다. 또 작은 실패들이 그리 큰일이 아니니, 좀 실패해도 된다는 마음도 가지게 됩니다. 끊임없이 도전하는 사람으로 자라지요.

마지막으로, 메타 인지력이란 스스로 자기 자신의 능력을 객관적으로 평가하는 능력입니다. 남이 평가해 주는 것이 아니고, 자신의 능력치나 감정 상태 등을 자기가 정확히 파악하는 인지 능력입니다. 이러한 능력이 있는 사람은 학습 능력이 뛰어날 수밖에 없어요. 이해를 얼마나 했는지 객관적으로 잘 파악하기에, 공부를 효율적으로 할 수 있습니다. 나중에 직장인이 되어서 자신의 능력이 어느 포지션에서 무슨 역할로 어떤 일을 집중적으로 해야 회사에 도움이 될지 파악하는 것도 메타 인지력이거든요. 메타 인지력이 있는 사람은 일 잘하는 사람으로 평가받게 됩니다. 시간표를 스스로 짜 보고 실패하고 성공을 할 때마다 자신의 객관적인 능력을 깨닫게 됩니다.

이 세 가지는 꼭 필요한 능력입니다. 이 능력을 키워 주는 것이 시간표를 짠 걸 지켰느냐 못 지켰느냐, 영어 레벨이 올라갔느냐 내려갔느냐보다 더 중요하다고 생각해요. 아이들은 겨우 초등학생이에요. 아직 많이 어립니다. 시간 많으니 걱정하지 마세요. 이 과정에서 아이들이 얻을 능력들을 먼저 생각하세요. 그다음이 실력 향상입니다.

진짜 성공한 부자들은 돈을 좇지 않는다고 합니다. 그들은 일 자체에 흥미와 의미를 느껴 다른 사람들보다 더 열심히 일하다 보니 돈이 따라왔다고 해요. 이와 비슷하게 아이가 자기가 하고 싶은 대로 시간표를 짜고 원하는 책을 원하는 만큼 읽고 즐기다 보면 영어 실력이 따라오는 겁니다. 하루하루 즐겁게 영어를 하다 보니 영어 실력이 쑥 올라가 있는 거죠.

억지로 학원에 가서 꾸역꾸역 수업을 들으며 영어 실력을 쌓은 아이와 자기 주도적으로 스케줄을 짜서 매일 꾸준히 영어 실력을 쌓은 아이는 기본부터 다릅니다. 저는 노출 방식의 영어 습득법이야말로, '정도'라고 생각합니다. 지름길을 찾기보다 바른길이며, 제대로 된 길을 간 사람이야말로 더 단단하여 쉽게 무너질 수 없다고 믿고 있습니다. 책 육아도 이와 같은 맥락이고요. 엄마표 수학도 마찬가지입니다. 그래서 저는 책 육아와 노출 방식의 영어 습득법 그리고 엄마표 수학으로 초등 때 국영수 과목을 다져 주면 된다고 봅니다. 이외 다른 학습에 너무 많은 에너지와 시간을 쏟지 않길 당부하곤 합니다.

성적이나 대입의 키는 결국 국영수 과목이거든요. 책 육아를 기본으로 하고, 영어는 이렇게 노출 방식으로 몰입하여 익히고, 또 수학은 엄마표 수학으로 아이 수준에 맞게 해 나가면 충분합니다. 공부는 이 정도면 됩니다. 스스로 시간표를 짜 보도록 계속 권유해 주세요. 그 시간을 아까워하지 마세요. 공부를 더 시키고 싶으시죠? 아닙니다. 아이가 남은 인생을 사는 데 진짜 더 가치 있는 것들-자아 효능감, 회복 탄력성, 메타 인지력을 얻을 기회를 주는 거라고 생각하세요. 그리고, 아이가 매일 한글 책을 꾸준히 읽고 또 영어 3종을 실제로 실천하는 데 있어서 시간표를 짜서 지키는 것이 필수입니다. 시간 관리 없이는 어떤 것도 꾸준히 해서 결과에 이르지 못하기 때문입니다.

지키는 시간표 만드는 네 가지 방법

막상 시간표를 짜려고 하니 무엇부터 어떻게 넣어서 짜야 할지 막막하시죠? 하교 후 시간에 아무거나 순서를 정해서 넣어 버리시는 분도 있습니다. 일일 시간표를 짤 때 가장 중요한 것이 우선순위입니다. 이걸 항상 염두에 두세요. 시간표 짤 때 반드시 기억할 것 중에서 첫 번째는 우선순위!

아이가 매일 해야 할 것 중에 무엇이 더 중요하고 무엇이 덜 중요한 지를 정해야겠지요. 앞서 한글 책 읽기의 중요성을 이야기했잖아요. 초등학생이라면 최우선 순위에 넣어야 할 것은 무조건 한글 책 읽기라고 생각합니다. 하지만 만약 이미 한글 책 읽기가 아이에게 쉼이고 놀이라면 굳이 시간표에 넣지 않아도 됩니다. 휴식 시간에 읽을 테니까요.

그러나 대부분의 아이들, 특히 제가 처음 책 육아를 시작했을 때의 저희 딸처럼 아직 읽기 독립도 제대로 되지 않고, 문해력이 너무 낮은 상태여서 한글 책 읽기가 급선무일 때는 묻지도 따지지 말고 무조건 한글 책 읽기를 제일 처음 순서에 넣습니다. 그래야 반드시 매일 할 수 있거든요. 시간표 짤 때 기억할 것, 두 번째는 중요한 것은 무조건 가장 첫 순서에!

지금은 케리스가 매일 새벽 기상을 하고 있기 때문에 아침 시간에 가장 중요한 걸 넣어서 하고 있는데요. 이제 막 책 육아와 노출 방식의 영어 습득법 그리고 엄마표 수학을 시작하려는 분이라면, 우선 하교 후부터 시간표를 짜세요. 하다 보면 아침 시간을 활용하고 싶어질 때가 올 거예요. 새로운 활동을 시작할 때는 욕심 내서 무리하게 하면 절대 안 됩니다. 무조건 작게 시작해야 해요. 부담 없게요. 시간표 짤 때 기억할 것, 세 번째는 처음 시작할 때는 무조건 작고 부담 없게!

만약 아이가 하교 후 일단 놀고 나서 엉덩이 붙이고 뭐든 할 수 있는 아이라면, 놀기부터 하세요. 그래도 됩니다. 참고로 저희 아들은 초등학교 5학년이 되어도 아직도 하교 후 바로 공부나 독서를 못 합니다. 하지만 괜찮아요. 대신 좀 느리게 실력이 올라가겠죠. 주변 엄마들 보면 초등학교 4학년이 엄청나게 중요한 학년이라고 하면서 공부 습관과 독서 습관 안 잡아 주면 아주 큰일 날 것처럼 이야기하는데, 아닙니다. 4학년이면 고작 11살입니다. 노는 게 더 좋을 나이고요. 아무리 재미있는 책이어도 나가서 뛰어노는 것이 더 좋은 게 당연합니다. 그러니, 놀고 나서야 집중할 수 있는 아이라면 놀기부터 해도 됩니다. 시간표 짤 때 기억할 것, 네 번째는 내 아이에게 맞춰서!

그럼, 이제 진짜 시간표를 짜 보겠습니다. 저는 주로 엑셀을 이용하는데요. 종이에 동그라미 그려서 방학 계획표 짜던 방법으로 해도 무관합니다. 방법은 자유롭게 아이가 원하는 대로 해 보세요. 엄마가 예시를 보여 줄 수도 있습니다.

다니엘	시간/분량	월	화	수	목	금
한글 책(고전) 읽기	1:30					
흘려 듣기	1:00					
집중 듣기	0:30					
영어 책 읽기	0:30					
수학	2장					
파닉스, 문해력	1장					
학습지 수학, 한자	1일치					

유튜브에서 공유해 드렸던 초등학교 4학년 아들의 시간표입니다. 저희 아들은 일단 하교 후 한 시간은 놉니다. 요즘은 주로 흘려 듣기를 하며 간식 먹기를 하고 있고요. 저 시간표를 쓸 당시만 해도 하교 후 친구랑 놀고 오곤 했어요. 그렇게 놀고 오면 바로 손 씻고 한글 책 읽기를 했습니다. 가끔 열심히 놀고 온 날은 읽다 잠들기도 했지만요. 한글 책 읽기를 다하고 나면 집중 듣기는 저랑 같이 30분 하고, 그다음 영어책 읽기도 제가 설거지하거나 빨래를 갤 때 옆에서 큰 소리로 읽게 했어요. 다니엘은 느린 학습자여서, 초등학교 4학년 때만 해도 영어책 수준이 높지 않아 글 양이 적어 소리 내서 읽기가 가능했습니다. 그리고 나서 좀 쉬거나 예체능 학원에 가죠. 제일 하기 싫어하는 수학은 저녁 먹은 후에 합니다. 학습지 수학이랑 한자는 매일 아침밥 먹기 전에 하면 좋겠는데, 실천이 잘 안 되었어요. 샤워 후 잘 준비를 다 하고 나면 다니엘이 혼자 읽기 좀 버거운 한글 책이나 고전을 엄마가 읽어 주고 잡니다.

케리스	시간/분량	월	화	수	목	금
한글 책 읽기	0:30					
고전 읽기	1:30					
흘려 듣기	1:00					
집중 듣기	1:00					
영어 책 읽기	1:00					
수학	1:00					
학습지 수학, 한자	0:30					
성경 읽기	0:30					

초등학교 6학년 때 딸의 시간표입니다. 다니엘 시간표와 거의 비슷한데 양이 더 많습니다. 케리스는 고학년이라 하교 시간도 늦어서 하교 후 놀 시간이 거의 없었다고 보면 됩니다. 이 시간표는 케리스가 직접 짠 거예요. 놀지 않아도 된다고 하면서요. 욕심 많은 저희 딸은 이렇게 빡빡한 계획표를 짜고, 실제로 못 지키는 편이지만 대신 못 한 것을 몰아서 토요일에 거의 다 했습니다. 성실하고 욕심 많은 초등 고학년 여자아이는 이게 가능합니다.

이렇게 체크 리스트 방식으로 시간표를 짜도 되고 한 시간이나 30분 단위의 시간표를 짜도 됩니다. 근데 예체능 학원에 가는 시간이 들쭉날쭉하면 요일별로 짜야 하는데, 그럼 또 너무 복잡하게 보이니 아예 안 보게 되더라고요. 그래서 저희 남매는 매일매일 꼭 하는 일-독서와 공부 몇 가지 할 양과 종류만 간단히 적어 놓고 체크합니다. 그리고 구체적인 스케줄 표는 아이들이 매일 아침이나 자기 전에 스스로 짭니다. 예체능 학원 시간이나 학교 행사 같은 것이 있어서 조금씩 달라지긴 하지만, 매일 즐겁게 계획을 짭니다. 그 이유는 뇌 과학에서 확인할 수 있어요.

스케줄을 짜고 지킬 때마다 분비되는 도파민

목표를 세우고 달성하는 것에 관해 이야기할 때 도파민을 빼놓을 수 없습니다. 잠시 이야기하자면, 우리 몸에 도파민이라는 행복 물질이 분비될 때가 있는데, 이게 아무 때나 분비되는 게 아닙니다. 목표를 세울 때, 그리고 목표를 달성했을 때 도파민이 분비됩니다. 이 목표를 이루었을 때를 상상하며 목표를 세우잖아요. 그때 벌써 기분이 좋아집니다. 목표를 달성했을 때의 느낌을 미리 맛본다고 해야 할까요? 그다음, 실제로 목표를 달성했을 때 도파민이 한 번 더 분비됩니다. 이번엔 진짜로 성취를 해서 기분이 좋아지는 것이지요. 이렇게 동기 부여가 절로 되는 겁니다. 그다음 목표를 또 세우게 되는 거예요. 그걸 지켰을 때 쾌감-행복 물질 덕분에 다음 목표를 또 더 높게 세우게 되는 겁니다. 이런 선순환이 종국에는 근본적으로 바라던 목표와 꿈을 이루는 좋은 결과로 이어지는 겁니다.

그러니, 아이가 스스로 스케줄 표 짜는 것을 말리지 마세요. 말도 안 되게 짜더라도 놔두세요. 실패하면 실패하는 대로 깨닫게 되니 회복 탄력성도 올라가고 메타 인지력도 올라갑니다. 또 성공하면 도파민 분비로 인해서, 더 높은 목표를 세우려는 동기 부여가 저절로 되니 또 좋은 겁니다. 엄마는 그저 격려해 주고 칭찬해 주면 됩니다. 다음은 저희 아이들이 매일 짜는 본인들 스케줄 표입니다.

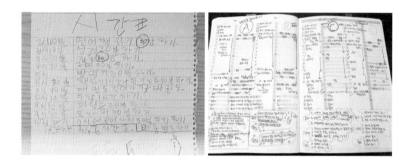

마구 끄적이든 예쁘게 정리하든 아이가 아직 어려도 얼마든지 자기 스케줄 표를 짤 수 있습니다. 아이가 스스로 하려고 하는 것은 특별히 위험하거나 다른 사람에게 피해를 주는 것이 아니라면 말리지 마시고 얼마든지 할 수 있게 해 주세요. 특히 월별 수학 문제집을 얼마 동안 얼마만큼 풀겠다든지, 1년 동안 고전 리스트 몇 권을 읽겠다든지 같은 공부나 독서 로드맵 짜는 것을 스스로 하겠다고 할 때는 무조건 격려해 주세요.

목표가 있으면 계획이 생기거든요. 어려서부터 스스로 목표를 세우고, 그 목표를 달성하기 위한 구체적인 스케줄 표를 만들고 지키는 경험은 좋은 것이니까요. 지금 영어 레벨이 얼마나 올라갔나보다 아이가 남은 인생을 사는 데 도움이 될 '목표(스케줄) 짜기'라는 경험을 하는 것에 의의를 두세요. 그러면 다그칠 일도 싸울 일도 없고, 그저 격려와 칭찬만 나올 겁니다.

"거봐! 지키지도 못할 거 짜느라 시간만 낭비했잖아!"

"엄마가 분명 그 시간 안에 다 못한다고 했는데, 고집부리더니 결국 지키지도 못했네."

"어떻게 하나도 제대로 못 지켜? 네가 짠 스케줄 표인데 부끄럽지도 않니?"

이렇게 아이를 다그칠 일이 없으려면 방금 말씀드린 것처럼, 스케줄 표를 짜서 지키는 경험 자체의 의미를 생각하셔야 합니다. 계속해서 실패하다 보면 아이들은 놀랍게 메타 인지력이 생겨서, 결국엔 '지키는 스케줄 표'를 만들게 된답니다. 그리고 지킬 때마다 스스로 뿌듯해하며 자아 효능감이 팍팍 생기고요. 그런 아이를 지켜보는 엄마는 아이에 대한 믿음이 더 자라나겠죠? 이것이 선순환입니다. 오늘이라도 당장 시작해 보세요.

6장

책 육아 인테리어로
조성하는
노출 환경

책 육아 인테리어의
포인트

환경 조성을 위한 책 육아 인테리어

케다맘tv 유튜브 영상은 대부분 마이크 앞에서 열심히 떠드는 것인데 딱 하나, 마치 브이로그같이 찍은 영상이 하나 있습니다. 영상 제목을 '책 육아 인테리어'라고 붙였는데요. 책 육아 인테리어란, 말 그대로 책 육아를 하기 위해 최적화된 환경으로 인테리어를 한 겁니다. 저희 아이들이 각각 초등학교 5학년과 3학년일 때 이사를 했는데 구축 아파트여서 전체 리모델링을 하게 되었거든요. 한참 책 육아에 빠져 있던 때여서, 리모델링하는 데 있어서 가장 중요하게 생각한 것이 책 육아였습니다. 책 육아를 더 잘할 수 있게 하는 데 주안점을 두고 리모델링을 했습니다. 예쁘거나 편리한 것은 둘째였고요.

아이가 태어나자마자 책 육아를 하는 엄마들이 있고, 저처럼 아이들이 초등학교 입학 후 비로소 책 육아를 알고 시작한 엄마들도 있습니다. 하지만 언제 시작하든 책 육아는 자녀 교육에 있어서 가장 좋고 안전한 방법이라고 생각합니다. 책 육아의 성공 여부는 뭐니 뭐니 해도 아이가 언제 어디서든 책을 즐겨 읽는 것이죠. 어떻게든 책 한 권이라도 더 편하게 더 재미있게 읽을 수 있는 환경 조성이 정말 중요합니다.

책 육아 인테리어의 포인트 첫째, 조명

기존 집에서 책 육아를 하는 데 있어서 아쉬웠던 점이 있었어요. 그중 첫째가 조명이었습니다. 왜냐하면, 집에서 책 읽는 시간이 긴 만큼 아이들은 아무 데나 풀썩 주저앉거나 드러누워 책을 읽거든요. 문제는 꼭 구석 어두운 곳에서 책을 읽는다는 거예요. 그래서 궁여지책으로 여기저기 스탠드 조명을 갖다 놓았는데, 아이를 따라다니며 불을 켜 줘야 하는 번거로움이 있었습니다. 아이들은 절대 불을 켜지 않거든요. 갑자기 책을 읽고 싶은데, 그냥 글자가 읽히기만 하면 되기 때문에 눈이 나빠질지 어쩔지 상관 안 하는 겁니다. 그게 엄마로서 참 신경이 쓰였거든요. 책 좋아하는 아이들치고 눈 나쁘지 않은 아이를 찾기 힘들잖아요. 그래서 책 육아를 하기로 한 이상 눈이 어느 정도 나빠지는 건 감수

한다는 마음은 있었지만, 그래도 최선을 다해 시력을 보호해 주고 싶은 게 또 엄마 마음이라 리모델링할 때 제일 신경 쓴 것이 조명이었습니다.

아이가 어디에서 책을 읽어도 빛을 등지고 읽지 않게 거의 모든 천장에 작은 매립 등을 넣었습니다. 또 조도가 너무 강해서 눈이 부시면 안 되고, 색깔이 너무 하얘도 눈에 부담을 준다고 하더라고요. 그래서 아이 눈이 편안하면서 적당히 밝은 매립 등을 온 천장에 가능한 한 많이 넣어 달라고 했습니다. 특히 거실에요. 그 당시 아이들은 한글 책과 영어책을 하루에 두세 시간 동안 읽었는데, 정말 신기하게도 절대 자기 방의 책상에서 책을 읽지 않고 꼭 거실 구석에서 읽더라고요. 색깔은 적절히 노란 빛과 하얀 빛을 섞어 4000k로 맞추고 조도는 기사님께서 조절해서 넣어 주셨습니다. 꼭 기사님께 여쭤 보고 거실 평수 대비 매립

등 개수와 조도를 적절하게 조절해야 합니다.

조명은 인테리어의 꽃이자 인테리어의 완성이라는 말이 있습니다. 벽지도 예쁘고 바닥도 예쁘고 모든 게 다 완벽한데 조명이 세련되지 않거나 너무 밝거나 너무 어두우면 집 전체가 안 예뻐 보인다고 하지요. 책 육아 인테리어에 있어서도 조명은 굉장히 중요하기 때문에 '책 육아 인테리어의 완성도 조명'이라고 생각합니다.

책 육아 인테리어의 포인트 둘째, 편안한 독서 자리

기존 집에서 책 육아하는 데 아쉬웠던 점이 또 하나 있었습니다. 그건 바로, 아이들이 자꾸 구석에 웅크리고 앉아서 또는 바닥에 드러누워서 책을 읽다 보니, 자세가 흐트러지는 것이었습니다. 예쁘고 편안한 책상과 높이 및 등받이 조절이 되는 비싼 의자가 자기 방에 있으면 뭐 하나요? 거기 앉아서 책 읽는 일은 절대 없는걸요. 무조건 엄마가 있는 부엌이나 거실에 나와서 책을 읽습니다.

기존 집에 소파가 없었습니다. 책 육아를 위해 집의 모든 벽에 다 책장을 두었거든요. 그럼에도 불구하고 책 들어갈 자리가 부족하여 베란다에도 책이 쌓여 있곤 했습니다. 소파를 놓고 싶어도 놓을 수가 없어서 아이들이 항상 불편한 자세로 책을 읽었어요. 그래서 이번에는 반드시 '어디서든 편하게 앉아서 책을 읽고 공부할 수 있는 자리'를 만들자며

인테리어를 했습니다.

우선 거실에 앉거나 누워서 편안하게 책을 읽을 수 있는 3.5인용 큰 소파를 한쪽 벽에 과감히 넣었습니다. 그리고, 창을 볼 수 있는 곳에 2미터짜리 큰 우드슬랩 테이블을 두어 공부하고 싶을 때는 언제든지 바르게 앉아서 할 수 있도록 했습니다.

책장에서 책을 꺼내서 바로 읽고 싶을 땐 작은 1인용 소파에 앉아서 읽기도 합니다. 또 아이들이 식탁에서 공부하거나 책을 읽을 때도 있어서, 두세 명이 어디든 앉을 수 있도록 둥근 원탁을 두었고, 식탁 조명도 예쁘고 조도가 너무 세지도 약하지도 않은 걸로 했습니다.

책 육아 인테리어의 포인트 셋째, 수납력이 좋은 책장

이렇게 큰 소파, 작은 소파, 테이블까지 놓느라 거실에 책장 놓을 벽이 하나밖에 남지 않았습니다. 저희 집은 아이들뿐만 아니라 엄마도 독서를 하기 때문에 책이 굉장히 많은데, 이거 정말 큰일인 거죠. 그래서 두 눈 부릅뜨고 공간을 적게 차지하고 책이 많이 들어가는 책장을 정말 열심히 찾았습니다.

그냥 봐선 이 책장에 책이 얼마나 많이 들어가는지 모르실 겁니다. 우리가 아이들 어릴 때 들였던 책장을 한번 확인해 보세요. 제일 높은 책장이어도 5단, 즉 5층이란 말이죠. 그 5층 중에서 한 층을 보세요. 책의 크기가 큰 그림책이라면 상관이 없지만, 초등 저학년만 되어도 이제

점점 문고 책을 읽는데, 그 문고 책들이 꽂혀 있는 층을 자세히 보시면 책 위에 남는 공간, 즉 빈 자리가 꼭 있을 겁니다. 그런 걸 데드 스페이스라고 하는데요. 데드 스페이스에 잡동사니 등을 넣어 활용하는 팁도 있겠지만, 저희는 무조건 책을 많이 넣을 수 있는 책장이 필요했습니다. 그런데 이 책장은 데드 스페이스가 거의 없고, 무려 7단짜리입니다.

아파트를 생각해 봅시다. 5층 건물을 지었다고 해 볼게요. 5층이니 다섯 가구를 받을 수 있습니다. 그런데 두 가구를 더 받고 싶은데 땅을 더 살 돈은 없다면, 어떻게 하면 될까요? 위에 6층, 7층을 더 올리면 되겠지요. 땅을 더 살 필요가 없는 겁니다. 이처럼 공간을 옆으로 더 넓히지 않고도, 두 층의 책 넣을 공간이 더 생긴 거예요. 물론 어린아이들이 읽는 큰 그림책은 들어가지 않아서, 큰 그림책이 들어가는 책장은 따로 구입해서 거기에 큰 책들을 정리해서 다 넣었고, 이 책장에는 아이들이 주로 읽는 문고 책 위주로 넣었습니다.

7단이 끝이 아닙니다. 8단짜리 책장도 있습니다. 이 책장은 높이가 딱 영어 챕터북이 들어가는 정도입니다. 저희 집에 영어 챕터북이 좀 많기 때문에 8층 책장도 마련했습니다. 다행히 많은 책이 다 이 작은 한 공간에서 해결이 되었습니다. 높이가 워낙 높아서 책장이 앞으로 쏟아질까 좀 걱정이 되기도 했습니다. 이렇게 높은 책장은 벽 고정 서비스를 해 주기도 해서 알아보니, 수납 가구 전문 업체 쪽에서는 책장에 문이 달린 경우가 아니면 벽 고정을 하지 않아도 된다고 나와 있더라고요. 그러니 안심하셔도 됩니다.

다른 5단짜리 책장과 비교해서 7단이나 8단 책장은 비싼 편이긴 합니다. 그런데 저는 정말 이 돈이 하나도 아깝지 않았습니다. 예쁘고 튼튼하면서 공간을 많이 차지하지도 않았거든요. 책장 소개가 조금 과했나 싶지만, 책 육아와 영어 교육에 있어서 책이 8할 내지 9할 또는 전부를 차지하고 있기 때문에 수납이 좋은 책장은 정말 중요하다고 생각합니다.

책이 술술 읽히는
분위기의 비결

첫째, 거실에서 TV를 쫓아내기

조명, 소파, 책장까지 완벽하게 갖추었는데, 만약 여기에 다음의 세 가지가 공존한다면? 아무 의미가 없습니다. 책? 거들떠보지도 않게 되지요. 그 첫 번째가 뭘까요? 충분히 예상했으리라 생각됩니다. 첫 번째, 바로 TV입니다. 저희 집에는 TV가 없습니다. 제가 비교적 늦게 책 육아를 시작했음에도 불구하고 큰 어려움이나 거부감 없이 저희 아이들이 잘 따라 준 이유를 가만히 생각해 보면, 집에 책보다 더 자극적인 것들이 없어서라고 생각합니다. 그중에 가장 큰 것이 TV라고 말할 수 있을 것입니다.

TV를 서재 또는 안방에 놓는 방법도 있습니다. 그렇지만 가능하다면 저는 아예 없애는 쪽으로 권하고 싶습니다. 요즘은 유튜브나 여러 OTT를 TV의 큰 화면으로 마치 영화관에서 감상하듯 보곤 하지요. 정말 실감 나고 더 재미있을 것 같긴 합니다. 그런데 책 육아를 하고 엄마도 독서를 하고 싶다면, 이런 좋은 것을 포기하는 게 좋습니다. 얻는 게 있으면 잃는 게 있다고 하죠. 저는 원래 일석이조를 좋아하지만 TV를 없애서 좋은 점이 훨씬 더 많기 때문에 드리는 말씀입니다.

《거실공부의 마법(오가와 다이스케 저)》이라는 책에도 나오는 이야기입니다. 아이가 공부를 잘하길 바라시나요? 거실에서 TV를 없애기만 해도 정말 큰 효과를 볼 수 있습니다. 아이들은 신기하게도 자기 방에서 하는 것보다 거실에서 공부하고 책 읽는 걸 좋아하기 때문이에요. 그래서 거실 인테리어가 책 육아 인테리어의 8할 이상이라고 할 수 있습니다. 책을 한 권이라도 더 읽게 하는 것이 책 육아인데, 거실 한복판에 커다란 TV가 있는 건 책 육아를 포기하겠다는 말과 비슷하다고 생각합니다.

TV의 단점에 대해서 많은 분이 알고 계실 겁니다. 시력이 안 좋아진다거나 무분별한 노출도 걱정스럽지만, 특히 영상 매체에 우리 아이들 뇌가 익숙해지는 것이 가장 싫습니다. 영상은 너무 쉽고 편안하게 전달하고자 하는 메시지를 우리 뇌에 다이렉트로 팍 꽂아 주는 데 탁월한 능력이 있거든요. 이게 진짜 무서운 겁니다. 이런 점에 있어서 영상과 책은 완전히 다릅니다. 책은 나의 배경지식, 사고방식, 생각, 느낌 등을 통해 그 책이 전달하고자 하는 메시지를 내 나름의 기준을 갖고 분별하여 받아들일 것은 받아들이고 버릴 것은 버리며 읽을 수가 있습니다. 즉 책을 읽을 때는 책이 주체가 아닌 내가 주체가 되어서 내 나름의 기준을 가지고 걸러서 받아들이는 게 가능하다는 겁니다.

이러한 능력이 충분히 길러진 사람은 진짜 뉴스와 가짜 뉴스를 식별하는 능력인 디지털 문해력도 높아서 영상을 보더라도 무분별하게 받아들이지 않을 수가 있죠. 하지만 초등학생인 아이들은 아직 문해력이 높지 않기 때문에 쉽지 않습니다. 따라서 아직 충분한 책 읽기로 분별력이 생기지 않은 아이에게 TV 영상을 보여 주는 것은 득보다 실이 크다고 생각합니다. 영상은 마치 자기가 주인 행세를 합니다. 영상을 보는 사람의 머릿속에 영상이 제멋대로 주입하고 싶은 것들을 마구 집어넣는 겁니다. 준비도 필터도 없이 그냥 무방비 상태에서 내용을 다 받아들이기 쉽습니다.

영어 영상 노출을 위해 흘려 듣기용으로 TV가 거실에 있는 건 어떠냐고 하신다면, 글쎄요. 그 TV로 과연 영어 영상만 틀어 주게 될까요? 자기 확신은 필요하지만 지나치게 자신을 신뢰하는 것은 좋지 않다고 생각합니다. 예를 들어, 스마트폰으로 인터넷 쇼핑을 쉽게 할 수 있도록 하면 충동구매를 더 많이 하게 되거든요. 소액 결제를 막아 놓고, 결제를 위해 여러 번 인증을 해야만 하는 과정을 일부러 걸어 두면, 뭔가를 살 때 한 번 더 생각하게 되는 효과가 있어서 확실히 충동구매를 억제하는 데 도움이 됩니다. 저는 제 자신을 신뢰하지 않습니다. 이건 자아 효능감이나 긍정적인 마인드나 자신감, 자존감이랑은 별개입니다. 저는 저의 '의지'를 믿지 않는 것입니다. 편하고 싶으면 한없이 편해지려 하는 게 인간이고 나라는 사람이라는 것을 알고 있습니다.

영어 영상을 보여 주기 위해 반드시 TV가 필요한 건 아닙니다. 앞서 말씀드렸다시피 저희 집은 아빠와 엄마가 노트북을 각각 하나씩 가지고 있어서 저희 아이들은 흘려 듣기를 할 때 각자 노트북을 가지고 가서 헤드셋을 끼고 봅니다. 더 집중할 수 있고, 서로 보고 싶은 영상이 달라서 싸우는 일도 없습니다.

TV가 없으면 저와 남편이 아이들 앞에서 TV를 시청하고 싶은 마음을 억누르려고 노력할 필요도 없습니다. 그건 에너지 낭비이고 괜한 스트레스입니다. 반드시 필요하지 않은 물건은 최대한 없애는 것이 집안 정리의 비결이기도 하고요. 결론은 그냥 TV를 없애 버리자는 겁니다.

둘째, 괜한 고통을 주는 게임기 없애기

두 번째로 저희 집에 없는 것은 게임기입니다. 저는 개인적으로 TV보다 더 필요 없는 물건이라고 생각합니다. 집에 TV와 게임기가 있는데 아이가 책을 안 읽는다고 걱정하는 것은 말이 안 됩니다. 그렇게 자극적이고 재미있는 것들이 집에 있는데, 아이가 책을 읽길 바라는 건 과한 욕심이 아닌가 싶습니다. 친구들이 다 하는 게임을 우리 아이만 못해서 친구들 사이에서 대화가 단절되거나 왕따가 되는 것 아니냐고 걱정하는 분들도 계시던데, 저는 그런 걱정은 안 듭니다. 아이가 게임을 굉장히 원한다면 경험하게 해 줄 수는 있다고 생각합니다만, 그렇지 않은데 굳이 '다른 아이들도 다 하는 것이니 너도 뭔지는 알아야지'라는 마인드로 시켜 줄 필요는 전혀 없다고 생각해요. 마치 다른 아이들이 모두 학원에 가서 영어를 공부하니 우리 아이도 학원에 가야 한다고 생각하는 것과 비슷한 이치인 것 같습니다.

생각해 보니 저는 남들이 하니까 나도 따라 해야 한다는 생각 자체가 없는 것 같습니다. 그리고 대부분의 다른 아이들과 참 많이 다르게 아이들을 키우고 있다는 생각이 드네요. 영어 학원, 수학 학원, 논술 학원에 다니지 않고 게임도 하지 않고 TV도 보지 않고 집에서는 책을 읽고 밖에서는 뛰어놀게 하니까요. 예전에는 이런 아이들이 대부분이었었는데, 지금은 전혀 그렇지 않죠. 누가 정상이고 누가 비정상이냐, 누가 맞고 누가 틀리냐 이런 것을 따지고 싶진 않습니다. 다만 책 육아를 하고자 하는 엄마라면, 게임기와 책을 함께 집에 두고, 집에서 아이가 책을 읽길 바라서는 안 된다는 것입니다.

간혹 자제력이 타고나게 뛰어나서, 게임도 가끔 정해진 시간 동안만 하고 책도 즐겨 읽는 아이가 있습니다. 다들 내 아이가 그런 아이가 될 거라고 생각하고 시작하지요. 아이가 게임 중독에 빠질 거라고 예상하고 게임을 PC에 깔아 주는 부모는 없습니다. 그리고 어떤 집은 책을 몇 권 읽으면 게임을 몇 시간 하게 해 주는 방식의 보상을 주기도 하더군요. 이건 정말 안 될 일입니다. 보상은 최소한으로 줘야 해요. 외적 동기는 한계가 있습니다. 결국 책 읽기의 재미-내적 동기가 일으켜지도록 징검다리 역할 정도만 해야 하는 게 보상입니다. 게임이라는 보상은 너무 자극적이고 너무 큽니다.

고전 게임 정도는 괜찮습니다. 물론 저희 아들을 보니 이것도 좋아서 계속하더라고요. 하지만 테트리스 정도의 고전 게임은 '나도 게임 하고 싶다'고 하는 그 마음만 달래 주기 딱 좋더라고요. 이 고전 게임기는 어느 날 아이들 아빠가 저와 상의도 없이 사 줬던 것입니다. 이미 아이가 봤는데 어떻게 뺏겠어요. 다행히 고전 게임이라 오래 빠져들지는 않더라고요.

어쨌든, 게임기 또는 PC에 게임을 설치하는 것은 저는 가능하면 애초에 안 하면 좋다고 생각합니다. 예를 들어, 다이어트를 결심했는데 냉장고에 먹음직스러운 케이크를 사 놓은 것과 같지 않을까요? 그 케이크 옆에 닭가슴살이 있어도, 냉장고 문을 열면 케이크부터 눈에 들어오겠죠. 게임기가 집에 있고 게임을 해 본 아이라면, 집에 현관문을 열고 들어서자마자 책보다는 게임기가 마음을 사로잡지 않을까요? 냉장고를 열어 닭가슴살을 요리하려고 할 때마다 케이크를 먹고 싶은 마음과 싸워야 합니다. 왜? 케이크가 있기 때문에! 다이어트를 결심했는데 대체 왜 케이크를 사서 냉장고 안에 넣어 두는 거죠? 왜 그런 쓸데없는 고통을 스스로 주죠? 그냥 케이크를 사지 않는 것이 현명한 방법이라는 것, 너무나 당연합니다.

셋째, 아이들에게 스마트폰 주지 않기

저희 아이들은 너무나 당연하게도 스마트폰이 없습니다. 사실 '아이들의 스마트폰 소유'는 한동안 정말 뜨거운 감자였죠. 지금도 그렇고요. 집마다 스마트폰 때문에 아이들과 전쟁 아닌 전쟁을 벌입니다. 솔직히 앞에서 말씀드린 TV와 게임기보다 더 강력하게 책 육아를 방해하는 것이 스마트폰입니다.

EBS '당신의 문해력' 제작팀과 경북대학교 김혜정 교수 연구팀이 공동으로 한 책맹* 실태분석 조사에 따르면, 설문조사에 참여한 중학교 3학년 아이들 중 절반에 가까운 41.95%가 한글 책이든 영어책이든 독서를 하지 않게 된 이유로 '스마트폰 취득 때부터'라고 응답했습니다. 스마트폰이야말로 책맹의 가장 큰 원인이라고 할 수 있죠.

책 육아로 세 자녀를 하버드에 보낸《나는 이렇게 세 딸들을 하버드에 보냈다》의 저자 심활경 님은 부모의 권위로 스마트폰을 아이들에게 허락하지 않았다고 해요. 저희 집도 그렇게 할 생각이었는데, 다행히도 저희 딸이 이지성 작가의 《청소년을 위한 에이트》를 읽고 스무 살이 될 때까지 스마트폰을 절대 사 주지 말라고 하는 바람에, 스마트폰 전쟁이 벌어질 수 없게 되었답니다. 책 육아를 하는 분들이라면, 아이들이 책 읽기가 충분히 능숙하거나 초등 고학년 이상이 되면 이 책을 꼭 읽혀

• 글을 읽을 줄은 알지만 책은 읽지 않는 것

보세요. 로봇에 대체되지 않는 인간이 되는 여덟 가지 방법에 관한 책인데, 첫 번째 방법이 디지털, 즉 스마트폰을 멀리하라는 것이거든요. 이 책을 제대로 읽었다면 계속 스마트폰과 태블릿 PC 등에 빠져 지낼 아이는 별로 없으리라 생각합니다.

요즘 초등 고학년 아이들이 노는 걸 보면, 각자 스마트폰을 하더라고요. 친구가 바로 옆에 있는데도 카카오톡으로 이야기를 주고받는 모습이 참 당황스럽습니다. 그런 아이들이 있는가 하면, 저희 아이들처럼 뛰어노는 아이들도 있긴 있습니다. 저희 아이들은 주로 집에서 숨바꼭질을 하거나 밖에 나가서 얼음땡 같은 것을 하고 놉니다. 그 친구들은 다 저희 집처럼 책 육아를 하는 친구들입니다. 그렇지 않은 친구들과 어쩌다 놀게 되는 상황이 되면, 그 친구들이 계속 스마트폰을 하니까 저희 아이들은 지루해서 스마트폰이 없는 아이들을 찾거나 또는 책 육아하는 친구를 찾아 놀더라고요. 보드게임은 가끔 엄청 재미있게 하지만, 그보다 나가서 뛰어노는 것을 더 좋아한답니다. 그렇게 실컷 뛰어놀고, 집에서는 또 책을 푹 빠져 읽습니다. 이것이 책 육아입니다.

책 육아를 성공하기 위한 환경의 핵심

책 육아 인테리어의 비결은 아마도 책보다 더 자극적이고 더 재미있는 것들이 집에 없는 것이라고 보시면 될 것 같습니다. 예전에 읽은 책 육아에 관한 자녀 교육서에서 집에 오면 엄마는 TV 드라마를 보고 있고, 아빠는 PC 게임을 하고 있는데, 아이에게 책을 읽으라고 하는 건 말이 안 된다고 하더라고요. 엄마와 아빠가 TV를 보거나 게임을 하지 않더라도, 언제든 TV를 볼 수 있고 게임을 할 수 있는 환경, 즉 책보다 더 자극적이고 더 재미있는 것들이 사방에 깔린 가운데서 아이가 책을 읽는다는 것은 기적 같은 일이라고요. 그걸 기대하는 것 자체가 아이러니라고 하는데, 저는 정말 동의합니다.

어른인 우리도 유튜브나 넷플릭스에 중독이 쉽게 되죠. 스마트폰 중독은 말할 것도 없고요. 게임 중독도 심각합니다. 어른도 그런데 아이들은 너무 쉬울 겁니다. 물론 중독되지 않고 적당히 하는 것은 나쁘지 않다고 이야기할 수 있습니다. 하지만 적당히 한다는 그 기준은 무엇일까요? 아이가 적당히 하는 것을 컨트롤할 수 있다고 확신하나요? 왜 어렵고 힘들게 책을 읽게 하면서, 왜 책을 좋아하지 않고 즐겨 읽지 않느냐고 나무라나요? 그렇게 할 수 없는 환경을 만들어 주면서 말이에요.

저희 아이들은 집에 오면, 아마도 심심해서 책을 읽는다고 생각합니다. 물론 책만 읽는 건 아니에요. 저희 남매는 그 정도로 책만 좋아하진 않고 누구보다 놀기를 가장 좋아하는 아주 평범한 아이들이거든요. 둘 다 보드게임도 좋아하고요. 특히 케리스는 집에서 시간 나면 피아노를 치고, 다니엘은 레고로 뭘 만들기도 잘 했습니다. 아무튼, 저희 아이들은 집에서 심심해서 책을 읽다가 멍하니 생각에 잠기기도 합니다. 특히 다니엘은 책 한 권 읽는 데 얼마나 오래 걸리는지 몰라요. 그동안 생각을 하는 겁니다. 상상력과 사고력과 창의력은 아이들이 심심한 가운데 생깁니다. 학원에 다닌다고 생기는 것이 아닙니다.

다니엘은 가만히 혼자 생각을 무지 많이 한답니다. 가끔 글을 쓴 걸 보면 어찌나 길게 쓰는지 깜짝 놀랍니다. 맞춤법이나 글씨는 상관없습니다. 아이가 생각을 하면 된 겁니다. 책 육아가 성공적으로 잘 되고 있다는 증거이니까요. 자녀 교육의 목표가 '생각하는 아이'로 키우는 것인데, 그걸 위해 책 읽기가 가장 큰 도움을 줍니다. 이게 책 육아이고, 노출 방식의 영어 습득법도 가장 중요한 게 영어책이기에, 사실상 책 육아의 연장선이라고 봐도 무방합니다. 그저 한글이 영어로 바뀐 것뿐이니까요. 결론은 책 육아가 성공적이면서 영어 노출을 잘한다면 아이의 영어 실력도 놀라운 결과를 만들어 낼 수밖에 없다는 겁니다.

책 육아 성공을 위해서는 당연히 스케줄 관리도 중요합니다. 하지만 환경 조성이 더 중요합니다. 아무리 책 읽기 시간이 되어도 아이 손에 게임기나 스마트폰이 쥐어져 있다면, 엄마와 아이는 전쟁을 치르게 됩니다. 책은 스마트폰에 백전백패입니다. 엄마는 아이와 싸우다 지쳐서 포기하고 학원을 알아보게 될 겁니다. 그러니 아이가 책을 어디서든 편안하게 읽고 즐길 수 있는 집 안 분위기를 만들어 주세요. 집에서 독서와 공부를 스스로 하는 자기 주도 학습 성공 역시 환경 조성에 있습니다. 백 번 강조해도 지나치지 않아요. 왜 책은 안 읽고 이걸 하니 저걸 하니 잔소리하지 마시고, 환경을 바꿔 보세요. 바뀐 환경처럼 아이도 바뀔 겁니다.

7장

초등 1~6학년
영어 로드맵

우리 아이 맞춤
영어 목표 세우기

학년별로 영어 목표를 세우면 안 되는 이유

영어 학원에 등록하려면 무조건 레벨 테스트를 먼저 봐야 합니다. 학원에서 영어 강사로 일할 때 아이의 영어 실력이 너무 안 좋은데도 불구하고 같은 학년의 친구들이 있는 반에 넣어 달라고 막무가내로 고집을 부리는 부모님이 가끔 있었습니다. 아이의 실력은 초등학교 1학년 아이들이 주로 있는 반에 들어가야 하는데, 학년이 초등학교 5학년일 경우 정말 난감했습니다. 친구를 따라 학원에 온 아이들 역시 문제입니다. 친구를 보고 왔는데 같은 반에 들어갈 수 없고, 그 이유가 영어 실력 차이 때문이라고 하니 기분이 좋을 리가 없죠. 좀 봐 달라고 사정하는 부모님도 있었습니다. 그런데 이건 봐주고 안 봐주고의 문제가 아니거든요. 아이 수준에 맞는 교재는 정말 중요하기 때문이에요. 수업은 앉아서 듣고 있으면 그럭저럭 이해가 될 수도 있죠. 하지만 집에 가서 혼자 숙제를 하려고 하면 너무 힘들어서 숙제를 점점 안 하게 됩니다. 그러면 영어 학원에 다녀도 영어 실력이 점점 더 안 좋아지고 영어에 대한 흥미와 자신감도 계속 잃게 되는 거예요.

학년별 영어 목표라는 것은 사실상 있을 수가 없어요. 제가 누누이 강조하고 입만 열면 하는 말이 "아이마다 다르다."입니다. '초등학교 1학년이면 이 정도 영어 실력이 있어야 한다' 같은 건 있을 수 없습니다. 그런 게 존재해야 할 이유도 없고요. 우리 아이들이 초등학생일 때 영어를 익히는 목적이 뭔가요? 결국 성인이 되어서 편하게 영어로 의사소통하고 글을 읽고 쓰기 위해서입니다. 몇 살 때 어떤 영어책을 읽었는지가 중요한 게 아닙니다. 그러니 제발 비교하지 말아 주세요. 집에서 편안하게 즐겁게 영어를 익히게 하기로 마음먹었다면, 비교하지 맙시다. 우리 아이만을 위한 목표를 세우면 됩니다.

"케다맘 님, 그건 알겠는데요. 학원 말고 영어를 집에서 시키고 싶은데, 어떤 목표를 가지고 뭐부터 얼마나 시켜야 할지 너무 막막하단 말이에요. 일단, 목표를 좀 정해 주세요!"라고 하실 부모님들이 분명히 있을 것 같아서 가이드를 제시해 드리고자 합니다. 하지만 다시 말씀드리지만, 학년별로 영어 목표를 세우는 게 아니고, 그럴 필요도 없습니다. 어디까지나 참고 사항입니다.

영어 목표를 책 레벨로 잡는 것은 금물

하나 더, 아이의 영어 목표를 잡는 것에 관해 먼저 이야기할 것이 있습니다. 제가 본 여러 엄마표 영어 관련 책에서 하나같이 목표를 AR 지수나 렉사일 지수 등과 같은 책 레벨로 잡더라고요. 잠수네 영어 같은 경우는 자체적인 레벨이 또 나누어져 있거든요. 그래서 그 레벨을 목표로 잡고 하는 분들도 많습니다. 사실 그렇게 목표를 잡는 것이 우리에겐 익숙하죠. 하지만 이러한 목표는 '학습'으로 영어를 익히는 방법에 적합합니다. 우리가 지금 이야기하는 방법은 학습이 아니라 '자연스러운 습득'입니다. 따라서 목표라는 것을 세우는 것 자체가 맞지 않는 것이죠.

어떤 분은 "우리 아이가 초등학교 졸업 전에 《해리 포터》 원서를 재미있게 읽는 것이 엄마표 영어의 목표예요."라고 하시던데요. 어떤 레벨의 책을 읽을 수 있냐 없냐를 목표로 정해 주면 깔끔하고 명확해서 좋긴 합니다. 저도 처음엔 그렇게 목표를 잡았습니다. 몇 학년엔 이 정도 수준의 책을 읽었으면 좋겠다며 잠수네 레벨을 목표로 잡기도 했습니다. 제가 목표 지향적인 성향이 강하다 보니 더 그랬죠. 그런데 그렇게 목표를 잡으니까 결국 애를 잡게 되더라고요. '초등학교 4학년에는 이 책 정도는 읽는 걸 목표로 했건만, 아직도 쉬운 책만 읽다니.'라며 재미있게 영어책을 읽는 고마운 아이를 바라보며 칭찬은 못 할망정 한숨을 쉬었으니까요.

엄마를 보는 아이의 마음은 어땠을까요? 영어가 싫어질 수밖에 없겠죠. 저희 딸이 초등학교 4학년 때 그랬습니다. 영어책 읽는 걸 갑자기 싫어하더라고요. 레벨 테스트도 부담스러워하고요. 애초에 이 방법을 선택한 목적이 '아이가 집에서 편하고 즐겁게 영어를 익히도록 하는 것'이었는데, 아이도 엄마도 전혀 편하고 즐겁지 않게 되어 버리더라고요.

AR 지수를 만든 목적에 대해서 아시나요? 그건 아이의 문해력 수준을 파악하여, 그 아이의 수준에 딱 맞는 책을 주기 위해 만들어진 거예요. 그러니까, 참고하라고 만든 지수입니다. 이걸 목표로 하여 영어책을 읽히는 행위 자체가 이 지수를 만든 목적과 완전히 어긋나는 거죠. 레벨 테스트는 그야말로 아이 수준을 파악하여, 어느 수준의 책을 아이에게 공급해 줘야 할지 지표로 삼을 데이터가 필요해서 만든 지수일 뿐입니다. 그 레벨을 더 높게 받기 위해 공부시키는 것은 정말 앞뒤가 맞지 않는, 아주 말도 안 되는 거예요. 부디 레벨 테스트로 아이를 괴롭히지 마세요. 또, 레벨 테스트 결과를 목표로 삼지 말고, 책 단계를 목표로 삼지 말아 주세요.

영어 목표 기준은 오직, 순수 노출 양

"그럼 도대체 뭘 영어 목표로 하라는 건가요?"라고 질문하신다면, 아이에게 노출되는 '영어의 인풋 양'이라고 답하겠습니다. 제가 계속해서 말씀드렸다시피 영어는 언어일 뿐이고, 언어를 잘하는 방법은 그저 임계량을 채우는 것이었잖아요. 저 또한 학년별로 책 레벨과 잠수네 레벨을 목표로 잡고 아이를 닦달했었지요. 그러다 저희 딸이 초등학교 5학년이 되던 해에 드디어 모든 것을 내려놓고, 초심으로 돌아가게 되었습니다. '그래, 그저 양을 채워 보자!'라고 마음을 달리 먹고 나니, 저희 집에 평화가 찾아왔습니다.

그쯤 유튜브를 시작해서, 구독자분들 대부분은 제가 굉장히 널널하게 시킨다고 알고 계시는데요. 처음부터 그랬던 건 아니랍니다. 목표 세우고 밀어붙여서 양을 채우게도 했고 무리해서 책 단계를 올리기도 했습니다. 잠깐이지만 온갖 영어 학습서들도 미친 듯이 시켜 봤습니다. 저도 아이도 나가떨어질 때까지요. 결국 다 내려놓고 나니, 아이는 다시 즐겁게 영어책을 마음껏 읽게 되었고, 저 역시 그런 아이를 편안하게 바라볼 수 있게 되었습니다. 아이도 엄마도 행복한 영어 공부를 할 수 있었던 거죠. 영어 실력이요? 목표를 잡았을 때보다 더 잘 오르고 있습니다. 영어에 대한 아이의 자신감과 흥미도 함께요. 그러니 레벨로 목표 세우지 마세요. 그래도 뭔가 목표가 있어야겠다면 양으로 세우시고 그걸 묵묵히 채워 나가도록 도와주세요. 그거면 충분하답니다. 그럼, "지금 우리 아이 학년에 시작하려는데, 목표량은 얼만큼인가요?"라는 질문에 대한 답변을 드리겠습니다.

초등학교 1~2학년에 시작한다면, 목표는 '영어 노출 환경과 습관 만들기'로 해 주세요.

이것 두 개만 하면 성공입니다. 물론 이보다 고학년도 처음 시작할 때는 당연히 환경과 습관 만들기가 먼저입니다. 초등 저학년이라면 욕심 내지 말고, 딱 이 두 가지만 목표로 하시면 됩니다. 집중 듣기 같은 경우 하루 5분이나 그림책 한 권, 이런 식으로 정말 적은 양으로 시작해서 매일 하는 습관 만드는 것에 집중합니다.

아이가 굉장히 잘 따라 주거나 언어 감이 타고나서 훅훅 실력이 올라간다거나 재미있어서 더 많이 하고 싶다고 한다면, 곧바로 초등학교 3~4학년 목표로 올리시면 됩니다. 다시 말씀드리지만, 이렇게 학년별로 영어 목표를 세우는 것은 근본적으로 말이 안 되는 거예요. 당장 시작 하려는데 목표를 무엇으로 해야 할지 모르겠다는 분들만 참고하시되, 아이의 흥미와 실력이 빠르게 올라간다면 그에 맞게 유연하게 조정해 주세요. 다른 과목도 그렇겠지만, 노출 방식의 영어 습득법은 '자연스러움'이 가장 중요합니다. 그러니 아이의 속도에 맞추는 것을 절대 잊지 말아야 해요. 꼭 이 학년에는 이 정도 수준이 되어야 한다는 것은 세상에 없습니다. 아이가 해 나가는 것에 맞춰서 조금씩 양과 수준을 올려 주면 됩니다.

초등학교 3~4학년에 시작한다면, 목표는 '세 시간 양치기 프로젝트 달성하기'입니다.

양치기란, 양을 채운다는 뜻으로 하는 말입니다. 그 양이 어느 정도 냐 하면, 하루 세 시간 영어 노출입니다. 잠수네 영어에서도 이야기하는 것이지만, 제가 접한 여러 엄마표 영어 전문가도 이 정도 시간 투자를 이야기합니다. 세 시간에는 흘려 듣기와 집중 듣기 그리고 영어책 읽기 세 가지가 다 포함되는데요. 처음으로 영어 노출을 시작하는 거라면, 듣기에 더 비중을 둡니다. 반대로 이미 학원에 다녔든 엄마표를 해 왔든 어느 정도 노출이 되어서, 영어책 읽기가 잘 되는 아이라면 비중을 읽기에 둬도 됩니다.

처음 시작하는 날부터 세 시간을 다 채우려고 하면 아이가 나가떨어질 거예요. "차라리 학원 다시 다닐래!"라고 소리 지를지도 모릅니다. 시작은 언제나 작게 하되, 조금씩 늘려가는 방법이 베스트예요. 그래야 지속할 수가 있습니다. 이 방법은 마라톤과 같으니 처음부터 전력 질주하려고 하지 마세요. 내 아이의 임계점을 넘길 때까지 계속 듣기와 읽기 인풋을 채워 주기만 하면 되니까요. 그저 시간이 많이 필요할 뿐, 언어 감이 타고나지 않은 아이는 아무리 해도 안 된다거나 그렇지 않습니다. 절대 조바심 내지 마시고 그저 묵묵히 영어 노출에 하루 세 시간을 채우는 데에만 집중해 보세요.

아이의 취향과 관심사에 맞는 재미있는 책을 열심히 공수해 주고, 아이를 믿어 주고, 칭찬해 주고, 기록하며 꾸준히 양을 채워 나가 보세요. 학원, 과외로 진이 다 빠진 다른 집 아이보다 우리 아이가 먼저 수능 1등급이 나올 겁니다. 아이가 '수능 영어 시험은 너무 쉽다'는 말을 하게 될 날이 올지도 몰라요. 물론 수능 영어를 잘 보기 위해서는 어휘, 문법, 어법, 독해 스킬 등 시험을 위한 공부를 해야 합니다. 하지만 이러한 공부 없이도 이 방법으로 영어를 자연스럽게 습득한 아이라면 수능 영어 시험의 긴 지문이 그리 어렵게 느껴지지는 않을 거예요. 어떻게든 아이가 재미있게, 영어 노출이 더 많이 되게, 양을 더 채우게 하는 방법이 뭐가 있을까 계속해서 고민하시고, 아이디어가 떠오르면 주저 없이 시도해 보세요.

잠수네 영어에서 이 방법은 엄마와 아이가 2인3각 경기를 뛰는 것과 같다고도 합니다. 아이 혼자 하기는 불가능합니다. 그렇다고 엄마가 가르칠 필요는 전혀 없고, 아이는 삼시 세끼 밥 먹듯 흘려 듣기, 집중 듣기, 영어책 읽기를 매일 습관적으로 하여 양을 채우고, 엄마는 아이가 재미있게 듣고 읽을 영상과 책을 부지런히 찾아 주고 격려하고 기록하면 됩니다. 말 그대로 서로 같이 발맞춰서 골인 지점까지 가면 되는 겁니다. 그 과정이 처음 얼마 동안은 어색하여 힘들 수 있지만, 시간이 갈수록 관계는 더없이 좋아지고 아이의 영어 실력도 보이지 않게 쑥쑥 늡니다.

초등학교 5~6학년에 시작한다면, 목표는 '더블 양치기 프로젝트 무조건 사수하기'입니다.

이때 시작하는 아이들, 그리고 엄마는 정말 그 용기에 박수를 쳐 드리고 싶습니다. 쉽지 않은 결정이죠. 대부분 어학원도 관두고 문법 위주의 학습식 영어 학원으로 갈아타는 시기인데, 엄마표 영어 쪽으로 돌리다니요. 아마 주변에서 한마디씩 할 텐데도, 그 모든 반대에도 불구하고 엄마가 확신을 갖고 시작한 거잖아요. 모두가 다 "이 길이야!"라고 하는데, 당당하게 "아니야, 저 길이야! 난 저 길을 갈 테야!"라고 말하고 또 그걸 행동으로 옮긴 것이죠.

용기는 좋지만 사실 시간이 너무 없다고 느낄 거예요. 왜냐하면, 일단 초등 고학년이라 수학에도 시간을 할애해야 하는 상황에 하교 시간까지 늦죠. 초등학교 3~4학년에 시작한 아이들보다 양을 더 빨리, 더많이 채우는 것이 필요하기도 하고요. 물론 중학교 가서도 어느 정도는계속할 수 있겠지만, 더 늦은 하교 시간과 잊을 만하면 돌아오는 시험기간 때문에 매일 세 시간씩 영어를 하는 게 거의 불가능할 수도 있어요. 따라서 충분히 세 시간 영어 몰입이 가능한 건 어쩌면 초등 시절이거의 마지막일지도 모른다는 불안감이 올라올 겁니다.

하지만 챕터북을 줄줄 읽는 친구이든 그림책도 겨우 읽는 친구이든이 시기에 시작한 친구는 초등학교 3~4학년에 비해 더블로 양치기를 해나가는 것을 목표로 잡기를 바랍니다. '더블이라면, 무려 하루에 여섯시간?'하고 포기해야겠다는 생각이 드시나요? 그럼 세 시간이라도 반드시 사수하십시오. 이때 시작하는 아이들은 엄마와 충분한 대화로 합의가 된 친구일 겁니다. 아니, 그래야 하고요. 더블 양치기를 해내려면 아이의 의지가 꼭 필요하거든요. 현실적으로 더블 양치기, 즉 여섯 시간 가까이 해내는 것은 방학에나 가능한데요. 학기 중에 적어도 세 시간을 해내야 방학에 두 배로 할 수 있습니다.

가장 중요한 것은 영어 양치기를 위한 기타 가지치기입니다. 가지치기란, 영어 외에 다른 것들을 다 쳐내는 겁니다. 그래야 영어에 세 시간 이상을 들일 시간이 나오거든요. 가지를 쳐내야 하는 제일 큰 것은 바로 각종 사교육, 즉 학원입니다. 정말 뜻이 있어서 하는 예체능이 아니라면 과감히 중단하는 방법이 있습니다. 또, 군이 안 해도 되는 각종 공부 학원도 정리하는 겁니다. 그렇게 하지 않고는 도무지 시간을 낼 수 없을 거예요. 그렇기 때문에 아이의 의지가 필요하다는 것입니다. 엄마의 확신은 기본이고요.

솔직히 초등 고학년에 시작하는 것은 어려운 일이 맞습니다. 주변에서 반기거나 응원하지 않을 겁니다. 오히려 걱정하고 말리는 사람들이 더 많을 거예요. 엄마가 강단을 갖고 소신대로 밀고 나갈 수 있어야 합니다. 또, 아이도 의지가 있어서 세 시간 이상 긴 시간을 들일 각오를 하고 시작하는 것이 좋습니다. 특히, 지금까지 영어를 거의 안 하다가 시작하는 경우여서 아이 영어 실력이 그림책을 읽는 정도라면, 더 큰 의지가 필요합니다. 재미있는 영어책 찾기가 하늘의 별 따기일 테니까요. 그럼에도 불구하고, 아이가 꾹 참고 양을 채워야 합니다.

하지만 확신을 가지고 말씀드릴 수 있는 건 적어도 만 12세 이전까지는, 새로운 언어를 접하게 될 때 모국어 습득 방식으로 습득할 수 있다는 뇌 과학 자료가 있다는 겁니다. 아이가 아직 초등학생이라면, 얼마든지 자연스러운 노출 방식으로 모국어처럼 영어를 익힐 수 있다는 거예요. 그리고 그렇게 영어를 익혀야 정말 언어답게 영어를 말하고 듣고 읽고 쓰고 이해할 수가 있고요.

학습식으로 영어를 익히면 뭔가 더 빨리 영어 실력이 느는 것처럼 보이고, 또 눈으로 확인도 됩니다. 우리 모두에게 익숙한 방법이라 엄마도 더 편안하게 느끼지요. 학습식 방법은 초등학교 6학년 겨울 방학이나 중학교 때부터 합시다. 그래도 됩니다. 아이의 뇌가 아직 언어를 언어답게 익힐 수 있는 지금, 굳이 학습식으로 넣어 주지 말자고요. 멀리 보면 이 방법이 더 빠르고 더 안전하고 좋은 방법이니까요. 당장 옆집 엄마의 말에 흔들릴 필요가 없습니다. 그 엄마는 영어 전문가도 뇌 과학자도 아닙니다. 우리 아이 인생을 책임질 사람도 아닙니다.

영어 3종
노출 목표 시간

학년별 그리고 수준별 영어 노출 목표 시간

대략적인 목표에 이어 대체 얼마나, 어떻게 해야 하는지 아주 자세히 말씀드려 볼게요. 목표 레벨이나 책 단계도 정하지 말고 그저 양만 채우면 된다고 했는데, 그 양이 어느 정도인지 기준이 있어야 덜 막막하실 것 같아서, 딱 정해 드리겠습니다. 하지만 내 아이의 속도에 맞게 늘려가야 한다는 것은 절대로 간과해서는 안 됩니다. 그럼, 학년별 목표량을 말씀드리겠습니다.

초등학교 1~2학년에 시작한 친구들은 무조건 적게 시작하세요.

가시적인 목표 없이 아이를 이끌어간다는 것이 얼마나 답답한 일인지 저도 잘 압니다. 그러나 경험상 초등 저학년에 시작한 경우는 특히나 목표량이든 레벨이든 뭐든 아무것도 정하지 않고 하는 것이 가장 좋습니다.

세상 대부분의 일은 목표를 정해서 계획대로 꾸준히 해 나가면 무조건 결과가 나옵니다. 하지만 자녀 교육은 내 목표나 계획대로 되지 않거든요. 애초에 이 사실을 알고 시작했다면 저도 여러 시행착오를 거치지 않았을 거예요. 당장 눈에 보이는 결과에 집착하지 마시고 멀리 보세요. 목표 점수를 갖고 공부해서 결과를 내는 시험공부를 하는 것이 아닙니다. 모국어를 습득했던 그 방법 그대로 아이가 영어를 자연스럽게 습득하도록 하는 것이거든요. 영어 학습으로 만드는 영어 시험 성적과는 거리가 아주 먼 것을 지금 하는 거예요. 둘은 전혀 다릅니다. 그러니 똑 떨어지는 목표 없이 하는 것에 대한 거부감이 있을지라도, 아이를 믿고 기다려 줘 보세요.

중요한 것은 일단 시작할 때는 무조건 최소량으로 시작하라는 것입니다. 엄마의 기준에서 최소량이 아닙니다. 진짜 말도 안 되게 적은 양으로 시작하세요. 아이가 더 하고 싶은 마음이 들 만큼이요. 그게 중요합니다. 하지만 집중 듣기와 영어책 읽기 같은 경우는 앞으로 얼마나 양을 늘려 나갈지에 대한 약속을 하고 시작하시는 것도 중요합니다.

우선 가장 먼저 시작할 흘려 듣기에 대해서 말씀드릴게요. 영어 노출이 하나도 없었던 아이라면, 가장 먼저 부담이 없는 흘려 듣기부터 시작하세요. 맛있는 간식과 함께 10분 정도부터 시작합니다. 'Ben and Holly' 시리즈나 'Max and Ruby' 시리즈 같은 경우 한 에피소드가 10분 정도 하거든요. 하루에 이것 하나만 보는 겁니다. 이렇게 작게 시작하세요. 조금씩 아이가 재미를 느끼고 빠져들어서 한 에피소드만 더 보고 싶다고 할 때, 그때 더 보여 주세요. 두 배로 더 많이 보니까, 간식도 두 배로 더 주고 칭찬하면서 말이죠. 이런 식으로 흘려 듣기는 하루에 최대한 시간에서 한 시간 반까지 서서히 늘려 주시면 됩니다.

이때, 엄마가 영어책을 읽어 주는 것을 병행하시면 좋습니다. 자기 전에 책을 읽어 줄 때는 한글 책으로 해 주세요. 한글 책이 영어보다 훨씬 더 중요하기 때문에 영어에 양보하면 안 됩니다. 아이가 심심해할 때 한두 권만 가볍게 읽어 주세요. 하지만 엄마가 읽어 주는 것만 계속하기보다 반드시 어느 시점이 되면 바로 집중 듣기를 시작하기를 추천해 드립니다. 만약 아이가 어느 정도 영어 노출이 되어 있어서 원어민 음성을 들으며 혼자 텍스트를 따라 읽어 나갈 수 있다면 바로 집중 듣기를 시작해도 됩니다. 그게 더 좋습니다. 물론 아이가 좋아하고 엄마가 여력이 되고 엄마 자신도 즐겁다면 영어책 읽어 주는 것을 계속해서 병행해도 전혀 문제없습니다.

집중 듣기는 흘려 듣기보다 좀 더 힘든 작업입니다. 어른도 결코 쉽지 않아요. 그러니 아주 쉬운 그림책을 하루 한 권씩 또는 하루 5분 하기로 시작하세요. 앞서 말씀드렸던 것처럼 처음에 시작할 때 앞으로 얼마나 양을 늘려 나갈 것인지 약속하고 시작하길 추천합니다. "오늘부터 매일 5분씩 엄마랑 같이 집중 듣기를 할 거야. 더 하고 싶어도 어쩔 수 없어. 대신, 한 달 동안 매일 5분씩 다 해내면, 5분 더 할 수 있게 되는 거야. 그다음 달에는 또 5분을 더 할 수 있고!"라고요. 그러면 6개월이면 집중 듣기를 하루에 30분씩 할 수 있게 됩니다. 아이가 집중 듣기를 수월하게 하고 좋아한다면 최대 한 시간까지 늘려도 무관합니다. 하지만 아이가 좀 힘들어하고, 오히려 영어책을 직접 읽는 것이 더 좋다고 한다면 집중 듣기는 30분까지만 유지하고 대신 영어책 읽기 시간을 조금 더 많이 하는 방향으로 해도 됩니다. 절대 빼먹지는 말고요.

집중 듣기를 할 때, 아이가 좋아하는 책을 반복해서 하고 싶어 하면 얼마든지 그렇게 하게 해 주세요. 저희 아들 같은 경우 재미있는 책은 20번까지도 반복해서 듣습니다. 그러면 100% 외웁니다. 마치 읽는 것 같아 보이는데 그림만 보고 외운 걸 줄줄 말하더라고요. 문자 읽기의 어려움을 극복하는 데 시간이 오래 걸리더라도 그냥 놔두세요. 저는 그렇게 했습니다. 무려 1년 동안 집중 듣기를 했음에도 아주 쉬운 단어도 읽지 못해 좌절도 했지만, 지금은 챕터북을 줄줄 읽습니다. 느리고 특별한 아이일수록 우리 아이의 특성을 다른 아이들과 비교해서 깎아내리지 마시고, 아이의 특성을 인정해 주고 어찌 됐든 아이가 영어를 즐겁게 지속할 수 있도록 해 주세요. 빨리 레벨이 오르는 것보다 영어를 즐겁게 계속하는 것이 중요합니다.

영어책 읽기는 아이가 충분히 흘려 듣기와 집중 듣기를 통해 영어 소리에 익숙해졌고, 단어와 문장, 표현들을 어느 정도 알아서 혼자 읽을 수 있을 때 시작해도 늦지 않습니다. 저희 집 아이들도 흘려 듣기와 집중 듣기만 한동안 했는데, 자기도 읽을 수 있다며 책 읽기를 하고 싶다고 할 때 시작했어요. 이렇게 엄마가 먼저 강압적으로 요구하지 않고, 항상 아이가 하고 싶어 할 때까지 기다려 주는 것이 최고예요. 주도성과 자율성은 아이의 뇌를 최고로 활성화해서, 학습력을 최대로 끌어올려 준다는 사실을 잊지 마세요.

영어책 읽기는 가능하다면 한 시간까지 늘려 주세요. 하지만 억지로 할 필요는 없습니다. 아직 어리니까요. 참고로 저희 아들은 초등학교 4학년이 되어서야 하루에 한 시간 영어책을 겨우 읽을 수 있게 되었답니다. 여전히 하루에 30분 정도만 읽습니다. 하지만 저희 딸은 처음부터 많은 양을 읽기 시작했습니다. 이렇게 아이마다 다 다릅니다. 영어책을 처음 읽기 시작하는 타이밍도 아이마다 달라요. 저희 딸 같은 경우는 흘려 듣기와 집중 듣기를 시작하고 얼마 안 되어 바로 영어책 읽기가 되었습니다. 하지만 저희 아들은 정말 1년 가까이 영어책 읽기를 시작도 못 했어요. 그래도 지금은 두 아이 모두 각자 취향과 관심사에 맞는 영어책을 재미있게 읽고 있답니다. 아이의 속도가 다른 아이들에 비해 느리다고 걱정하지 마세요. 초등 저학년에 우리나라 말이 아닌 영어로 된 원서를 읽는 것 자체가 기특하고 멋진 겁니다. 우리가 초등학교 1, 2학년일 때는 한글만 겨우 읽었잖아요. 아이를 무조건 칭찬해 주세요. 저학년에 이만큼 하는 것만으로도 정말 최고라고요.

초등학교 3~4학년에 시작한 친구들은 수준별로 두 가지 목표 양을 알려드립니다.

초등학교 3~4학년에 시작하는 아이 중에는 완전히 영어를 처음 시작하는 아이도 있고, 집에서 엄마가 해 주었든 학원을 보냈든 뭔가 이미 영어 노출이 어느 정도 되어 있는 아이도 있습니다. 경우에 따라 영어 3종의 비중을 달리 해야 합니다.

첫째, 처음 영어를 시작하는 아이라면, 흘려 듣기를 한 시간 정도 편안하고 재미있게 보게 하고요. 간식 먹는 시간을 흘려 듣기 시간으로 잘 활용해도 좋습니다. 고학년이 되어 영 시간이 안 날 때는 아침 먹는 시간도 흘려 듣기 시간으로 활용하고요. 집중 듣기를 5분부터 시작해서 매일 또는 일주일마다 5분에서 10분 단위로 늘려서 30분까지 올려 보세요. 어느 날 아이가 이건 내가 읽을 수 있다고 말할 겁니다. 그러면 영어책 읽기도 추가합니다. 이렇게 서서히 총 세 시간을 만드는 것입니다. 예를 들면, 흘려 듣기 한 시간에서 한 시간 반, 집중 듣기 30분에서 한 시간, 영어책 읽기 30분에서 한 시간 정도면 다 합쳐서 세 시간이 채워집니다. 영어책 수준이 올라가서 챕터북을 읽게 되면 이제 영어책 읽기에 좀 더 비중을 두고 듣기를 조금씩 줄입니다. 흘려 듣기는 한 시간, 집중 듣기는 30분, 영어책 읽기를 한 시간 반 이런 식으로요. 이렇게 비율을 상황에 따라 달리하지만, 어쨌든 총 세 시간 동안 영어 노출을 유지하는 것입니다.

둘째, 아이가 어느 정도 영어 노출이 되어 있어서 이미 챕터북을 편안하게 읽는 수준이라면, 처음 시작할 때부터 흘려 듣기는 한 시간 이하로 조금만 하고 영어책 읽기에 더 많은 시간을 투자하는 것을 권해 드립니다. 집중 듣기를 특별히 좋아하는 아이도 있어요. 그렇더라도 가급적 영어책 읽기의 비중을 더 늘려 주세요. 집중 듣기를 좋아하는 아이를 소위 청각형이라고 하는데요. 문자를 읽고 이해하는 것보다 소리로 듣고 이해하는 것을 즐겨 하는 성향이죠. 이런 아이는 집중 듣기를 할 때 가만히 보면 글자가 아닌 그림을 주로 보고 있거든요. 계속 이렇게 하면 읽기 능력이 굉장히 더디게 올라갈 수밖에 없어요.

더디게 올라가는 것이 큰 문제는 아니라고 반문할 수도 있습니다. 초등학교 1학년이 그런다면 전혀 문제가 없는데요. 초등학교 4학년인데 아직 그러고 있다면 영어책 읽기를 좀 더 하도록 권할 필요가 있어요. 그 이유는 첫째로 우리의 목표가 영어 읽기 능력 향상이기 때문이고, 둘째로 중학생이 되고 나면 하루 세 시간씩 영어에 투자할 시간적 여유가 없어지기 때문입니다.

영어는 양이 채워지면 잘하게 되는 거라고 계속 이야기했잖아요. 그런데 양을 채운다는 것은 결국 시간을 투자한다는 것과 동일합니다. 뇌과학적으로도 만 7세~12세의 초등학생일 때가 제2 외국어를 모국어 방식으로 습득할 수 있는 최상의 시기이기 때문에 가능한 한 이 시기에 인풋을 최대로 해 주는 것이 현명한 판단입니다. 초등학생일 때 하는 것이 좋은 이유가 또 있는데, 바로 시간입니다. 이때가 시간이 제일 많을 때이거든요. 이왕이면 효율적으로 시간을 사용해야 하죠.

많지 않지만, 저희 아들처럼 청각형 아이들이 있습니다. 저희 아들은 그중에서도 정말 '극 청각형'입니다. 저는 만약 다니엘이 중학교에 진학하지 않고 홈스쿨링을 한다면 아이가 원하는 대로 집중 듣기와 흘려 듣기에 비중을 둬서 계속하게 놔뒀을 겁니다. 좀 더디게 영어 실력이 올라가는 것은 전혀 문제가 되지 않기 때문이죠. 하지만 저희 아들은 학교 다니는 것을 더없이 즐거워합니다. 매일 쉬는 시간과 점심 시간마다 나가서 축구하고 노는 재미로 학교에 갑니다. 중학교에 가서도 친구들과 함께하는 즐거움을 만끽할 거라고 생각합니다. 즉 홈스쿨링을 할 것 같지는 않다는 이야기입니다. 중학교는 빨라야 4시에 집에 옵니다. 게다가 지필 고사와 수행 평가가 쉴 틈 없이 돌아옵니다. 중학교를 다니는 아이가 매일 영어에 세 시간을 투자하는 것은 사실상 불가능하다고 생각합니다. 그래서 초등학생인 지금 아니면 영어책 인풋 양을 마음껏 넣어 주기가 어렵습니다.

시간이 충분히 여유로운 이때 저는 영어책 읽기를 더 많이 할 수 있기를 바랍니다. 청각형 아이인 저희 아들은 같은 영어책도 집중 듣기만 더 많이 하길 원했지만, 읽을 수 있다면 한번 읽어 보라고 했습니다. 결국 영어책을 한두 권 읽기 시작하더니 초등학교 4학년이 되면서 하루에 한 시간이나 하기 시작했습니다. 극 청각형이라 문자 인지가 느리고 읽기를 별로 좋아하지 않는 아이임에도 불구하고, 제가 끈질기게 권했기 때문에 이만큼이라도 하는 겁니다. 다행히 4학년이 되더니 영어를 잘하고 싶은 내적 동기가 저절로 생겨서, 2학기 때에는 드디어 영어책 읽기를 집중 듣기보다 더 많이 하기 시작했습니다. 그동안 듣기로 다져 놓은 영어 실력이 영어책 읽기가 더해지면서 한 단계 뛰게 되는 겁니다.

그리고 앞서 말씀드렸던 것처럼 집에 오면 책을 읽고 싶은 욕구가 높아지게 환경을 만들어 주시고, 또 아이가 매일 당연히 흘려 듣기, 집중 듣기, 영어책 읽기를 하는 습관을 만들어 주는 것을 우선시하는 것, 잊지 마세요. 처음부터 양치기 프로젝트를 막 달리려고 하시면 안 됩니다. 기본적인 인테리어 환경 조성과 습관 만들기를 중점적으로 하다가 서서히 양을 늘려 주는 것으로 초점을 옮겨 가는 거예요. 초등학교 3~4학년 정도면 엉덩이 붙이고 앉아 책 읽는 것이 저학년보다는 훨씬 수월하니 할 수 있습니다. 하지만 정말 가능한 수준에서 조금씩 늘려 주세요. 여기서 '가능한'이라는 말은, '내 아이가 가능한 만큼'이라는 뜻입니다. 엄마 기준이 아니고, 옆집 아이 기준도 아닙니다.

초등학교 3~4학년 때의 특징은 시간이 너무 많지도 적지도 않다는 겁니다. 아직 고학년은 아니어서 주로 2시면 하교하니까 시간적인 여유가 좀 있고요. 또 저학년은 아니어서 뭔가 영어를 잘하고 싶다는 욕구 같은 것이 생기기도 하고요. 물론 더 어릴 때부터 그런 욕심이 있는 아이도 있지만, 저희 아들을 보니 초등학교 4학년이 되어서야 비로소 영어뿐만 아니라 수학 시험 점수를 올리고 싶다는 생각도 처음으로 하더라고요. 이렇게 아이가 스스로 '잘하고 싶은 욕구'가 생기면 양치기를 할 수 있는 적기입니다. 사실 아무리 재미있는 영어책이어도 영어책을 읽는 것보다는 당연히 나가서 뛰어노는 게 재밌잖아요. 아이 스스로 영어를 잘하고 싶은 내적 욕구가 있어야 무리 없이 양을 늘릴 수가 있습니다. '학습'은 억지로 시키는 것이 가능하지만, '노출'을 억지로 시키는 것은 말이 안 되기도 하고, 쉽지 않거든요. 그래서 초등학교 3학년이나 4학년은 되어야 양치기가 가능하다고 생각합니다.

양치기를 어떻게 하느냐고요? 앞서 소개해 드렸던 키 높이 책 쌓기 또는 책장 뒤집기 같은 이벤트를 십분 활용하는 겁니다. 천 권 읽기도 참 좋아요. 표를 만들어서 냉장고 앞에 딱 붙여 놓고 책을 한 권 읽을 때마다 스티커를 붙여 주는 방법도 좋습니다. 중요한 것을 하나 더 말씀드리자면 천 권 읽기나 키 높이 책 쌓기 등 양치기 이벤트를 할 때는 손바닥만 한 작은 것이거나 얇은 리더스북도 모두 허락해 주세요. 한 권 읽는 데 10초도 안 걸리는 것이라도 괜찮습니다. 반복되는 패턴 문장을 빠르게 익히는 데 최고의 방법이니까요.

그리고 정말 중요한 것, 무조건 칭찬해 주세요. "어떤 집 아이는 초등학교 2학년인데《해리 포터》를 읽는다는데, 너는 이 조그마한 리더스북을 읽고 있는 거니?"라며 한탄하지 마세요. 마음속으로라도 그런 생각은 하지 마세요. 아이들은 다 알고 느낍니다. 일찍부터《해리 포터》원서를 읽고 안 읽고는 우리 아이가 성인이 되어서 영어를 편하고 즐겁게 사용하는 것과 아무 상관이 없습니다. 급할 것 없습니다. 아이의 속도를 인정해 주고, 응원과 격려와 칭찬만 해 주시면 됩니다. 그러면 저절로 영어가 많이 채워지고 터져 나오게 될 겁니다. 우리 아이의 영어 목표는 성인이 되어 영어로 된 텍스트를 모국어의 80% 이상의 수준으로 편안하게 읽고 이해하는 것입니다. 이걸 목표로 천천히 아이 속도에 맞게 꾸준히 해 나가면, 분명 초등학교 2학년 때 《해리 포터》를 읽던 아이만큼 영어를 잘하게 될 날이 옵니다.

너무 완벽하게 너무 빨리 너무 잘하기를 바라지 마세요. 비교하기 시작하면 행복 끝 불행 시작입니다. 영어는 그냥 하나의 언어일 뿐입니다. 양이 채워지면 결국 잘하게 되니, 걱정하지 마시고 아이를 믿고 아이의 속도에 맞게 조금씩 양과 수준을 올려 주면 됩니다. 제 진심이 전달되어 애 잡는 엄마표 영어를 하지 않기를, 중도 포기하지 않기를 진심으로 바랍니다. 비교만 안 해도 우리 속 깊은 곳에 있는 욕심이라는 괴물이 안 나올 거예요. 그 괴물이 안 나와야 우리 아이와의 좋은 관계를 유지하면서 행복하게 영어를 익힐 수 있는 겁니다.

다시 정리하면, 초등학교 3학년이나 4학년에 시작하신다면 우선 환경 조성과 습관 만들기, 그리고 양 늘리기 이 목표에 초점을 맞춰 주시고요. 다른 아이 보지 마시고, 옆집 엄마의 말을 듣지 마시고, 내 아이만 바라보고 꾸준히 하는 것을 꼭 기억해 주세요.

초등학교 5~6학년에 시작한 친구들은 그냥 무조건 최대한 많이 합니다.

초등학교 5~6학년에 시작하는 아이들도 두 부류로 나뉠 것입니다. 일단 영어를 아예 안 했던 친구는 없겠죠. 학교에서 초등학교 3학년부터 영어를 가르치니까요. 첫째로, 아이가 학원을 나름 열심히 다니다 사춘기가 찾아오면서 영어 학원을 더 이상 다니지 않겠다고 해서 이 길을 선택한 케이스가 있을 겁니다. 이렇게 아이가 원해서 시작하는 경우는 쉽게 잘 될 확률이 높습니다.

둘째로, 아이가 잘 다니던 학원을 그만두게 하고 엄마가 이 길로 아이를 밀어 넣은 경우입니다. 아이와 충분한 상의와 동의 끝에 내린 결정이고 행동이라면 정말 베스트인데요. 그렇지 않고 엄마가 일방적으로 시작한 케이스는 솔직히 쉽지 않습니다. 왜냐하면 이 시기에 시작한 아이들은 말 그대로 어마어마한 양을 밀어 넣어 줘야 하거든요. 아이의 의지가 없이는 불가능합니다. 따라서 반드시 아이가 원해서 시작했다 하더라도 충분한 대화로 아이의 의지를 북돋아 주고 차근차근히 해 나가야 합니다.

초등 고학년에 시작한 경우는 앞뒤 재고 따지고 할 것 없이 무조건 많이 밀어 넣어야 합니다. 다만 한 가지 간과해서는 안 될 중요한 것은 한글 책의 부재는 돌아가는 길이라는 사실입니다. 고학년에 시작한 경우, 급한 마음에 영어만 밀어 넣는 경우가 많아요. 문제는 그렇게 하면 한계에 부딪힙니다. 앞서 설명해 드렸지만, 한글 책 읽기로 충분히 모국어의 문해력과 독해력을 다져 주는 것이 우선이기 때문입니다.

따라서 고학년에 노출 방식의 영어 습득 방법을 시작했다 하더라도, 반드시 한글 책 읽기에 시간을 따로 떼어 줘야 한다는 거예요. 영어도 말도 안 되게 많은 양을 넣어 줘야 하고요. 그래서 아이의 동의와 의지가 반드시 필요하다는 겁니다. 그리고 가지치기 역시 꼭 필요합니다.

음악, 미술, 운동 이 세 개는 가능하면 계속 시키고 싶었는데 케리스가 초등학교 6학년이 되더니, 피아노 학원을 그만두겠다고 하더라고요. 집에서 혼자 연습하는 거나 교습실 다니는 거나 별 차이 없는 것 같다고요. 미술도 마찬가지 이유로 정리했습니다. 그래서 예체능 사교육은 태권도 학원 하나만 쭉 합니다.

이런 식으로 사교육 정리를 하지 않으면, 한글 책도 읽고 영어도 세 시간 이상 인풋 양을 채워 주는 것이 불가능에 가깝거든요. 아이가 영어를 잘하고 싶은 내적 동기가 충분한데도, 엄마가 사교육 가지치기를 못 해 줘서, 즉 한글 책 읽기와 영어 세 시간을 할 물리적 시간이 부족하여 아이의 영어 실력이 지지부진 못 올라가는 경우를 많이 봤습니다. 한글 책에 푹 빠져서 재미있게 읽고, 영어책도 마찬가지로 재미있게 읽으려면 시간적 여유가 필요합니다. 중학교에 가면 시간이 더 없거든요. 아무리 초등 고학년이 시간이 없다지만, 또 자잘한 사교육 정리만 하면 시간은 충분히 만들 수 있습니다.

목표량은 없습니다. 그냥 많이 하는 겁니다. 우선 영어 3종을 하루에 세 시간 이상 반드시 사수하는 것을 기본으로 하고, 그 이상 더 많이 할 수 있도록 독려해 주세요. 양이 채워지는 것을 가시적으로 확인하며 동기 부여를 받을 수 있도록 해 주는 것도 도움이 많이 됩니다. 저희 집 남매는 둘 다 지금도 키 높이 책 쌓기를 하고 있고 수시로 천 권 읽기에 도전하고 있습니다. 적절한 보상과 칭찬, 그리고 관심은 고학년이어도 언제나 필요하답니다. 덩치만 컸지, 여전히 아이이거든요.

늦게 시작했다는 생각에 조바심이 나서 너무 밀어붙이는 것은 주의해야 합니다. 초등학교 5학년도 1학년과 마찬가지로 처음 시작할 때는 적은 양으로 해 주세요. 서서히 늘려 가는 겁니다. 저학년보다는 조금 더 빠른 속도로 양 늘리기를 해 주세요. 아이의 속도에 맞추어서요. 다그치고 잔소리하는 것은 별로 도움이 안 됩니다. 무조건 칭찬, 적절한 보상, 비교하지 않고 내 아이의 속도에 맞게 서서히 늘려가기, 이것뿐입니다.

대박 책 및 영상 선정 노하우

점프 업 할 수 있는 대박 책의 중요성

저희 딸이 초등학교 2학년에서 3학년 말까지, 그러니까 거의 2년간 별명이 '속독녀'였습니다. 책을 구경하듯 후루룩 읽어 치우는 거죠. 아주 재미있는 책은 그나마 반복해서 읽으니 기억에 남고 감동도 받고 했지만, 대부분 대충 읽으니 별로 기억에 남는 게 없었습니다. 그게 참 속상했는데요.

어느 날 《김연아처럼(김연아 저)》이라는 책을 읽는데 두 시간 동안 겨우 43쪽을 읽었습니다. 여태 그런 적이 없었고 매번 너무 빨리 읽는다고 좀 천천히 읽으라고 잔소리를 했는데, 이번에는 너무 심하게 느리게 읽는다 싶어서 "혹시 너무 어렵거나 이해가 안 되니? 아니면 재미가 없니?"라고 물어봤습니다. 그랬더니 너무 재미있는데 이해가 안 되는 단어와 상황들 때문에 계속 다시 읽으면서 읽으니, 시간이 오래 걸린 거라고 하더라고요. 그리고 시간이 이렇게 지났는지 몰랐다는 말도 하고요. 그 순간, '아, 이거다! 속독이라는 나쁜 습관이 고쳐지도록 이 책이 크게 도와주겠구나!' 했습니다. 역시나 그때 이후로 영어책까지 읽는 속도가 현저히 느려졌답니다.

책 읽기는 빨리 읽어 치우고 권수를 채우는 게 목적이 아닙니다. 충분히 느끼고 생각하며 읽어야 남는 게 있습니다. 속독은 굉장히 나쁜 습관이에요. 물론 정독으로 책을 많이 읽다 보면 어느 시점이 지나서는 저절로 속독으로 정독할 수 있는 능력이 생길 순 있습니다. 그러나 그렇게 되기까지 시간이 걸리지요. 천천히 곱씹으며 읽는 것-슬로우 리딩이 한 때 이슈가 되기도 했는데요. 그 정도로 느리게 읽진 않더라도, 충분히 생각하며 책을 읽는 것은 너무나 중요합니다. 책 내용이 진심으로 재미있고 정말 다 이해하고 싶을 만큼 궁금하다면, 하지 말라고 해도 알아서 몰입하며 정독하고 천천히 정말 맛있게 읽는답니다.

결국 케리스는 이 책을 무려 다섯 시간에 걸쳐서 다 읽었습니다. 책 육아 역사상 처음으로 가장 긴 시간 동안 책 한 권을 한자리에서 다 읽은 것이었습니다. 케리스가 초등학교 4학년 되던 해였거든요. "난 네 나이 때 다섯 시간 동안 책을 읽는 것은 상상도 못 했는데, 너는 정말 대단하구나."라고 진심으로 감탄하며 칭찬해 주었습니다. 그 뒤로 케리스의 책 읽기 수준은 한 단계 점프 업을 할 수밖에 없었습니다. 결국 아이가 재미있어할 책을 찾아 주는 것이 책 육아의 핵심입니다. 이러한 아이의 대박 책을 어떻게 찾아서 골라 줄 수 있는지 알려 드리겠습니다.

전집보다는 단행본을, 리더스북보다는 그림책을

영어 전집 구입에 대한 질문을 많이 하시는데요. 저도 잠수네 영어를 알기 전에 유명한 영어 전집을 구입했답니다. '잉글리시 에그'를 비롯하여 대형 출판사에서 나온 영어 전집을 아낌없이 샀었어요. 케리스가 초등학교 1학년일 때까지는 제가 일하고 돈 버는 것에 푹 빠져 있었던지라, 값비싼 교구와 책을 사는 것으로 자녀 교육에 관한 죄책감을 덜려고 했던 것도 없지 않아 있었던 것 같습니다. 그래서 영어뿐 아니라 한글 책 전집과 교구도 지나치게 많이 구입했어요. 일하느라 바빠서 제대로 활용도 못 하면서요. 홈스쿨링 수업을 시키느라 가뜩이나 비싼 책값에, 수업료까지 배로 지출하기도 했습니다. 아이들이 수업 거부를 하기도 했고요. 결국 둘째는 수업시키는 것을 중도 포기했습니다. 지금 와서 생각하면 돈이 아깝기도 하고 그렇게 비싼 교구나 전집을 사기보다는 저렴하게 중고로 좋은 그림책을 몇 권만 사서 매일 한 권씩만 읽어 줬더라면 더 좋았을 텐데 하는 아쉬움이 정말 많이 남습니다.

단행본, 즉 낱권으로 된 영어 그림책들은 한마디로 예술 작품이랍니다. 그림도 예술적이고 한 문장 한 문장, 한 단어 한 단어가 작가가 고심해서 쓴 흔적이 엿보이는 문학 작품들이에요. 감동과 재미, 게다가 영어실력 향상까지 안겨 주는 것이 바로 영어 그림책입니다. 그림책들은 가격이 조금 비싸긴 합니다. 책 한 권에 만 원이 훌쩍 넘습니다. 그에 반해 리더스북이나 챕터북 시리즈는 비교적 싸거든요. 수십 권에 몇만 원이면 사니까, 한 권 당 5천 원이 채 안 됩니다. 그래서 덜컥 리더스북이나 챕터북 시리즈를 사서 그것만 가지고 영어를 시작하려는 엄마들도 가끔 있는데, 그러면 안 됩니다. 처음엔 쉽고 재미있는 그림책으로 시작해야 합니다.

학년과 상관없이 영어책의 수준은 아이가 쉽고 재미있게 느끼는 것부터 시작하면 돼요. 그리고 아이가 영어 학원을 몇 년을 다녔다고 해도, 일단 가장 쉬운 것부터 시작해 보시길 추천해 드립니다. 왜냐하면 막상 책을 읽혀 보면 아주 쉬운 그림책도 제대로 이해를 못 하는 경우가 많기 때문입니다. 혹시 아이 수준에 비해 너무 낮은 쉬운 책을 읽히는 것은 시간 낭비가 아니냐고 물어보신다면, 아이에게 그 책이 너무 쉬웠더라도 손해 볼 건 없다는 게 제 생각입니다. 언어 습득에 있어서 반복만큼 효과가 좋은 것은 없거든요. 또 쉬운 영어책 구입에 대해서 돈을 아까워하는 분들도 있어요. 사실 저도 처음에는 한 페이지에 겨우 한두 문장 있는데 가격은 두꺼운 챕터북보다 비싼 그림책 값이 그렇게 아깝더라고요. 그런데 이건 잘못된 생각입니다. 쉬운 책일수록 더 여러 번 반복해서 읽게 되기 때문에 본전은 충분히 뽑을 수 있거든요. 그러므로 처음 시작하신다면 한 달 영어 학원비 정도는 아주 쉬운 영어책을 구입하는 데 과감히 투자하시길 추천합니다.

영어책 읽기 독려 방법

"이렇게 쉬운 영어책을 왜 못 읽어?"라며 닦달하지 마세요. 엄마가 보기에 쉬워 보인다고 해서 무작정 영어책을 읽으라고 권하지 말아 주세요. 또, 집중 듣기 두세 번 했으니 이제 당연히 읽어 보라고도 하지 마세요. 엄마의 기준과 아이의 기준은 정말 다르답니다. 수학을 예로 들면, 1부터 10까지 수를 세는 거나 한 자릿수의 덧셈과 뺄셈은 어른 입장에서는 정말 쉬울 겁니다. 하지만 수 개념을 처음 익히는 아이 입장에서는 굉장히 생소하고 어렵거든요. 엄마는 한두 번 알려 주었으니 당연히 바로 할 것이라고 기대하는데, 절대 쉽지 않습니다. 마찬가지로 엄마가 보기에 이보다 쉬울 수 있나 싶은 영어책이라도 아이가 단번에 읽을 거라는 기대를 하지 않으셨으면 좋겠습니다.

기대가 크면 실망도 크다고 하죠? 우리 아이들이 비록 쉬운 영어책을 단번에 읽지는 못해도, 엄마가 자기에게 실망했다는 건 단번에 알아차린답니다. 그와 동시에 엄마를 실망시킨 자신에 대해 화가 나고 이렇게 만든 영어책이 싫어지거든요. 그러니 마음속 깊이 기대는 꼭꼭 숨겨 두고, 아이에게는 '대견하다', '기특하다', '고맙다'라는 마음만 가질 수 있도록 노력하세요. 엄마의 욕심, 꾸준하지 못함, 조급증, 불안감 등 때문에 결국 포기하게 됩니다. 모든 것을 애초에 생기지 않게 하는 방법은 기대를 내려놓는 거예요. 기대하지 않고 어떻게 꾸준히 해 나가냐고요? 지금 당장 성과가 나오는 것에 대한 기대를 하지 말고 멀리 보세요. 우리 아이가 나중에 분명 잘하게 될 거라는 믿음은 필요합니다. 그래야 이걸 계속하죠. 그리고 당연히 그렇게 될 겁니다.

느려도 너무 느린 우리 아들의 영어 성장기를 지켜보며 저는 정말 애가 타다 못해 진심으로 다 내려놓게 되었고요. 조금만 더 하면 잘할 것 같은데 지지부진 올라가지 못하는 딸의 영어 실력을 확인할 때마다 속에서 천불이 났습니다. 하지만 어떡해요? 다른 방법이 없는데요. 아이의 영어 실력을 급히 올리기 위해 우리 부모 세대가 예전에 하던 괴로운 학습식 영어 공부법으로 돌아가고 싶지는 않았습니다. 지금까지 즐겁게 편안하게 해 온 이 방식을 고수하고 싶었습니다. 그렇지만 좀처럼 올라가지 않는 영어 실력을 볼 때마다 밀려드는 실망감과 절망감으로 정말 다 포기하고 싶었습니다.

하지만 지금껏 해 올 수 있었던 이유는? 계속 이야기했듯 당장 눈앞에 성과가 나오길 바라는 기대를 내려놨기 때문이에요. 정말 멀리 보기로 했거든요. 수능? 그것도 멀지 않아요. 아이가 대입을 치르는 게 고작 스무 살이거든요. 백 세 시대잖아요. 아이는 대입 후, 80년을 더 살 거예요. 그때를 생각했습니다. 남은 80년을 생각하면, 지금 당장 아이가 읽는 영어책의 수준이 느리게 올라가는 것이 별 문제가 안 되더라고요.

지금 아이가 초등학생인가요? 고학년이어도 상관없어요. 이렇게 쉬운 영어책을 왜 단번에 읽지 못하는지 고민하고 걱정하지 마세요. 양을 채우면 됩니다. 임계량이 채워지니 말하고 쓰는 게 터져 나옵니다. 못 읽으면 집중 듣기를 더 시켜 주세요. 아이가 거부하지 않고 해 주는 게 감사한 겁니다. 게임, 스마트폰, 유튜브 등 요즘 아이들이 영어책 읽기보다 재미있어하는 것이 얼마나 많나요? 그 모든 것을 하지 않고, 엄마가 좋다고 하니까 영어책을 읽어 주니 얼마나 예쁜가요.

잘 못하더라도, 엄마 기준에 못 미치더라도 칭찬해 주세요. 조금이라도 어제보다 오늘 더 잘하는 부분이 있다면, 칭찬해 주세요. 저희 남매는 어디 내놔도 지지 않을 만큼 '부족한 언어 감'을 타고났습니다. 이런 아이들도 꾸준히 수년째 이 방법으로 영어에 노출이 되니까 지금은 웬만한 영어 영상을 자막 없이 깔깔거리며 보고, 영어로 된 소설도 즐겁게 읽습니다. 이렇게 된 이유나 비법은 다른 게 아니고 당장의 결과에 대한 기대를 내려놓고 최선을 다해 칭찬해 줘서라고 확신합니다.

영어를 잘하려면 우리말로 된 한글 책부터

앞서 한글 책 읽기의 중요성을 수없이 말씀드렸습니다. 한글 책만큼은 학년별로 나눠 목록을 소개해 드릴 수 있습니다. 하지만 이 역시 권장 학년일 뿐이니, 아이가 초등학교 4학년이어도 2학년 수준의 한글 책을 재미있게 잘 읽는다면, 초등학교 2학년 수준의 한글 책 읽기부터 시작하세요.

저희 딸이 그런 식으로 초등학교 2학년 때 영유아 대상 한글 그림책부터 읽기 시작했어요. 쉽고 만만한 책부터 실컷 읽고 나면, 제학년 책을 받아들일 준비가 됩니다. 또 책 읽기는 한 번 제대로 훈련만 되면 술술 되는 영역이거든요. 예를 들어, 수학 같은 경우는 덧셈과 뺄셈이 안 되면 곱셈과 나눗셈을 할 수가 없죠. 하지만 책 읽기나 영어는 약간 자전거 타기와도 비슷합니다. 세발자전거를 한 번 배우면 언제든 다시 타도 금세 잘 타잖아요. 그다음 두발자전거 타기도 마찬가지이고요. 외발자전거 타기를 한다면 한 번 터득하고 몸에 익혀지는 데 시간이 걸릴 뿐, 계속 훈련하면 점점 더 잘 타게 됩니다. 이와 마찬가지로 책 읽기나 언어 같은 경우는 얼마 동안 매일 읽기 훈련을 하다 보면 어느 순간 저절로 쉽게 읽히는 때가 옵니다. 그때 책 단계나 양을 훅 올려도 가능하게 되고요. 그런 식으로 책 단계를 올리고 양을 늘려 가는 겁니다. 그러면 어느새 어른도 읽기 힘든 고전을 아이가 제대로 재미있게 읽게 되는 날이 옵니다.

부록에서 저희 남매가 좋아했던 한글 책 몇 권을 소개해 드릴 건데요. 사실 아이마다 취향이 다 다르기 때문에 저희 아이들이 좋아했던 책이라고 해서 다른 모든 아이들도 좋아하진 않을 겁니다. 그러나 어느 포인트에서 그토록 재미있어했는지와 같은 팁도 같이 소개해 드릴 테니, 참고하시어 내 아이의 대박 책을 꼭 찾으시길 바랍니다.

영어 영상을 고르는 팁

《아주 작은 습관의 힘(제임스 클리어 저)》에서 무엇이든 새로운 습관을 들이기 시작할 때는 무조건 아주 작게, 그리고 쉽게 시작하라고 했다고 앞서 말씀드렸습니다. 전혀 부담이 없을 만큼 쉬운 영상을, 정말 짧은 시간 동안 보는 것으로 시작하세요. 엄마가 보기에는 '이렇게 쉬운 영어 영상을 이렇게 조금 본다고 무슨 효과가 있을까' 싶겠지만, 서서히 이 행위 자체가 아이에게 익숙해지는 데 시간이 필요하기 때문입니다.

처음 영어 영상을 보며 흘려 듣기를 할 때의 아이 입장을 생각해 봅시다. 영어 소리를 듣는 것 자체가 익숙하지도 않고 또 영어 소리만으로는 이해도 잘 안 되어 불편할 겁니다. 그러므로 가장 쉬운 것부터 시작하시기를 추천해 드립니다. 조급해할 필요 없어요. 수준과 양은 조금씩 서서히 올리면 됩니다.

흘려 듣기의 최대 효과를 올릴 수 있는 영어 영상을 고르는 팁 세 가지를 먼저 말씀드릴게요. 이 세 가지는 영어 영상 보기의 기본입니다. 우리가 영어 영상을 아이들에게 보여 주는 목적을 생각하시면 분명히 기억하실 수 있을 거예요.

첫째, 말이 많은 것이어야 합니다. 영어 영상을 보여 주는 제일 중요한 목적은 영어 소리에 익숙해지기 위해서예요. 그런데 말이 거의 없는 영어 영상들이 꽤 있답니다. 넷플릭스나 디즈니플러스를 많이 구독하시고 그걸로 보여 주실 텐데, 꼭 확인하세요. 특히, 'Masha and Bear' 같

은 경우는 자극적이라 매우 재미있는데 말이 거의 없답니다. 어린이가
주인공이고 동물들이 나오니까 좋은 영어 영상을 보여 준다고 생각하
실 수 있는데, 일단 말이 없어서 시간 낭비라는 생각이 드는 그런 영상
이랍니다.

둘째, 폭력성이나 선정성을 확인하세요. 방금 예로 든 'Masha and
Bear'가 엽기적이고 폭력성이 큰 편입니다. 그런데 이건 귀여운 폭력(?)
이라고 봐도 무방할 만큼, 굉장히 폭력적인 장면이 계속 나오는 영어 영
상이 있습니다. 한때 저희 아들이 푹 빠져 보던 'Ben 10'이라는 영상입
니다. 인기가 엄청 많은 영상이거든요. 어쩌다가 한 번 같이 보게 된 적
이 있는데, 너무 기괴해서 깜짝 놀랐습니다. 초등 저학년이라면 절대 보
여 주지 말아야 할 영상이었으니, 꼭 확인하세요.

셋째, 가능하면 영어권 국가에서 만들거나 그 나라 문화가 여실히
드러나는 영상이 좋습니다. 영어 영상을 보는 목적 중의 하나가 영어라
는 언어를 쓰는 그 나라의 문화에 자연스럽게 익숙해지는 것이기 때문
이에요. 언어는 문화라고 제가 여러 번 강조했잖아요. 사실 문화를 가장
자연스럽게 잘 습득하는 방법은 그 나라에 일정 기간 사는 것이지만 그
건 현실적으로 쉽지 않고, 또 개인적으로 기러기 가족이 되는 조기 유
학은 반대하는 입장이라 권하고 싶지 않습니다.

그것을 대체할 수 있는 것이 바로, 영어권 국가에 사는 모습이 고스
란히 담겨 있는 재미있는 애니메이션이나 시트콤, 드라마를 보는 것입니
다. '뽀롱뽀롱 뽀로로'나 '브레드 이발소' 같은 우리나라에서 만든 영어

영상도 많이 보더라고요. 하지만 이 세 번째 이유로 저는 가능하면 다른 걸 보도록 권유하는 편입니다. 케리스는 초등 고학년이 되자, 일본 애니메이션도 좋아했습니다. 영어 영상이긴 하지만 여전히 일본 문화인 거죠. 물론 일본 문화를 접해 보는 것도 나쁘지 않고, 아이가 너무 재미있어하니 어느 정도 보는 것을 반대하진 않아요. 이미 영어 소리에 충분히 익숙해져 있기 때문에 지금은 허락합니다. 그래서 처음 영어 소리에 노출되는 시기에는 가능하면 영어권 국가의 문화를 충분히 접할 수 있는 영상을 보여 주는 것이 좋습니다.

저희 남매가 좋아했던 대박 영어 영상

아이들의 취향을 파악하기 위해 보여 주었던 몇몇 영어 영상을 조금 소개해 드리고자 합니다.

제일 처음 저희 아이들에게 시도했는데 버림받은 영상은 'Caillou' 시리즈였습니다. 굉장히 유명한 영상이었는데, 초등학교 2학년을 앞둔 케리스에게는 너무 유치했던 거죠. 영유아에게는 적합하지만 초등 때 시작하는 아이에게 'Caillou' 시리즈는 비추예요.

말이 느리고 쉬운 영상 중에서 'Max & Ruby' 시리즈는 비교적 좀 집중을 잘하더라고요. 케리스는 사실 TV도 푹 빠져서 보는 성향이 아니어서 흘려 듣기를 습관 들이는 데 참 애를 먹었습니다. 반면 TV를 볼 수 있는 것만으로도 감사해했던 다니엘은 'Max & Ruby' 시리즈의 열성 팬이었어요. 어찌나 재미있어하던지, 놔두면 계속 볼 기세였습니다. 이 시리즈가 남매 이야기이다 보니 공감이 참 잘 되어 아이들이 재미있어했습니다.

'Little Einsteins' 시리즈도 꽤 재미있게 봤습니다. 이건 노래도 많이 나오고 과학 지식도 좀 나오는데, 스토리에 잘 집중하지 못하는 편인 케리스도 아주 좋아하면서 잘 봤어요. 다니엘은 처음에는 잘 보더니, 나중에는 별로 안 좋아했었네요. 다니엘은 억지로 스토리를 엮은 지식책도 싫어했고, 워낙 선호가 분명한 아이이다 보니 스토리가 부실하고 지식을 주입하려는 냄새가 조금이라도 풍기면 책도 영상도 보지 않았거든요. 이런 호불호 강하고 스토리가 중요한 아이에게는 적합하지 않은 영어 영상이라고 생각합니다.

'Dora the Explorer' 시리즈도 케리스가 더 재미있게 봤어요. 다니엘은 이것도 처음에만 흥미를 느끼더니 점점 시들해지더라고요. 다니엘이 재밌게 볼 만한 흘려 듣기 영상을 찾아 헤매다가, 'Toopy and Binoo' 시리즈를 들렸는데, 다행히 다니엘에게 잘 먹혔습니다. 나름의 스토리가 있고 유머가 있습니다.

'Paw Patrol' 시리즈는 다니엘에게 엄청난 반응이 있었고, 케리스도 강아지를 좋아하다 보니 같이 재미있게 본 몇 안 되는 영상 중의 하나였어요. 어쨌든 두 아이 모두 좋아하는 영상 찾기는 하늘의 별 따기 정도라고 할 수 있습니다.

'아이가 둘이나 셋이니까 DVD 하나 사면 두 배 세 배 본전 뽑겠다'
라는 믿음이 싹 깨지지 않나요? 아이들 취향이 이렇게 다릅니다. 저희
아이들은 성별도 다르니 더한 것 같고요. 다니엘이 특히 호불호가 강해
서 둘 다 같이 재미있게 본 영상은 손에 꼽을 정도입니다. 그렇기 때문
에 이 추천 영상이 나의 아이에게도 반드시 대박이 날 것이라는 믿음을
가지시면 안 됩니다. 그래도 참고하시면 도움이 될 거라고 생각됩니다.

중등 및 대입 입시 영어와의 간극을 좁히는 방법

예비 중등 아이들에 대한 고민

곧 중학생이 될 고학년인데, 이렇게 책만 읽혀도 될까 하는 생각이 드실 수 있습니다. 주변에서는 초등학교 5학년부터는 무조건 문법과 단어 암기, 즉 영어를 공부시켜야 한다고 하고, 또 '예비 중등'이라는 말만으로도 벌써 괜히 조급증과 불안감이 스멀스멀 올라오는데 어찌해야할지 고민이 많으실 거라 생각됩니다. 저도 예비 중등 엄마를 지나왔습니다. 저라고 왜 조급증과 불안감이 없었겠어요. 가끔 그 느낌이 올라옵니다. 그나마 자기 계발 덕분에 정말 가끔만 그렇습니다.

마지막으로 간략하게 예비 중등 아이들을 위한 최소한의 준비에 관해서 서술하고 마무리할게요. 부록에서는 한글 책, 영어책, 영어 영상 추천 리스트를 심혈을 기울여 선별하였으니 꼭 참고하시고, 아이에게 표지와 코멘트를 보여 주시며 직접 보고 싶은 것을 고르게 하기를 권하겠습니다.

그럼, 초등 시절 집에서 노출 방식으로 영어 습득을 하고 이제 중학생이 된 저희 딸의 영어 공부 이야기를 말씀드리겠습니다.

예비 중등 전격 학습 영어 로드맵

엄마표 영어와 책 육아를 집에서 꿋꿋이 잘해 오던 엄마들도 아이가 초등학교 4학년만 되면 점점 불안해져서 이제는 학습식 영어를 해야 하는 것이 아니냐며 우왕좌왕하는 모습을 많이 봤습니다. 우선 다시 한번 그러실 필요 없다고 꼭 말씀드리고 싶습니다. 간혹 해석을 잘못하는 습관이 들었거나 독해를 자기 멋대로 주관적으로 하는 게 몸에 밸 수 있어요. 저희 딸이 그랬거든요. 이걸 막는 방법은 아이 수준에 맞는 독해 학습서나 어휘집을 병행하는 겁니다. 초등 때는 흘려 듣기, 집중 듣기, 영어책 읽기 세 가지를 메인으로 하면서 필요에 따라 쉬운 학습서를 병행하는 정도면 충분합니다.

저희 딸은 초등학교 6학년이 되어서도 아직 문법 공부를 하기에는 이르다는 느낌이 들었습니다. 물론 아이마다 다릅니다. 그러니 몇 학년에 문법을 해야 한다 말아야 한다 이런 말에 휘둘리지 마시고, 내 아이를 관찰하세요. 아동 발달상으로는 초등학교 6학년까지 문법을 익히는 것보다는 계속해서 노출식으로 영어를 하는 것이 맞습니다. 다만 특별히 빠른 아이는 좀 더 일찍 시작해도 무관합니다.

저희 딸은 중학생이 되어서야 비로소 마음가짐부터 달라졌습니다. 본격적으로 단어 암기와 문법 공부 같은 학습식 영어를 시작하게 되었어요. 현재 초등 고학년 엄마이거나 예비 중등 엄마일 경우, 괜한 불안감이 있으실 텐데요. 그 불안감을 잠재워 드리고자, 초등학교 때 내내 흘려 듣기, 집중 듣기, 영어책 읽기로 영어를 익혀 오다가 중학생이 되어 학습 모드로 전환한 저희 딸의 영어 공부 진행 방법을 공유합니다.

첫째, 기존에 하던 대로 영어책 읽기는 시간이 허락하는 한도 내에서 최선을 다해서 하고 있고 계속하도록 합니다.

흘려 듣기와 집중 듣기는 쉬는 시간이 있거나 아이가 특별히 하고 싶어 할 때 하지만, 영어책 읽기만큼은 최선을 다해 명맥을 이어갈 수 있도록 노력하고자 합니다. 중학교 3년 내내, 가능하면 고등학교 때도요. 영어책 읽기를 멈추는 순간 감을 잃게 됩니다. 어쩌면 그동안 해 온 것이 말짱 도루묵이 될 수도 있거든요.

고3 때는 아마도 영어책 읽기를 수능 지문 읽기로 대체해야 할지도 모릅니다. 또, 중고등 내내 중간고사와 기말고사 기간에는 마찬가지로 시험 범위에 있는 교과서나 각종 문제집 지문을 읽는 것으로 영어책 읽기를 대체해야 하겠지요. 어찌 됐든 영어로 된 글 읽기는 최선을 다해

지속할 수 있도록 수단과 방법을 가리지 않으려고 합니다.

둘째, 문법 공부는 아이가 마음에 들어 하는 기초 영문법 책 한 권을 반복하여 완전히 자기 것으로 만들게 합니다.

저희 딸 같은 경우 초등학교 6학년 겨울 방학에 《Grammar Zone 기초편》으로 생애 처음 문법을 접하게 되었습니다. 인터넷 강의를 보면서 하는데도 상당히 이해하기 어려워하고 지루해하더라고요. 막상 문제를 풀라고 하면 그동안 영어책을 읽고 생긴 감으로 답을 쏙쏙 잘 집어내긴 하는데, 문법 용어와 설명 방식이 너무 낯설어 힘들어했습니다. 결국 중도 포기하고 3월에 중학교를 입학하게 되었어요.

이제 문법 공부를 어떻게 할지 고민하던 중, 남편이 상의도 없이 "영문법은 성문이 최고지!"라면서 《성문 기초영문법》 교재를 구입했습니다. 저는 당연히 케리스가 싫어할 거라고 했으나, 딸아이는 그걸 보더니 《Grammar Zone》보다 이게 더 좋으니 이걸 하겠다고 하는 겁니다. 그러자 남편은 굉장히 뿌듯해하면서 "그럼 앞으로 한 주에 한두 챕터를 혼자 공부하고 주말마다 아빠에게 검사를 맡자."고 했지요. 검사는 케리스가 공부하여 알게 된 내용을 직접 아빠에게 설명하는 방식으로 하기로 했습니다. 이렇게 3월 첫 주부터 저희 딸의 본격적인 영어 문법 공부가 시작되었고 지금껏 잘해 오고 있습니다.

케리스가 혼자서도 영문법을 공부할 수 있는 이유는 결코 머리가 뛰어나서가 아닙니다. 공부 머리가 있는 아이도 아니고, 언어 감을 타고난 아이도 아닙니다. 그런데도 혼자 영어 학원에 다니지 않고 중등 공부를 할 수 있는 이유는 단 하나예요. 국어 문해력이 제 학년 수준이 되기 때문입니다. 그래서 초등 때 한글 책 읽기가 가장 중요하다고 강조하는 겁니다. 거기에 영어책 읽기로 다져온 영어 기본 어휘력과 해석력이 어느 정도 되어서 영문법 교재도 예문을 읽으며 이해할 수 있으니 가능했던 것입니다.

학교 시험 점수를 얼마나 잘 받을지는 모르겠습니다. 그러나 중요한 것은 혼자서도 자신감과 흥미를 느끼고 영어 문법 공부를 한다는 것이고, 매주 아빠의 검사를 통과할 때마다 "오예! 엄마, 나 오늘은 한 번 만에 통과했어!"라며, 굉장히 뿌듯해하며 영어 공부 과정을 즐기고 있다는 사실입니다. 영문법 교재는 사실 어떤 책이든 무관한 것 같습니다. 굉장히 좋은 영문법 교재가 시중에 정말 많아요. 영문법 교재를 고를 때는 예문이 많고 가능한 모든 중등 수준의 기초 문법이 다 들어 있는 것 한 권이면 좋습니다. 저희 아이는 이러한 교재 한 권을 두 번 세 번 반복하여, 기초 문법을 충분히 익히게 하는 방법으로 공부하고 있습니다.

고등학교 내신이나 수능 시험에서 만날 긴 지문 속 문장을 정확히 해석하고 독해하기 위해서는 기초 영문법은 필수입니다. 중학생이 되어 학습력이 어느 정도 되고 또 자유학기제여서 시간이 충분히 있는 지금, 기초 영문법을 잘 다져 놓는 것은 앞으로의 입시를 위해서도, 성인이 되어서도 계속 필요할 영어 독해력을 위해서도 유의미하다고 생각합니다.

셋째, 단어를 초등학교 6학년 겨울 방학부터 시작해서 영어와 인연

이 끝나는 그날까지 계속 외웁니다.

시작은 아주 쉬운 것부터요. 《우선순위 영단어》나 《워드 마스터 중등》 등 시중에 인기 있는 단어장이 많습니다. 아이가 원하는 걸로 골라 주세요. 하루에 외울 수 있는 영어 단어 개수는 아이마다 다릅니다. 그리고, 영어책 읽기를 충분히 즐겁게 많이 해 온 아이라면, 중학생 단어집에 있는 단어는 그리 어려울 게 없을 겁니다. 그래도 학교 시험을 위해서는 정확한 뜻을 아는지 확인이 필요합니다. 또 일정 수준 이상의 영어 실력, 즉 전문 분야까지 독해 능력이 필요해진다면 그때는 단어 암기는 필수이기 때문에 이를 위해 지금부터 꾸준히 단어를 암기하는 습관은 좋다고 판단이 됩니다.

참고로, 케리스는 중학교에 입학하고 나서부터 《워드 마스터 중등 실력편》으로 단어 암기를 시작했고, 매일 이틀 치씩 외워서 매일 밤 10시에 단어 테스트를 보고 있습니다. 처음에는 단어를 암기하는 것 자체가 익숙하지 않아 힘들어하더니, 점점 괜찮아지고 있어요. 이미 아는 어휘가 꽤 있어서 그렇습니다. 그동안 재미있는 영어책에서 본 단어의 정확한 뜻을 알게 되고 또 생각지도 못한 다른 뜻도 있다는 사실을 알게 되는 등 굉장히 신기해하기도 하고 재미있어하더라고요. 그래서 초등 때는 영어책만 읽어도 된다고 이야기하는 겁니다. 단어 암기가 훨씬 수월해지거든요.

저는 입시만을 위한 공부를 시키는 것을 극도로 싫어합니다. 대입 후에는 끝인 '끝이 있는 목표'여서입니다. 저는 입시에도 도움이 되면서 아이의 남은 인생에도 도움이 되는 공부 방법을 지향합니다. 위의 세 가지는 입시에도 필수적으로 필요하지만, 아이가 인생을 사는 데 필요한 영어 능력을 쌓는 데에도 더없이 좋은 방법들입니다.

중등 스피킹과 라이팅 공부

이외에 스피킹이나 라이팅 같은 경우는 필요할 때 하면 됩니다. 좋은 인터넷 강의나 문제집이 많습니다. 마음먹고 검색만 해도 찾을 수 있어요. 초등 때부터 미리 할 필요 없습니다. 당장 필요한 것이 아니고서는 최선을 다하기 힘들고 들인 시간과 금액 그리고 에너지 대비 남는 것도 별로 없습니다. 한마디로 가성비가 안 좋은 거예요.

아이들과의 시간은 참 소중합니다. 몇 달 후에 이민을 간다면 당연히 당장 스피킹을 훈련해야 할 것입니다. 필요하다면 과외라도 시켜야 합니다. 아이가 들어갈 중학교에서 영어 쓰기 수행 평가를 자주 하고 배점도 높다고 한다거나 아이의 꿈이 영어 쓰기에 관련된 것이어서 아이가 잘하고 싶어 한다면, 시키세요. 참고로 최근 아이가 원해서 화상 영어 수업을 주말에 30분씩 두 번 하고 있는데요. 그동안 인풋만 해 왔던 영어 실력을 뽐낼 수 있어 굉장히 즐거워하더라고요. 휴식처럼 부담 없이 하고 있습니다.

하지만 저희 아이처럼 아이가 정말 원해서 하는 것이거나 이민이나 유학 준비라는 현실적인 이유가 아닌, 그저 엄마 생각에 아이 영어 실력이 어느 정도 되는 것 같으니 아웃풋이 나오길 기대해서 시키려는 것이라면 말리고 싶습니다. 시간과 돈 낭비가 될 가능성이 큽니다. 차라리 그 시간에 아이가 재미있게 읽을 영어책 한 권을 더 읽는 게 나을지도 모릅니다.

입시를 위한 학습 영어를 시작하는 적기

저희 딸이 예비 중등인 초등학교 6학년 겨울 방학에 이 세 가지를 모두 시작하는 것이 적기라고 여겨져서 시작했습니다. 이 책에서 말씀드린 방법으로 영어를 초등학교 때 수년간 충분히 노출되었다면, 초등학교 6학년 겨울 방학에 시작해도 전혀 늦지 않습니다. 대부분의 평범한 아이들이 그럴 것입니다. 물론 모든 아이가 다 같지는 않습니다. 저희 아들 같은 경우, 여러 면에서 저희 딸과는 다릅니다. 아이의 특성을 고려하여 시작 시기를 정하는 게 좋습니다. 더 빠를 수도 있고 더 늦게 시작할 수도 있습니다. 엄마표 영어의 최대 장점이 바로 이거죠. '우리 아이 맞춤'. 그러므로, 남들이 뭐라 하든 우리 아이에게 맞는 시기에 시작하세요.

자녀 교육에 관심을 갖고 또 우리 아이를 진심으로 면밀히 관찰하며 기록하면, 그 적기가 딱 보입니다. 이건 엄마만 알죠. 이 세상 누가 나만큼 내 아이를 사랑하고 관심 갖겠어요? 학원 상담 선생님도 옆집 엄마도 아닌, 내가 가장 잘 압니다. 가장 많은 시간을 함께했으니까요. 또 가장 사랑하니까요. 물론 객관성을 잃을 위험도 있습니다. 그래서 다시 강조하지만, 엄마도 책을 읽어야 합니다. 저 같은 경우, 자녀 교육서뿐 아니라 자기 계발서와 트렌드 그리고 뇌 과학 분야의 책을 읽으니, 아이를 지금 당장의 성적이나 레벨로 평가하지 않게 되고, 아이의 인생 전체를 보게 되는 넓고 긴 시야를 갖게 되더라고요.

또한 학습식 영어 공부는 참 힘들고 어렵습니다. 이걸 아이가 자발적으로 열심히 하는 것은 쉽지 않은 일이에요. 아이가 꿈을 갖고 공부를 열심히 하고자 하는 마음이 생기게 하는 것이 입시 영어의 성공 여부를 결정짓는다고 해도 과언이 아닌데요. 책 읽기를 통해 성장하는 엄마의 모습을 아이에게 보여 주는 것보다 더 효과적인 동기 부여는 없습니다. 그러니 엄마부터 열심히 공부하고 열심히 사는 모습을 보여 주세요. 엄마가 자기 계발을 위해 열심히 책을 읽으면 아이 교육에 있어 가장 문제가 되는 조급증과 불안감도 멀리 날려 버릴 수 있기도 하답니다.

오늘부터 아이가 노출식으로 영어 습득하는 이 방법을 시작할 때, 엄마도 책 읽기를 함께 시작하는 게 어떨까요? 아이의 영어 실력도 키우고, 엄마의 자아실현도 하고 말이죠. 엄마도 아이도 행복한 자녀 교육을 응원합니다.

부록

책과 영어 영상
추천 리스트

01
쉽고 재미있는
한글 창작 책

석기 시대 천재 소년 우가 레이먼드 브릭스

다니엘이 초등 1학년 때부터 3년 동안 수십 번이나 읽은 책입니다. 만화 형식이며, 석기 시대 지식을 저절로 습득할 수 있습니다. 호기심과 왠지 모를 반항심이 넘치는 남자아이들의 마음에 쏙 들 만한 책이랍니다. 영유아부터 초등 저학년까지 추천합니다.

잘난 척하는 놈 전학 보내기 박현숙 & 김다정

이 책을 시작으로, 박현숙 작가님의 책을 쭉 재미있게 읽었어요. 다니엘이 너무 재미있다며 자기 용돈으로 직접 산 첫 책입니다. 글 양이 꽤 많은 두꺼운 문고책인데도 세 번이나 읽었을 정도로 스토리가 탄탄하고 재미있습니다.

동글이의 엽기 코믹 상상여행 시리즈 야다마 시로

창의적이지만 약간은 엽기적이라 교육적으로 좋을까 하는 고민을 했지만, 초등 저학년에게는 재미가 있으면 장땡인 것 같습니다. 아이가 재미있게 읽는 책이면 웬만하면 허락해 주세요. 독서 습관이 들고 독서가 재미있는 활동이라는 인식이 생기면 성공인 겁니다.

로봇 박사 데니스 홍의 꿈 설계도 데니스 홍 & 유준재

이 책을 읽으며, 로봇 공학자를 꿈꾸는 아들이 얼마나 귀엽던지요. 매일 자기 전에 한글 책을 읽어 줬는데, 진짜 재미있었는지 다 읽어 준 뒤에 또 혼자 읽더라고요. 데니스 홍의 로봇에 관한 책을 더 빌려 주었는데 이 책을 지금까지도 가장 좋아합니다.

마지막 레벨 업 윤영주

다니엘이 초등 4학년 때 재미있게 읽은 게임 관련 책입니다. 《게임 파티(최은영 저)》, 《게임왕(선자은 저)》도 무척 좋아했어요. 《마지막 레벨 업》은 감동적이므로 꼭 읽어 주세요. 게임 - 뇌 과학 - 로봇으로 확대하여 미래 사회의 인권, 사회, 철학을 생각하게 해 주거든요.

마당을 나온 암탉 황선미 & 김환영

이 책을 시작으로, 황선미 작가님의 책을 섭렵하기 시작했습니다. 케리스에 이어 다니엘에게까지 책을 읽어 줬는데, 감동의 눈물을 안 흘릴 수가 없는 책입니다. 재미와 감동이 가득해요.

동작대교에 버려진 검둥개 럭키 박현숙, 황동열 & 신민재

케리스가 초등 3학년 쯤에 읽은 책입니다. 100쪽이 넘었는데도 단숨에 읽어 버렸어요. 글 양이 너무 많아서 혹시나 이해가 안 돼 재미없다고 하는 것 아닐까 했던 저의 걱정과 예측은 보기 좋게 빗나갔습니다. 실화라 무척 슬퍼하고 공감하며 감동했던 책이랍니다.

시튼 동물 이야기 시리즈 어니스트 톰슨 시튼

야생동물의 삶을 생생히 엿볼 수 있는 그림책입니다. 적자생존이라는 상황 속에서도 끝까지 자식을 지키는 동물의 모성애를 보고, 읽어 주는 저도 여러 번 눈물을 흘렸을 정도였죠. 야생동물의 삶이 아이들에게 재미와 감동을 안겨 준답니다.

02

유익하고 감명 깊은
한글 지식 책

빨간 내복의 초능력자 시리즈 서지원 & 이진아

《와이즈만 과학동화》 시리즈입니다. 무척 좋아해서 용돈으로 시즌1을 구입했는데, 어찌나 반복해서 읽고 또 읽는지 결국 시즌2는 제가 사 줬습니다. 지식 책이지만 워낙 스토리가 탄탄하니 정말 재미있게 읽었답니다.

내 이름은 파리지옥 이지유 & 김이랑

과학 지식 책 중에 가장 재미있게 읽은 책입니다. 같은 과학 이야기 시리즈인 《내 이름은 태풍》도 아주 재미있어서 두고 두고 반복해서 읽었습니다. 이지유 작가님의 다른 책들도 많이 있는데, 이 두 권을 이기지 못하더라고요.

의사 어벤저스 시리즈 고희정 & 조승연

신간이 나올 때마다 부지런히 보여 주고 있는 《어린이 의학 동화》 시리즈입니다. 인체에 관한 지식들과 약간의 러브 스토리가 나옵니다. 초등 아이들이 이해할 수준의 지식을 다루고 있어 사람 몸에 관한 궁금증을 어느 정도 해소해 주기에 안성맞춤입니다.

스티브 잡스 백은하 & 박현정

위인전, 자서전을 좋아하는 케리스가 《거장들의 시크릿》 시리즈의 '스티브 잡스: 창조적으로 생각하고 끈기 있게 도전하라' 편을 읽고 너무 재미있다고 해서 사 줬습니다. 글자도 큼직하고 그림도 있어서 초등 3~4학년도 충분히 읽을 수 있을 겁니다.

정재승의 인간탐구보고서 시리즈 정재은, 이고은 & 김현민

이 책 안 좋아하는 아이 없을 겁니다. 정말 재미있어서 말이죠. 만화책은 웬만하면 자제시키는 편인데, 이 책은 내용이 굉장히 좋고 또 만화보다 설명도 많다 보니 얼마든지 읽게 해 줬습니다. 전 시리즈를 아주 재미있게 읽었습니다.

클레오파트라의 미 교실 이향안 & 백두리

《수상한 인문학 교실》 시리즈 책들은 모두 재미있어했는데, 그중 가장 좋아했던 책입니다. 고대 세계사 속 인물들이 등장해 주요 사건과 모험을 겪습니다. 아이들이 인문학적으로 사고하는 방법을 익힐 수 있습니다.

미세먼지 수사대 양미진 & 이주희

지식 책을 좋아하지 않는 아이도 재미있게 읽을 만한 유익한 책입니다. 미세먼지에 대한 모든 궁금증을 풀어 줍니다. 사회와 환경과 관련된 내용을 담고 있습니다.

열두 살에 부자가 된 키라 보도 섀퍼 & 원유미

《꿈을 이루게 도와주는 자기경영 동화》 시리즈 중 첫 번째 책인 이 책을 가장 좋아했습니다. 시리즈를 모두 사 달라고 졸라서 거의 다 구입했고 다 재미있게 읽었답니다. 경제 입문서로 성인이 읽어도 괜찮을 만큼 내용도 좋습니다.

03
사고력이 높아지는
한글 고전

야성의 부름 잭 런던

이미 한글 책 읽기의 재미와 습관을 다져놓아서 그런지 고전 읽기도 순탄했습니다. 케리스가 이 책이 얼마나 재미있었으면 너무 집중하는 바람에 몸을 움직이지도 않고 아무 소리도 안 들렸다고 하더라고요. 이렇게 케리스의 고전 읽기가 시작되었습니다.

피노키오 카를로 콜로디 & 야센 유셀레프

이 책을 읽고 독후감을 쓰게 해 보았습니다. 참고로, 독후감이나 글쓰기는 되도록 첨삭을 안 해 주려고 합니다. 아직 중학생이 아닌 초등학생이므로 글쓰기가 부담이 되지 않고 재미있는 것으로 여기는 것이 좋습니다.

안중근 조정래 & 이택구

《큰작가 조정래의 인물 이야기》 시리즈입니다. 매일경제 신문에서 주최하는 마인드맵 줌 수업을 듣더니, 이 책의 독후감을 마인드맵 그리기로 대신하기 시작했습니다. 굉장히 감동하고 흥분하며 읽은 책입니다.

재미있다! 우리 고전 시리즈 정종목 외

다니엘이 홍길동전, 박문수전, 북경 거지, 전우치전 이 네 권을 특히 좋아했답니다. 다니엘이 전래동화를 좋아한다는 사실을 이 시리즈를 통해 알게 되었죠. 엄마가 읽어 줬는데도 또 푹 빠져서 혼자 두어 번을 더 읽더라고요.

아인슈타인과 과학 천재들 조승연, 앤드 스튜디오 & 김형근

이 책은 '초등 고전 읽기 혁명'에서 초등학생에게 추천하는 고전 리스트에 있던 책입니다. 아이가 읽어 주기만 해도 엄마는 너무 뿌듯할 그런 고전이지요. 다니엘이 이 책을 너무너무 재미있게 읽어서 사 준 것이 아깝지 않았습니다.

처음으로 만나는 삼국지 시리즈 김민수 & 이현세

제목처럼 처음 삼국지를 만나는 초등학생 아이들이 읽기에 안성맞춤인 책입니다. 나관중 원작 삼국지는 글 양과 책 두께가 어마어마하고, 또 너무 자극적이고 잔인한 묘사도 많기 때문에 아직 초등 고학년이 아니라면 이 책을 추천드립니다.

고정욱 삼국지 시리즈 고정욱

《처음으로 만나는 삼국지 시리즈》를 재미있게 읽은 아이라면, 이 책도 좋아할 거예요. 장편 소설은 아이의 독해력을 끌어올려 준다는 조정식 선생님의 이야기에 힘입어 더 열심히 읽어 주고 있는데, 재미도 있고 초등학생도 부담 없이 읽을 수 있는 삼국지입니다.

어린이를 위한 우동 한 그릇 구리 료헤이, 다케모도 고노스케

이 책도 '초등 고전 읽기 혁명'에서 소개한 책이라, 고전에 넣습니다. 다니엘이 읽은 고전 중에서 이 책을 가장 좋아했습니다. 이런 감동적인 이야기를 좋아할 줄 몰랐던 저로선 정말 놀라웠습니다. 싸우고 웃기는 책들만 좋아하는 줄 알았더니 말이에요.

04

여자아이들에게 추천하는
쉬운 영어 그림책

Biscuit and the Little Pup 시리즈
Alyssa Satin Capucilli & Pat Schories

영어를 처음 시작하는 아이들에게 강력 추천하는 《I Can Read Book My First: Biscuit》시리즈입니다. 정말 사랑스럽고 귀여운 강아지와 예쁜 여자아이가 주인공이에요.

Hooray for Fish! Lucy Cousins

노래와 그림이 매우 예쁘고, 유명한 그림책이죠. 케리스가 정말 사랑했던 책입니다. 노래를 즐겁게 따라 부르던 모습이 떠올라 미소 지어 봅니다.

Max and Ruby 시리즈 Rosemary Wells

시리즈로 50여 권이 있습니다. 'Max and Ruby' 흘려 듣기 영상을 좋아한 아이라면, 이 책도 추천합니다. 영상으로 이미 익숙해져 있어서 책 읽기에 훨씬 부담이 없기 때문에, 조금 어려워도 재미있게 듣고 읽을 수 있습니다.

Balloonia   Audrey Wood

오드리 우드라는 작가를 처음 알게 된 책입니다. 케리스가 정말 좋아해서, 이 이후로 오드리 우드의 책들을 모으기 시작했습니다. 최고로 쉬운 영어책은 모 윌렘스 작가의 책인데, 그보다 살짝 윗 단계의 책으로는 누가 뭐래도 오드리 우드 작가의 책입니다.

All Tutus Should Be Pink
Sheri Brownrigg & Meredith Johnson

케리스가 2년 넘게 발레 학원을 다녀서 그 당시에 이 책을 사 주었더니 반응이 참 좋았습니다. 리더스북 다른 책들은 그리 좋아하지 않고, 유독 발레 내용이 있는 이 책만 엄청 좋아해서 읽고 또 읽었네요.

Lunch   Denise Fleming

생쥐가 자기 몸보다 한참 큰 딸기와 포도를 먹는 이야기입니다. 무엇보다 노래가 압권입니다. 케리스는 정말 여러 번 반복해서 듣고 읽었습니다.

Alphabet Ice Cream   Nick Sharratt & Sue Heap

이 책은 스토리는 거의 없고 색깔에 대한 지식 전달을 목적으로 한 그림책인데, 일단 그림이 예쁘고 독특하니까 케리스의 눈길을 끌었던 것 같습니다. 케리스는 재미있다며 여러 번 반복해서 듣고 읽은 책입니다.

We Eat Dinner in the Bathtub
Angela Shelf Medearis & Jacqueline Rogers

화장실 욕조에서 저녁 식사를? 특이하다 못해 황당하고 어이없는 아이디어죠? 뭔가 틀에서 벗어난 것에 대한 막연한 동경 때문이었는지 케리스가 이 책을 무척 좋아했어요.

Count! Denise Fleming

이 그림책은 숫자를 세는 거라 사실 스토리가 재미있진 않거든요. 그러나 노래 때문에 아이가 정말 좋아했어요. 노래로 외워서 읽었죠. 처음 영어를 접하고 신나고 밝은 노래를 좋아하는 아이에게 안성맞춤입니다.

Silly Sally Audrey Wood

노래가 굉장히 좋아서 처음에는 노래로 집중 듣기를 시켜 줬습니다. 나중에는 그냥 읽어 주는 소리로 집중 듣기를 한두 번 하고 나니, 바로 혼자 읽으며 거의 외워서 노래를 부르더군요. 노래를 좋아하는 여자아이들에게 추천합니다.

Aaaarrgghh, Spider! Lydia Monks

거미가 집안에! 꺅 소리지르며 재미있게 본 그림책입니다. 여자아이가 주인공이라 그런지 같이 소리를 질러가며 엄청 재미있게 듣고 읽었습니다.

Up, Up, Up! Susan Reed & Rachel Oldfield

이 노래는 지금도 제 귓가에 울려 퍼집니다. 노래가 정말 좋고 신납니다. 신나는 노래를 좋아하는 아이라면, 무조건 좋아할 책입니다.

Lion Lessons Jon Agee

사자가 되는 방법입니다. 아이들이 재미있어할 만하죠? 다니엘이 좋아할 줄 알았는데, 오히려 케리스가 좋아했어요.

Farmer Duck Martin Waddell & Helen Oxenbury

이 책은 수상작입니다. 내용도 너무 재미있습니다. 당시에 품절이어서 구입을 못해 주고, 빌려서 읽었습니다. 다니엘도 재미있어할게 분명해서 지금이라도 구해다 줘야겠다는 생각이 들 정도로 추천합니다.

Benny and Penny in Just Pretend Geoffrey Hayes

한글 만화책은 가급적 허용하지 않지만, 영어는 허락해 줍니다. 그거라도 봐 주는 게 어디냐는 마음으로요. 이 책은 만화이긴 하지만, 그림책 같습니다. 내용도 좋고 재미있고 쉽습니다. 케리스가 정말 좋아했어요.

Go to Sleep! 시리즈 Heather Long & Ethan Long

두 권으로 된 만화 형식인데, 정말 재미있어했어요. 시리즈가 더 없고 그 당시 판매하는 곳이 없어서 영어 도서관에서 빌려서 읽혔는데, 역시 대박 책은 구입을 했어야 한다는 깨달음을 얻었습니다.

You Choose 시리즈 Nick Sharratt & Pippa Goodhart

닉 샤럿의 그림이라서 케리스가 정말 좋아했던 시리즈 네 권입니다. 이 책 역시 스토리가 딱히 있는 게 아니어서 그런지 다니엘은 별로 반응이 없었습니다.

Shape 시리즈 Mac Barnett & Jon Klassen

네모, 세모, 동그라미 총 세 권으로 되어 있습니다. 정말 재미있어서 케리스가 엄청 좋아했습니다.

05
남자아이들에게 추천하는
쉬운 영어 그림책

No, David! 시리즈 David Shannon

다니엘이 스무 번 넘게 듣고 읽은 책입니다. 그림이 생동감 넘치고 장난꾸러기 남자아이라면 공감할 만한 이야기입니다. No, David에 다가 자기 이름을 넣어서 읽어 달라고 해서 매번 그렇게 읽어 줬습니다. 그때마다 깔깔깔 뒤로 넘어가고 얼마나 재미있어 하던지요.

Run, Mouse, Run! Petr Horáček

정말 쉽고 부담 없는 보드북 시리즈입니다. 이렇게 쉽고 짧은 영어책을 많이 읽다 보면, 단어 암기를 따로 하지 않아도 어려운 어휘도 많이 알게 되거든요. 그림책 읽기는 그래서 정말 중요합니다. 도서관을 이용하는 방법도 있으니, 최대한 많이 읽어 주세요.

Shh! We Have a Plan Chris Haughton

이 책은 무조건 사 주세요. 다니엘이 정말 좋아해서 아마 지금도 보이면 읽을 겁니다. 내용이 정말 재미있습니다. 쉬운데 스토리도 있는 책은 정말 찾기 힘든데, 이 책이 그런 류의 그림책입니다. 초등학생이어도 재미있게 볼 수 있습니다.

I Like Me! Nancy Carlson

허벅지, 꼬리, 배꼽 부분을 손가락으로 가리키며 키득거리고 거울에 비친 자기 자신을 보며 "Good looking!"이라고 하는 것에 배꼽 빠지게 웃었습니다. '잘생겼다'라는 뜻이라고 가르쳐 준 적이 없는데, 다니엘은 흘려 듣기로 뜻을 저절로 알고 무척 재미있어했답니다.

Little Chimp 시리즈 Jez Alborough

《Hug》가 가장 유명한데, 그 뒤로 나온 시리즈 모두 인기 있습니다. 다니엘이 초등 2학년 쯤 아주 자신있게 가져 와서 읽은 책들 중에 하나입니다. 한 페이지에 오직 hug 한 단어만 있지만, 어쨌든 '영어책 한 권을 읽었다'라는 그 성취감에 가득 찬 표정을 잊을 수가 없네요.

10 Minutes Till Bedtime Peggy Rathmann

공감 백배! 자기 전 남은 시간 10분 동안 일어나는 상상 그 이상의 이야기입니다. 다니엘이 정말 재미있어했습니다. 이 책을 읽어 줄 때, 다니엘이 막 숨 참으며 흥분하던 모습이 떠오르네요. 아주 오랫동안 수십 번 반복해서 읽고 또 읽었답니다.

Yo! Yes? Chris Raschka

이 책도 그림책의 진수입니다. 단어와 단순한 그림만으로 소통이 되는 이 모습 속에서 아이는 충분히 상상하고 공감합니다. 정말 좋고 쉬운 그림책입니다. 중고로 사서 이미 낡은 그림책이었는데, 다니엘이 하도 많이 읽어서 더 너덜너덜해졌습니다.

Oxford Reading Tree 시리즈
Roderick Hunt & Alex Brychta

어마어마한 책 권수와 무시무시한 책값 때문에 꺼려지는 O.R.T.입니다. 하지만 아이들에게 가장 오랫동안 사랑 받았습니다. 특히 다니엘이 정말 좋아해서 지금도 수시로 듣고 읽을 정도니까요.

Skeleton Hiccups Margery Cuyler & S. D. Schindler

해골이 딸꾹질하는 황당한 이야기입니다. 상상력 끝판왕인 다니엘이 좋아해서 유튜브에 음원을 찾아 그걸로 집중 듣기를 했습니다. 여러 음원 중 자기 스타일의 음원을 찾은 덕분에 이 책은 계속 반복해서 집중 듣기를 했고 나중에 또 재미있게 읽었지요.

In, Over and On the Farm Ethan Long

어휘 공부를 따로 안 시켜도 뜻과 쓰임새를 분명히 알 수 있게 해 주는 고마운 그림책입니다. 같은 작가의 《Up! Tall! And High》 또한 스토리가 재미있습니다. 아이들은 그저 재미있으니 읽고 또 읽을 뿐인데, 그러는 동안 영어 실력은 쑥쑥 올라갑니다.

Scanimation Picture Book 시리즈 Rufus Butler Seder

스트라이프 무늬의 슬라이딩 페이퍼가 마치 영상처럼 아주 생동감 있게 보여집니다. 신기하기도 하고 재미있기도 하다 보니, 둘 다 좋아했고요. 특히 다니엘은 이 책을 무한 반복으로 보고 또 보고 재미있다며 매번 베스트 칸에 넣어 주었어요.

If I Had a Dragon Tom Ellery & Amanda Ellery

사랑스러운 책입니다. 일단 용이 나오고 노래도 좋아서 다니엘이 좋아했습니다. 처음에 노래로 집중 듣기하고 따라 부르고 외워 부르고 나중에는 read aloud 음원으로 듣고 또 읽고요. 얼마나 반복을 했는지 모릅니다.

Yes Day! Amy Krouse Rosenthal & Tom Lichtenheid

이 책은 아이들이 대리만족을 할 수 있는 책입니다. 장난을 치고 싶다는 욕구를 책 속 주인공이 다 풀어 줍니다. 장난꾸러기 아이들이라면 안 좋아할 수 없는 그림책이니 꼭 구입해서, 두고두고 여러 번 듣고 읽게 해 주세요.

Baa Baa Smart Sheep
Mark Sommerset & Rowan Sommerset

《I love lemonade》까지 두 권의 시리즈로 되어 있습니다. 다니엘이 계속 읽고 또 읽었을 정도로 재미있는 책입니다. 아이들이라면 무조건 좋아할 내용이에요. 무조건 꼭 보여 주세요.

I'm the Biggest Thing in the Ocean 시리즈
Kevin Sherry

그 어려운 최상급 문법 패턴을 너무 쉽고 재미있게 습득할 수 있게 해 주는 그림책입니다. 시리즈로 세 권이 있는데 그 중에서 이 책을 가장 좋아했습니다.

Not Now, Bernard David McKee

잘 만든 예술 작품 같은 그림책입니다. 철학적인 메시지도 있는데 너무 재미있답니다. 아이들이 마음의 공감도 얻을 수 있습니다. 음원도 좋기 때문에 영어를 시작하는 친구들에게 꼭 들려 주세요. 재미있어 하며 반복해서 읽을 겁니다.

Ball Mary Sullivan

영어책 읽기가 잘 안 되는 다니엘에게 자신감과 흥미를 갖게 해 주고자 산 그림책입니다. 책 전체에 걸쳐서 나오는 단어는 딱 ball 하나뿐입니다. 그런데 놀랍게도, 스토리가 있고 심지어 재미있습니다. 아이가 영어책 읽기에 자신이 없다면, 당장 구입해 주세요.

Good News Bad News Jeff Mack

이것도 《Ball》과 같은 이유로 구입해 준 책입니다. 이 책 역시 별다른 단어나 문장이 없는데도 그림이 정말 재미있습니다. 이렇게 영어책 읽기에 재미를 붙이다 보니, 지금 다니엘은 한 시간 동안 챕터북 여러 권 읽는 것도 뚝딱 해낸답니다.

06
재미있고 공감이 되는
쉬운 영어 그림책

Color Zoo Lois Ehlert

모양에 대한 단어들이 문장 없이 나옵니다. 영유아 때부터 초점 북이랑 같이 보여 줘도 좋을 것 같습니다. 노래가 좋아서인지 초등학생도 재미있게 볼 수 있는 그림책입니다. 처음 영어를 시작하는 친구들에게 강력 추천합니다.

Should I Share My Ice Cream? Mo Willems

유명한 《Elephant and Piggie》 그림책 시리즈입니다. 아이스크림이 점점 녹아가는 이야기 속 두 주인공의 생생한 표정을 보면 이 책 속에 빨려 들어가게 됩니다. 모 윌렘스 작가의 책 중 내용에 반전이 있는 《That is Not a Good Idea!》도 강력 추천합니다.

The Crocodile and the Dentist Taro Gomi

정말 재미있는 그림책입니다. 글 양도 적고 어휘도 쉬워서 부담이 없습니다. 이렇게 쉬우면서도 나름의 스토리가 있고 재미있는 그림책 찾기가 어려운데, 이 책이 딱 그 조건에 맞는 책입니다.

Are You My Mother? P. D. Eastman

일단 귀여우면 좋아하는 것이 저희 남매의 특징입니다. 이 책이 왜 좋으냐고 하니, 작은 새가 너무 귀여워서라고 하더라고요. 엄마를 애타게 찾는 작은 새의 마음을 공감해서인 줄 알고 잠시 실망을 했지만, 엄마를 사랑하는 마음을 느끼니 좋아했을 거라고 생각합니다.

Knuffle Bunny 시리즈 Mo Willems

시리즈 세 권을 다 구입했고, 두 아이 모두 좋아해서 여러 번 집중 듣기 하고 읽었습니다. 애착 인형을 아끼던 다니엘이나 아직 어렸던 케리스도 둘 다 너무 공감이 되는 내용이었습니다. 그냥 그림책이 아니라 조금씩 실사가 들어있는 것도 매력이기도 하고요.

That's (Not) Mine Anna Kang & Christopher Weyant

이 책과 《You are (not) small》도 두 아이 모두 정말 좋아했어요. 남자 아이, 여아 아이 상관없이 또 영유아 아닌 초등학생이어도 충분히 공감하고 재미있어할 스토리예요. 그림도 얼마나 리얼한지 쉬우면서도 재미있는 그림책입니다.

Fly Guy 시리즈 Tedd Arnold

파리가 주인공인데 엽기적이고 유머러스하고 게다가 스토리도 재미있답니다. 이 책은 지식 책 챕터북으로도 있는데, 그건 좀 수준이 높습니다. 이 그림책으로 Fly Guy를 친근하게 해 놓으면, 나중에 챕터북으로도 재미있게 읽고 지식도 쌓을 수 있어요.

Froggy's Baby Sister
Jonathan London & Frank Remkiewicz

개구쟁이 개구리가 주인공인 《Froggy》 시리즈입니다. 글 양은 한 쪽에 서너 줄이라 부담이 없지만 너무 쉽지도 않고 스토리가 재미있고 여러 표현을 익힐 수 있습니다. 미국 문화도 습득이 절로 됩니다.

Higher! Higher! Leslie Patricelli

참 쉬운데 재미까지 있는 그림책입니다. 그림은 단순해서 아이가 얼마든지 상상할 수 있고, 초등학생도 재미있게 볼 수 있어요. 대리만족이 되나 보더라고요. 다니엘도 더 높이 높이 올라가서 우주인과 하이파이브를 하고 싶어했답니다.

The birthday Box Leslie Patricelli

《Leslie Patricelli: Baby 보드북》 시리즈입니다. 머리카락이 한 가닥밖에 없고 팬티만 입고 있는 아기가 주인공입니다. 유튜브 음원을 직접 찾아 집중 듣기하고 음원이 없는 건 그냥 읽었습니다. 부탁하지 않아도 알아서 반복해서 읽은 시리즈입니다.

That's Dangerous! Pittau Gervais

왜 세 권 밖에 안 나오는지 아쉬워 죽겠는 《Francesco Pittau: That's》 시리즈입니다. 아이들이 안 좋아할 수 없는 내용입니다. 위험하고 나쁘고 더러운 행동이나 아이들이 해서는 안 되는 행동을 책 속 주인공이 과감하게 하거든요. 강력 추천합니다.

Little Critter 시리즈 Mercer Mayer

이 시리즈는 케리스에게 집중 듣기를 시켜 주는데, 음원이 실감나서인지 다니엘도 와서 너무 재미있게 같이 들었습니다. 장난을 좋아하는 남자아이들이라면 좋아하지 않을 수 없는 시리즈예요. 숨은 그림 찾기처럼 곳곳에 숨겨진 작은 그림들 찾는 재미도 쏠쏠합니다.

Wait Antoinette Portis

엄마도 아이도 공감 백배인 좋은 책입니다. 굉장히 쉽지만, 나름 아이들이 푹 빠져들 수밖에 없는 스토리가 있고, 그림도 예술입니다. 꼭 구입해서 아이를 끌어 안고 여러 번 듣고 읽게 해 주세요.

Chester 시리즈 Mélanie Watt

말이 필요 없는 시리즈입니다. 세 권 모두 아마 지금도 읽으라면 읽을 겁니다. 중고로 구입해서 가뜩이나 깨끗하지 않은 책이 너덜너덜 해졌습니다. 고양이가 주인공이기도 하고 내용도 재미있으므로 이 시리즈는 정말 추천합니다.

Sam and Dave Dig a Hole Mac Barnett & Jon Klassen

이 책도 안 좋아할 아이가 없을 겁니다. 정말 안타깝게 다이아몬드를 코 앞에 두고 포기하는 주인공들을 보고 감정 이입하면서 얼마나 안타까워하며 읽던지요. 2015년 칼데콧 상 수상작이기도 하죠. 좋은 책인데, 재미도 있는 그림책이므로 꼭 구입해 주세요.

Chickens to the Rescue John Himmelman

《Rescue》 시리즈는 꼭 추천합니다. 둘 다 정말 좋아했거든요. 유튜브에 음원으로 집중 듣기 하고 읽기를 정말 얼마나 반복했는지 모르겠어요.

Inside Mary Elizabeth's House Pamela Allen

참 재미있는 그림책입니다. 케리스는 재미있는 책을 발견하면, 작가 이름을 확인하고 그 작가의 책을 다 사달라고 합니다. 그래서 사게 된 파멜라 엘렌 작가의 책입니다. 아이들의 심리를 너무 잘 알고 쓴 책 같습니다. 재미있지 않을 수가 없는 내용이고 그림도 실감납니다.

Dirty Bertie David Roberts

더러워도 너무 더러운 더티 버티! 둘 다 이 그림책 시리즈를 너무 좋아해서 챕터북도 사줬는데, 챕터북은 그렇게 반응이 있진 않았어요. 이유는 '너무 심하게 더러워서'라고 합니다. "그럼, 더티 버티 그림책은 왜 재미있어?"라고 물으니 '그건 적당히 더러워서'라네요.

07

여자아이들에게 추천하는
조금 어려운 영어 그림책

Daisy Really, Really Kes Gray & Nick Sharratt

케리스가 참 좋아했던 《Daisy 그림책》 시리즈 중 이 책을 정말 수없이 반복해서 듣고 읽었습니다. 내용도 기발하고, 닉 샤럿 작가의 그림이니 안 좋아할 수가 없죠.

Lilly and Friends 시리즈 Kevin Henkes

여자아이들이라면 좋아할 수밖에 없는 예쁜 그림과 스토리입니다. 시리즈 아홉 권 중에서도 특히 《Lilly's Purple Plastic Purse (Lilly and Friends #7)》와 《Julius: The Baby of the World (Lilly and Friends #4)》 이 두 권이 내용이 재미있다고 좋아했습니다.

The Elephant and the Bad Baby
Elfrida Vipont & Raymond Briggs

음원도 좋고 어휘 수준에 비해 반복된 패턴과 큼직한 그림 덕분에 아이에게 전혀 부담이 안 느껴집니다. 아직 영어 실력이 충분치 않을 때부터 듣고 읽고 했던 그림책입니다.

The Napping House Audrey Wood & Don Wood

오드리 우드 작가의 책입니다. 더 이상 말할 필요가 없죠. 오드리 우드의 책 중 《Heckedy Peg》라는 책도 있는데 음원도 좋지만 내용과 그림이 정말 좋았습니다.

Doctor De Soto William Steig

집중 듣기도 여러 번, 읽기도 여러 번 했고 지금도 다시 주면 또 읽을 정도로 좋아했던 책입니다. 치과와 관련된 내용인데, 아마 아이들 대부분 공감하며 재미있게 읽을 거예요.

Scaredy Squirrel 시리즈 Mélanie Watt

케리스가 좋아했던 여덟 권짜리 그림책 시리즈입니다. 스토리가 긴 호흡으로 되어 있진 않지만 아마 대부분 아이들이 좋아할 겁니다. 겁쟁이 다람쥐가 주인공인데 걱정이 너무 많고 소심합니다. 이것도 저것도 다 걱정이라 아무 것도 못하는 게 참 재미있습니다.

A Bad Case of Stripes David Shannon

책 표지부터 엄청나게 파격적입니다. 관념을 깨주는 좋은 그림책입니다. 게다가 재미도 있어요. 케리스는 굉장히 흥미로워하며 집중 듣기도 여러 번 하고, 여러 번 읽었습니다.

Disgusting Critters 시리즈 Elise Gravel

케리스가 정말 사랑했던 열 권짜리 시리즈예요. 너무 많이 읽어서 지겨울 정도입니다. 굉장히 징그러운 이야기가 많은데, 그래서 재미있다고 하더라고요. 아이가 곤충을 좋아한다면 한번 읽어 보게 해 주세요. 아주 재미있어 할 겁니다.

08
남자아이들에게 추천하는
조금 어려운 영어 그림책

Mitchell Goes Driving Hallie Durand & Tony Fucile

다니엘이 특히 좋아한 《Mitchell》 시리즈입니다. 아빠 자동차를 타는 남자아이의 행복한 모습이 사실적인 그림과 함께 전달이 됩니다. 아빠가 실제로 이렇게 해 준 아이는 공감을, 해 주지 못한 아이는 대리만족을 마음껏 느낄 수 있을 거예요.

Creepy Carrots! Aaron Reynolds & Peter Brown

신간이 나온 걸 보고, 결국 세 권을 다 사 줬습니다. 하드 커버에 비싼 그림책이라 고민하다가 사 줬는데 여러 번 반복해서 집중 듣기 하고 또 두어 번 읽으니 돈이 아깝지 않았습니다.

The Legend of Rock Paper Scissors
Drew Daywalt & Adam Rex

다니엘이 읽기에 어려워 보였는데, 재미있다며 집중 듣기도 하고 읽기도 했습니다. 케리스가 읽을 거라고 생각하고 구입한건데 오히려 다니엘이 잘 읽었네요.

The Animal Boogie Debbie Harter

이 책의 노래를 들으며 어찌나 신나게 춤추며 좋아라 하던지요. 지금도 그 모습이 눈 앞에 그려집니다. 그 정도로 노래가 참 좋습니다.

Love You Forever Robert Munsch & Sheila McGraw

이 책을 읽어 주다 눈물 안 흘린 엄마 없을 겁니다. 감동 그 자체입니다. 이 책은 음원도 좋고 아이들도 충분히 공감할 그림책입니다. 내용도 좋은데 아이들이 재미있어하며 여러 번 반복해서 듣고 읽었으니, 최고의 그림책이라고 해도 과언이 아니겠죠?

Scaredy Cats Audrey Wood

다니엘도 좋아한 오드리 우드 작가의 그림책입니다. 귀여운 고양이들이 주인공인데 내용도 재미있고, 그림도 실감납니다.

The Berenstain Bears 시리즈
Stan Berenstain, Jan Berenstain

어휘가 그리 쉽지 않은데도 그림만으로 내용이 충분히 이해되다 보니, 마치 흘려 듣기를 하는 것처럼 쉽고 재미있다고 합니다. 교육적, 정서적으로도 좋고, 미국 문화를 흡수할 수 있어서 마음에 듭니다.

Avocado Baby John Burningham

너무 힘이 센 아기의 이야기입니다. 정말 황당하기 그지없는데요. 다니엘은 정말 좋아해서 이 책을 여러 번 반복해서 읽었답니다.

09

여자아이들에게 추천하는
쉬운 챕터북

Missy's Super Duper Royal Deluxe 시리즈 Susan Nees

챕터북을 처음 시작하는 아이들이 부담 없이 재미있게 읽을 수 있는 《Missy's》 시리즈입니다. 케리스가 초등 2학년 때 처음 읽기 시작했는데 지금까지도 여러 번 반복해서 읽은 챕터북입니다. 두고두고 반복해서 읽는 책이야말로 소장가치가 있는 겁니다.

Zak Zoo and the Baffled Burglar 시리즈
Justine Smith & Clare Elsom

반복해서 읽고 읽을 때마다 재잘재잘 하더랍니다. 다니엘이 좋아할 줄 알았는데 오히려 케리스가 더 좋아했어요.

Bink & Gollie 시리즈
Kate DiCamillo, Alison McGhee & Tony Fucile

케리스가 정말 정말 좋아했던 챕터북입니다. 만화 형식이라 부담이 없습니다. 세 권밖에 없는 것이 너무 아쉬웠습니다.

Judy Moody and Friends 시리즈
Megan McDonald & Erwin Madrid

처음 챕터북을 읽는 시기에 추천하는 챕터북입니다. 케리스가 처음 챕터북을 읽을 때, 이 챕터북이 가장 재미있다고 했습니다. 나중에는 읽는 수준이 높아지니 영어 소설이 가장 재미있다고 했지만 말이죠.

Sausage and the Little Visitor
Michaela Morgan & Dee Shulman

이 《Rockets: Silly Sausage》 시리즈도 정말 재미있어했는데, 네 권밖에 없어서 아쉬워했지요. 지금도 영어 도서관 어느 자리에 이 시리즈가 꽂혀 있는지 기억할 정도로 좋아합니다.

Seriously Silly 시리즈
Laurence Anholt & Arthur Robins

이 챕터북은 숱하게 반복해서 듣고 읽었습니다. 명작을 좋아하는 아이라면, 이 챕터북도 좋아할 거예요. 명작 패러디인데, 케리스는 엄청 푹 빠져서 봤답니다.

Owl Diaries 시리즈 Rebecca Elliott

그림책에서 챕터북으로 넘어올 때 여자아이들에게 무조건 추천하는 챕터북입니다. 여자아이들의 심리를 잘 묘사해 줘서 공감을 불러일으킵니다. 케리스가 정말 좋아했습니다.

Junie B. Jones is (Almost) a Flower Girl
Barbara Park & Denise Brunkus

유명한 《Junie B.》 시리즈입니다. 어휘나 표현이 아주 어렵지 않아서 쉬운 챕터북이라고 할 수 있습니다. 갱지로 되어 있어서 체감은 부담이 되지만요. 여자아이들이라면 대부분 재미있어할 겁니다.

10
남자아이들에게 추천하는
쉬운 챕터북

A Friend for Dragon 시리즈 Dav Pilkey

내용이 웃겨서 읽어 주다가 한참을 웃었습니다. 챕터북이지만 얇아서 부담이 없기도 하고 컬러풀한 그림도 매 페이지마다 있으니 정말 편안합니다. 무엇보다 스토리가 정말 재미있습니다. 이제 막 챕터북에 진입한 친구들에게 추천합니다.

Nate the great 시리즈 Marjorie Weinman Sharmat, Mitchell Sharmat & Martha Weston

이 시리즈는 정말 유명한데요. 특히 다니엘이 무척 좋아해서, 수시로 듣고 읽는 시리즈입니다.

Boris 시리즈 Andrew Joyner

아쉽게도 음원을 찾지 못했는데, 다행히 다니엘이 바로 읽었고 심지어 반복해서 읽더라고요. 굉장히 쉬운 챕터북입니다. 글 양이 부담이 없고 컬러풀한 그림이 가득합니다. 그림책에서 챕터북으로 넘어갈 때 남자아이라면 꼭 보여 주세요.

Press Start! 시리즈 Thomas Flinthan

지금도 신간이 나오고 있는 시리즈입니다. 다니엘이 아직 챕터북을 읽을 수준이 안 될 때부터 집중 듣기를 하더니 어느 날 줄줄 외워서 읽더군요. 결국 전권을 10번 이상 집중 듣기 해서 외워 읽었답니다. 특히, 남자아이들에게 추천합니다.

Kung Pow Chicken 시리즈 Cyndi Marko

다니엘이 지금까지도 읽는 챕터북입니다. 5권까지 나왔는데 다음 편이 안 나왔는지 수시로 물어봅니다. 컬러풀한 그림이 가득해서 부담이 없습니다. 슈퍼 히어로에 관심이 많은 남자아이들이라면 좋아할 내용입니다.

Mighty Robot 시리즈 Dav Pilkey & Dan Santat

이 챕터북을 싫어할 남자아이들은 없을 겁니다. 컬러 챕터북이라 부담이 없고 무엇보다 로봇이 나오니까 그저 자기 영어 수준이 안 되더라도 재미있다며 잘 봅니다. 다니엘은 이제 이해할 수준이 되어 다시 읽고 있어요.

Dragon Masters 시리즈 Tracey West

다니엘이 신나게 집중 듣기 했던 책입니다. 아직 읽기는 부담스럽지만 재미있다고 합니다. 정말 이해가 되어서 집중 듣기를 하느냐고 물으니, 이해가 되니까 재미있는 거라고 화를 내더랍니다. 다니엘이 꼭 추천해야 하는 챕터북이라고 강조합니다.

Don't Be Horrid, Henry! 시리즈
Francesca Simon & Tony Ross

유명한 《Horrid Henry Early Reader》 시리즈입니다. 읽을 때마다 헨리가 심했다느니 엄마, 아빠가 심했다느니 어찌나 시끄럽게 읽던지요. 이렇게 아이가 푹 빠져서 흥분할 정도로 재미있는 책입니다.

11

부담이 없고 흥미로운
쉬운 챕터북과 영어 지식 책

Princess in Black 시리즈
Shannon Hale, Dean Hale & LeUyen Pham

아직 갱지로 된 챕터북이나 소설이 부담스러운 아이에게 안성맞춤입니다. 비록 주인공이 공주이지만, 싸우는 내용이 많아서 남자아이들도 좋아합니다.

Monkey Me and the Golden Monkey
Timothy Roland

《Monkey Me》 시리즈는 초등학생 남자아이가 주인공인데 원숭이로 변신을 한답니다. 말도 안되지만, 스토리가 재미있고 탄탄해요. 챕터북이지만 그림이 많아서 부담이 없고 어휘 수준도 쉽습니다.

The Dumb Bunnies Go to the Zoo Dav Pilkey

유머란 이런 것이죠. 두 아이 모두 재미있어하며 반복해서 집중 듣기와 책 읽기를 했던 《Dumb Bunnies》 시리즈입니다. 교육적이거나 그림이 예술적이진 않아요. 그래도 재미있으니 괜찮습니다.

Ordinary People Change the World 시리즈
Brad Meltzer

위인전인데 하드커버 그림책이라 부담 없이 읽을 수 있습니다. 수준이 낮지는 않지만 내용도 좋고 그림도 예쁘고 재미있어서 여러 번 읽었습니다.

National Geographic Kids 시리즈

유명한 내셔널 지오그래픽 리더스북입니다. 전 시리즈 권수가 어마어마합니다. Pre-Reader, Level 1, Level 2 단계가 있습니다. 사진이 너무나 리얼하고 퀄리티가 있어 예술 작품 그 자체입니다. 호기심이 많은 아이들이라면, 무조건 좋아할 시리즈입니다.

Fly Guy Presents 시리즈 Tedd Arnold

《Fly Guy 그림책》을 좋아했던 아이라면 추천합니다. Fly Guy를 좋아하지 않았더라도, 괜찮습니다. 실사도 있고, Fly Guy가 속속 등장해서 아이의 흥미를 불러 일으킵니다. 지식도 쌓고 재미도 있습니다.

Mercy Watson 시리즈
Kate DiCamillo & Chris Van Dusen

일곱 권짜리인데 더 발간될 것 같습니다. 이 시리즈는 큼직큼직한 글자에 컬러풀한 그림이 매 페이지 있어서, 그림책같이 느껴지는 챕터북입니다. 그래서 부담이 없고 스토리도 재미있습니다.

Who Would Win? 시리즈 Jerry Pallotta

사자와 호랑이 중에 누가 더 힘이 센지 겨루는 등의 주제로 무려 28권이 있습니다. 두 눈이 초롱초롱해지며 어서 읽어 달라고 재촉했던 책입니다. 남자아이라면 특히 더 좋아할 겁니다.

12
스토리가 몰입이 되는
조금 어려운 챕터북과 소설

Franny K. Stein 시리즈 Jim Benton

흑백 갱지 챕터북이긴 하지만, 글자 크기가 좀 커서 비교적 쉽게 느껴집니다. 삽화가 아주 리얼하고 재미있어요. 표지만 보면 좀 비교육적일 것 같지만 내용은 생각보다 교육적이라고 할 수 있습니다. 무엇보다 재미있으므로 꼭 추천드립니다.

Daisy and the Trouble 시리즈
Kes Gray & Nick Sharratt

원래 인기 있는 시리즈이기도 하지만, 《Daisy 그림책》을 좋아했던 친구들이라면 챕터북도 무조건 재미있어 할 거예요. 케리스가 다른 책은 거들떠도 안 보고 오로지 이 시리즈 19권을 쭉 다 읽었답니다. 시간이 없어서 한번에 다 못 읽어 아쉬워했을 정도입니다.

Matilda Roald Dahl & Quentin Blake

로알드 달 작가의 소설은 정말 재미있기로 유명한데 케리스는 별로 안 좋아하더라고요. 그런데 마틸다는 유일하게 재미있어해서 흘려 듣기와 집중 듣기, 영어책까지 아주 재미있게 읽었습니다. 만약 로알드 달의 책을 별로 안 좋아하더라도, 마틸다는 한번 권해 보세요.

The World's Worst 시리즈
David Walliams & Tony Ross

"말도 안 돼!", "엄마, 이게 어떻게 된 거냐면!" 이러면서 아주 푹 빠져 들어 시끄럽게 읽은 시리즈예요. 토니 로스의 끝내주는 그림에 데이비드 월리엄스의 독창적인 유머 감각까지 아주 재미있습니다.

Dork Diaries 시리즈 Rachel Renée Russell

특히 여자아이라면 아마 다 좋아하지 않을까 싶습니다. 그런데 고학년이 되니까, 스토리가 유치하다며 안 읽더군요. 올챙이 적 생각 못 하는 개구리처럼 말이죠. 하지만 지금도 가끔 힐끔힐끔 읽습니다.

Sleep Overs Jacqueline Wilson

일상을 다룬 소설입니다. 주변에서 일어날 법한 아픈 이야기를 공감하며 읽었습니다. 이 외에도 《Bad Girls》, 《Lily Alone》, 《Cookie》, 《Secrets》, 《Clean Break》, 《The Worry Website》 등 재클린 윌슨의 책은 전부 구입했을 정도입니다.

Heidi Johanna Spyri

수준이 너무 높아서 읽을 수 있을 줄 몰랐는데 너무 재미있다며 두 번을 정독하고 한 번 더 읽었답니다. 한글 책이 500쪽 분량이고, 영어 원서가 300쪽 정도 되는데, 이 책을 읽은 후 케리스는 더 이상 글양이나 쪽수에 부담을 느끼지 않게 되었습니다.

Vet Volunteers 시리즈 Laurie Halse Anderson

지식 책 수준의 어휘들이 등장하는지라 아마 어렵게 느껴질 거라 생각했는데, 아이의 최고 관심사에 딱 맞는 책이다 보니 전혀 부담을 안 느끼고 처음부터 재미있다며 듣고 반복해 읽었어요. 동물을 좋아하거나 수의사가 되고 싶은 아이라면, 추천합니다.

13
여자아이들에게 추천하는
쉬운 영어 영상

Little Einsteins 시리즈

과학, 노래, 퀴즈 상호 작용이 있어서 케리스가 무척 재미있어했어요. 그에 반해, 스토리가 엄청 빠져들 정도는 아니다 보니, 다니엘은 시큰둥하다가도 가끔은 재미있게 봤습니다.

Numberjacks 시리즈

실제 사람이 나오고 그래픽으로 인형이 말하기도 합니다. 숫자 및 수에 관한 지식도 나옵니다. 좀 올드하고 자극적이지만 교육적으로 문제될 만한 장면은 없었습니다.

Nina Needs to Go 시리즈

주인공 여자아이가 갑자기 소변 마려운걸 참지 못해서 이를 해결해주는 할머니의 활약이 아주 흥미진진합니다. 다만, 매 에피소드가 상황과 환경만 바뀌고 다 같은 이야기라 스토리 자체의 재미와 매력은 없습니다. 케리스는 집중해서 잘 봤습니다.

Angelina Ballerina (3D) TV시리즈

케리스가 발레를 시작해서 찾아서 보여 줬더니, 아주 잘 봤습니다. 아이가 발레를 시작했거나 재미있게 하고 있다면, 꼭 시도해 보세요.

Sarah & Duck 시리즈

굉장히 귀엽고 짧은 호흡으로 이루어져 있어서 케리스는 잘 봤습니다.

Hey Duggee 시리즈

'Sarah & Duck' 시리즈와 비슷하게 굉장히 짧은 호흡입니다.

Blippi 시리즈

실제 사람이 나오고, 직접 미국 문화를 경험하는 것을 찍은 영상입니다. 미국 문화 체험에 아주 좋습니다. 그리고 내용도 꽤 교육적입니다.

Woolly and Tig 시리즈

이 영상도 실사이고 스토리가 엄청 재미있진 않지만 케리스는 한참을 빠져 보았습니다. 여자아이들이 좋아할 거라고 생각합니다.

14
남자아이들에게 추천하는
쉬운 영어 영상

Toopy and Binoo 시리즈

유머러스하고 약간 엽기적이기도 합니다. 그 매력에 다니엘이 푹 빠져서 자주 반복해서 봤습니다.

Paw Patrol 시리즈

안 좋아하는 아이가 없을 만큼 인기가 많은 영상입니다. 문제가 발생했을 때, 강아지 특공대가 달려가서 문제를 해결합니다. 강아지들 모두 캐릭터가 있고 스토리도 탄탄해요. 여자 강아지도 나와서 여자아이들도 재미있게 볼 수 있습니다.

Octonauts 시리즈

너무나도 유명한 시리즈입니다. 일단 묻지도 따지지도 말고 보여 줘 보세요. 분명히 좋아할 겁니다.

Animal Mechanicals

동물 로봇 캐릭터들이 나오기 때문에 초등 저학년 남자아이들이라면 좋아할 수밖에 없을 겁니다.

Miles from Tomorrowland 시리즈

우주 여행에 관심이 있는 아이라면 무조건 좋아할 거예요. 당시 다니엘이 우주 비행사가 되고 싶어해서 정말 잘 봤습니다. 'Mission Force One' 시리즈도 추천합니다.

Blaze and the Monster Machines 시리즈

다니엘은 한동안 블레이즈에 빠져 지냈습니다. 블레이즈가 나오는 책을 사 달라고 할 정도였어요.

Leo & Tig 시리즈

호랑이가 주인공인데 새끼 호랑이라 정말 귀엽습니다. 게다가 스토리도 탄탄합니다. 강추합니다!

Hello Ninja 시리즈

닌자 이야기라 다른 설명이 필요 없습니다. 정말 재미있어했어요. 남자아이들이 좋아할 거라고 생각합니다.

15

처음 시작할 때 보기 적합한
쉬운 영어 영상

Max & Ruby 시리즈

남동생 맥스와 누나 루비가 등장해서 저희 남매가 공감하며 재미있게 봤습니다. 말의 속도는 느린데 말이 많고 무엇보다 미국 문화를 자연스럽게 접할 수 있는 영어 영상이라 강력 추천합니다.

Super WHY 시리즈

파닉스, 알파벳 익히는 데 좋은 영상입니다. 물론 문자 인지가 느린 다니엘에겐 효과가 크진 않았지만, 평범한 아이들에게는 학습 효과가 있고 스토리도 재미있습니다.

Ben and Holly's Little Kingdom 시리즈

미국 문화도 자연스럽게 접할 수 있고, 말도 많고, 교육적인 부분도 있어서 처음 영어 노출 시작할 때 적합한 영어 영상이에요

Peppa Pig 시리즈

'Ben and Holly's Little Kingdom' 시리즈와 성우가 같고 내용도 비슷하게 재미있습니다. 마찬가지로 처음 영어 노출을 시작할 때 보여 주면 좋은 영어 영상이에요.

Dumb Bunnies 시리즈

굉장히 엽기적이고 유머러스 합니다. 미국 문화 체험도 충분히 할 수 있고 말도 무지하게 많습니다. 무엇보다 재미있어요.

Kit ^n^ Kate 시리즈

짧은 호흡이며, 엄청 귀엽습니다. 다니엘은 안 좋아할 줄 알았는데, 고양이를 좋아하다 보니 재미있게 잘 봤습니다.

True and the Rainbow Kingdom 시리즈

여자 주인공이고 판타지스러운 내용이라 케리스가 잘 보길 기대했는데 스토리가 탄탄해서 다니엘이 더 좋아했습니다. 한동안 둘이 이것만 봐서 제가 참 편했던 기억이 납니다.

Little Princess 시리즈

사실 영상은 맛보기처럼 흥미를 끌어 주는 용으로 보고 영어책 시리즈로 이어 주었는데, 남매가 둘 다 정말 좋아했습니다.

16

여자아이들에게 추천하는
조금 어려운 영어 영상

Eloise 시리즈

영화 같이 한 편이 꽤 길고 여러 시리즈가 있습니다. 여자아이들이라면 아마 대부분 좋아할 내용입니다. 개구쟁이 남자아이들도 나오기 때문에, 다니엘도 싫어하진 않았습니다. 케리스는 그림책과 리더스북도 반복해서 읽었습니다.

Sofia the First 시리즈

케리스가 처음으로 제대로 집중해서 푹 빠져서 본 영어 영상입니다. 정말 정말 재미있게 봤습니다. 다니엘은 싫어해서 이때부터 각자 따로 영상을 보기 시작했습니다.

Fancy Nancy 시리즈

또 정말로 좋아했던 영상입니다. 책이란 책은 다 구입해 주었습니다. 이것도 여자아이들이라면 아마 다 좋아하지 않을까 싶어요.

LEGO Friends 시리즈

초등학교 저학년보다는 고학년 여자아이들이 더 좋아할 내용 같습니다.

Barbie 시리즈

'Barbie' 시리즈는 다 좋아했는데, 특히 'Barbie in the Pink Shoes' 영상을 가장 재미있어했어요. 몇 번이나 반복해서 봤는지 모르겠습니다.

H2O: Mermaid Adventures 시리즈

케리스가 인어공주를 좋아해서 한동안 이 영상을 정주행했습니다.

Elena of Avalor 시리즈

드라마, 시트콤, 영화 같은 실사 영상만 한참 보다가, 웬일로 애니메이션인 엘레나를 한참 동안 재미있게 잘 봤습니다.

The Baby Sitters Club 시리즈

아기 돌보는 것을 좋아하는 여자아이들이라면 관심을 갖고 정말 좋아할 만한 영상입니다.

17
남자아이들에게 추천하는
조금 어려운 영어 영상

LEGO Ninjago 시리즈

한동안 이 영상만 봤습니다. 레고를 좋아하는 남자아이들이라면 무조건 좋아할 거예요.

Horrid Henry 시리즈

주인공 헨리의 장난이 정도가 심해서 교육적으로 그리 안 좋을 수도 있습니다. 하지만 재미는 최고이죠. 다니엘이 처음으로 챕터북을 읽게 된 계기였습니다. 정말 재미있어요.

Kung Fu Panda 1,2,3 외 TV시리즈

남자아이들이 좋아할만한 내용입니다. 아무래도 싸우는 장면이 많이 등장해서 엄마로서는 조금 마음에 안 듭니다. 그래도 나름 말이 많이 나오는 편입니다.

Dinotrux 시리즈

트럭과 공룡이 합쳐졌습니다. 당연히 재미없을 수가 없겠지요?

How to Train Your Dragon 시리즈

'Dragons: Rescue Riders' 시리즈에 이어지는 것으로, 계속 정주행했습니다.

Avatar: The Last Airbender 시리즈

푹 빠져서 보던 영상입니다. 결국 영어책도 사 주고 집중 듣기를 했지만, 책 수준이 높아서 도저히 책은 읽을 수 없었습니다. 이런 영어책을 읽기 위해서는 낮은 단계 영어책을 많이 읽어야 한다니까 더 많이 읽겠다고 했었답니다. 역시, 최고의 동기 부여는 '재미'입니다.

Cars 시리즈

다니엘이 정말 좋아했어요. 한참을 좋아해서 자주 봤던 시리즈입니다.

Phineas and Ferb 시리즈

에피소드가 굉장히 많아서 얼마나 고마웠는지 모릅니다. 흘려 듣기 영상을 뭘 보여 줘야 하나 고민하지 않아도 되게 해 줘서 좋았습니다. 강추합니다.

18

미국 문화를 접할 수 있는
조금 어려운 영어 영상

Arthur 시리즈

미국 초등학생들의 문화를 자연스럽게 습득할 수 있는 영어 영상입니다.

PJ Masks 시리즈

고양이라는 점이 다를 뿐, 'Paw patrol'과 좀 비슷합니다. 살짝 유치한 감이 없지 않아 있지만, 스토리도 탄탄해서 초등 저학년이라면 무조건 좋아할 거예요.

Alvinnn!!! And the Chipmunks 시리즈

두 아이 모두 재미있다고 좋아했어요. 미국 학교 생활을 자연스럽게 습득할 수 있어 좋습니다.

Nate is Late 시리즈

매일 스펙타클한 일이 벌어져 지각을 합니다. 스토리가 정말 재미있습니다. 이집트 역사편도 있고 교육적으로도 손색이 없습니다. 무엇보다 정말 재미있어요.

We Bare Bears 시리즈

모든 시리즈를 아주 재미있게 잘 봤습니다. 어른이 봐도 재미있는 애니메이션입니다. 미국 문화도 충분히 접할 수 있고, 말도 아주 많이 나옵니다. 교육적 유해 요소도 없습니다.

Heidi 3D: The Little Girl of the Alps 시리즈

이 영상은 케리스의 인생 영상인데, 다니엘도 재미있게 봤습니다. 케리스는 이걸 보고 나서, 한글 책 고전을 읽고 영어 원서로 집중 듣기와 읽기까지 했습니다. 유튜브에서 무료로 전 시리즈를 다 볼 수 있습니다.

National Geographic 시리즈: Geo Kids

그 유명한 내셔널 지오그래픽 시리즈 영상입니다. 실사를 좋아하고 동물을 좋아하는 아이라면 다 좋아할 겁니다.

Diary of A Wimpy Kid 1,2,3: Dog Days

아이들이 윔피키드 영어책을 재미있게 읽더니, 흘려 듣기 영상도 있을 것 같다며 직접 찾아서 정말 재미있게 봤습니다. 좋아하는 것은 반드시 책과 영상을 연계해서 보여 주세요. 중박 이상은 합니다.

엄마와 아이가 동행하는
행복한 자녀 교육

이 책을 여기까지 읽고 어떤 생각이 드셨나요? '영어는 이렇게 익히는 거구나! 더 이상 예전 영어 공부법으로는 안 되겠어!' 모든 의심과 고민이 사라지고 확신이 들었나요? '그래, 한번 속는 셈 치고 해 보자! 영어 학원은 당장 그만두는 거야!'라는 결심을 하셨나요? 그런데 결심을 실천에 옮기려는 순간, 우리 아이와 같이 영어 학원에 보내던 옆집 엄마에게는 어떻게 설명해야 할지, 남달리 손주 교육에 관심이 많은 시부모님께는 뭐라고 말씀드릴지, 머리가 아프신가요?

《시작의 기술(개리 비숍 저)》이라는 책이 있습니다. 이 책에서 우리가 얻을 수 있는 한 가지는 '무언가를 결심했을 때 바로 시작하라'라는 거예요. 겨우 이 한마디면 될 것을 책 한 권에 걸쳐 설명하나 싶죠? 역으로 생각해 보면, 얼마나 시작하기가 어렵길래 "제발 결심을 했으면 시작을 하세요!"라고 외칠까 싶지 않나요? 확신을 가져도 결심을 해도 새로운 것을 시작하는 것은 그만큼 어려운 일이기 때문에 저 또한 끊임없이 이야기하는 것이고요.

개인적으로 저의 최근 화두는 '누가 뭐라 하든 내 인생을 핵심 가치에 맞게 살기'입니다. 내 인생에서 가장 중요한 핵심 가치가 무엇인지 분명히 알면, 인생이 아주 심플해지는 것을 깊이 체험했거든. 내 인생의 핵심 가치가 분명하면, 자녀 교육 역시 흔들림 없이 확신을 갖고 밀어붙일 힘이 생깁니다. 남들이 정한 성공이나 행복의 기준에 나를 맞추려고 하면, 영원히 성공할 수도 행복할 수도 없습니다. 왜냐하면 그 기준은 중심 없이 이리저리 흔들리며 계속해서 변하기 때문입니다.

자녀 교육도 마찬가지입니다. 남들의 말이 뭐가 그리 중요할까요? 내가 확신이 들면 시작하면 되는 겁니다. 내 아이를 책임지고 양육해야 하는 의무는 부모인 바로 나 자신에게 있으므로, 내가 결정해야 합니다. 그러니 남들 눈치 보지 마시고, 내 인생 핵심 가치에 맞는 교육 방향인지를 내가 고민해서 결정하고 실천하면 되는 거예요.

모든 부모는 아이가 주체적인 삶을 살며 행복하길 바랍니다. 이를 위한 교육 가운데 영어 교육은 아주 일부에 지나지 않아요. 이 작은 결정조차 휘둘린다면, 과연 아이가 주체적으로 살도록 키울 수 있을까요? 아이가 행복하길 바란다면, 먼저 엄마가 행복한 삶을 살아야 합니다. 예를 들어, 엄마가 미라클 모닝과 같은 라이프 스타일을 고집하고 실천하는 것이 주체적인 삶을 사는 것이고 그 모습을 아이가 보고 자라면 아이는 자연스레 주체적인 삶을 살 확률이 높아집니다.

이 책을 다 읽고 마음에 뜨거운 열정과 확신이 샘솟는다면 과감히 시작해 보시기를 권합니다. 저희 아이들은 언어 감도 떨어지고 공부 머리도 없다 보니 여전히 뛰어나게 잘하진 않지만, 영어 학원에 의존하지 않고, 울고 웃으며 함께 보낸 초등 시절을 전혀 후회하지 않습니다. 한글 책, 영어책 가리지 않고 매일 읽는 습관, 영어 영상을 자막 없이 재미있게 보는 자연스러운 행동, 공부는 당연히 혼자 하는 것이라고 알고 있는 생각, 두 아이의 관심사와 취향을 연구하며 더 친해질 수밖에 없었던 그 모든 시간, 단 한 가지도 버릴 게 없는 소중한 추억이죠. 매일 새벽 6시에 함께 일어나 아이는 자기 주도 학습으로 공부를 하고 저는 자기 계발에 집중합니다. 휴일이면 함께 도서관이나 카페에 가서 각자 치열하게 공부하고 일하는 것이 일상이 된 이 모든 시간이 참 행복하고 감사합니다.

아이가 언젠가 저에게 "난 커서 엄마처럼 살 거야!"라고 하더라고요. 엄마로서 이 말보다 더 듣기 좋은 말이 어디 있을까요? 저는 이 말을 듣고 다시금 생각했습니다. 엄마가 행복해야 아이도 행복합니다. 엄마가 자존감이 떨어지고 우울하면서, 아이는 자존감이 높고 밝은 성격이기를 바라는 건 어불성설입니다. 엄마의 자기 계발은 아이의 자기 주도 학습을 불러옵니다. 저는 이제 더 이상 아이의 성적이 제 성적인 것처럼 집착하지 않아요. 그렇다고 아이를 방치하는 건 당연히 아니죠. 아이와 함께 어제보다 나은 오늘을 삽니다. 오늘보다 나은 내일을 기대하면서요.

누가 뭐라 하든 내가 중요하게 여기는 것을 시작하고 실천하고 꾸준히 해 보세요. 그것이 엄마의 자기 계발이든 아이의 영어 교육이든 아무것도 시작하지 않은 것보다 결과적으로 분명 더 나은 '무언가 얻은 것'이 있을 겁니다. 전업맘도 워킹맘도 할 수 있습니다. 꾸준함이 이깁니다.